본질 찾기와
수필 쓰기

본질 찾기와
수필 쓰기

강돈묵 평론집

수필과비평사

■ 책머리에

오늘도 본질을 찾아 나서며

수필문학에 빠져서 산 세월도 이젠 제법 된다. 이웃 장르를 기웃거리지 않고 살아왔다. 한곳에 마음을 정하면 여간하여서는 이주하지 않는 내 성격 탓이기도 했다. 나름 수필 창작에 몰두하면서 다른 분들의 수필세계에도 끼어들어 그 정취를 맛보는 데도 게을리하지 않았다. 그렇게 한 세월 살아온 것 같다.

그러는 동안 내 가슴에 늘 간직해 온 말이 있다. 그것은 문학은 현상을 적는 것이 아니라 본질을 찾아 적는 것이라는 신념이었다. 제법 긴 세월 수필문학에 몰두하면서 가슴 아팠던 것은 현상의 기록에 멈춘 글이 수필로 인식되는 경우가 너무 많다는 사실이었다.

나는 기회가 될 때마다 목소리를 높여 이 이야기를 했다. 그러나 그것은 안착하지 못하고 메아리처럼 둥둥 떠다닐 뿐 제 기능을 발휘하지 못했다. 여기에 모아놓은 글들은 대부분 그런 관점에서 목청을 높였던 글들이다.

수필이 작가의 삶에서 건져낸 결과물이라 해서 그 자체가 문학작품이 되는 것은 아니다. 자신이 경험한 것을 줄글로 기술해 놓고 수필을 썼네 하는 글이 너무도 많은 것이 현실이다. 삶에서 취택한 글감에 낯설게 보기를 통한 해석을 내리고, 작가의 자기화 작업이 이어질 때만이 예술작품이 되는 것이다.

여기에 묶어서 출판하는 이 책은 다른 분들의 끝없는 노고를 곁에서 지켜보고, 그분들의 수필세계를 희미한 눈빛으로나마 분석해 본 글들이다. 나의 시력이 너무 미미하여 더러는 오독의 흔적도 보일지 모른다. 만에 하나 그런 경우가 있다면 작가 분들의 질타를 받아야 하고, 또 그래야만 나의 발전이 있겠다는 판단에서 한곳에 모아 세상에 내놓는다.

이 과정에서 다시 한번 각오를 다져보는 것은 나 스스로도 좀 더 치열한 삶을 꾸려야겠다는 점이다. 나름 살아오면서 열심히 뛰었다고 생각했는데, 그 결과물은 보잘 것이 없다. 집중된 노력이 필요하다는 것을 절감한다. 이 순간의 각오가 머지않은 날에 잘 익은 과일로 수확되었으면 하는 바람을 가져 보며 다시 출발선으로 옮긴다.

이 책이 나오도록 선처해 주신 수필과비평사 서정환 사장님께 감사의 뜻은 꼭 간직하고 싶다.

2012년 11월 28일

차례

4   책머리에 | 오늘도 본질을 찾아 나서며

9   홀로 보기와 같이 보기의 이중주
     - 하길남의 수필세계

33   이삭줍기와 의미 찾기
     - 심인자 수필집 ≪야누스의 얼굴≫의 세계

52   치열한 삶에서 길어 올린 수필적 자화상
     - 이하순의 수필집 ≪하얀 종이≫에 부쳐

75   박숙자의 수필에 나타난 순환의 원리와 어머니상
     - ≪때때로 찍는 쉼표≫의 세계

94   생과 우주 속에서 자기 정체성 찾기
     - 최명희의 수필세계

114 삶의 그림자 찾기와 그 기법
     - 이연희의 수필세계

130 온고지신溫故知新과 사색思索의 이중주二重奏
     - 서경림의 수필집 ≪가시나무 자루≫에 부쳐

148 비전환적 표현의 빗장 걸기
     - 한석근의 ≪봄버들 연가≫에 부쳐서

168 기행수필의 가능성과 새로운 모델 찾기
     - 윤석희의 ≪바람이어라≫에 부쳐서

189 순수純粹의 심안心眼으로 세상 들여다보기
　　- 고금수의 ≪물은 셀프입니다≫에 부쳐서

208 그림 그리기와 끝없는 과거로의 회귀
　　- 김윤재의 수필세계

223 끝없는 자유에의 갈망과 삶 따라잡기
　　- 윤석희의 수필집 ≪찌륵소≫의 경우

243 출분의 기능과 환승역의 의미
　　- 김양희의 수필세계

259 대립과 화해의 그림자 찾기
　　- 이옥순의 ≪단감과 떫은 감≫의 경우

280 세상 만나기와 세상과 거리두기
　　- 심선경의 수필집 ≪파로호에 잠긴 초록별을 낚다≫를 중심으로

294 삶에 대한 끝없는 성찰과 겸허의 자세
　　- 서용태의 수필세계

313 미지의 세계로 떠나는 이명진의 문화여행
　　- ≪물색없는 사랑≫의 경우

330 그림자 찾기와 벗어나기
　　- 최정윤의 수필세계

홀로 보기와 같이 보기의 이중주
- 하길남의 수필세계

1. 들어가면서

　장마가 찾아왔다. 이렇게 후덥지근한 장마기에 지루함을 달래줄 책을 찾던 중 하길남 수필가의 ≪인어들의 첫사랑≫을 뽑아 들었다. 진즉에 내 손에 들어왔는데도 시간에 쫓기어 미처 보지 못하고 기회를 탐하던 차에 마음을 먹고 시간을 할애해 본다. 쪽을 넘기며 빠져든 글 읽기는 이어서 ≪사랑과 죽음의 상송≫까지 읽게 되었다.
　장마는 내 주위에 찾아와 끝없이 비를 뿌리고 있다. 치열한 자연의 몸부림 속에서 나도 한 수필가의 작품세계에 또 그렇게 치열하게 파고든다. 퍼붓듯이 쏟아지는 비. 그 비가 몰려와 코고는 소리 들리는 인가를 돌아 저희들끼리 만나고 만나 종내에는 큰 강물을 이루며 흘러간다. 그 흐르는 모습은 도도하여 어지럼증이 일어난다. 검붉게 흐르는 물살.

굽이치며 휘돌아 달리는 강물줄기 속에는 온갖 것들이 떠내려간다. 사람들의 삶의 찌꺼기, 나무들의 잔해, 더러는 짐승들의 주검이 물살에 허덕이며 떠내려간다.

서재에 돌아와서 차분히 읽어 내린 하길남 수필가의 수필은 조금 전에 본 강물이다. 온갖 세상일을 다 끌어들여 엮어놓은 그의 수필 세계는 영락없이 둑이 무너져 내릴 것 같은 홍수 직전의 강물이다. 그 강물을 들여다보고 있으면 어린 시절 친구의 목소리도 들리고, 귀여운 인형의 몸짓도 보이며, 고서적 속에서 선현의 엄숙한 가르침도 흘러나온다. 화병에 꽂힌 들꽃에서 향기도 흐르고, 신문지 조각에선 삶의 땀내도 풍기며, 노래방에서 부르는 대중가요의 쉰내 나는 애환의 소리도 들린다. 그것에서 접할 수 있는 몸짓과 냄새와 소리가 다양하듯이 하길남 수필가의 수필세계는 다양하다. 이렇게 글에서 독자에게 안겨주려는 메시지가 다양하고, 글의 소재가 다양하며, 문장의 기법이 다양하여 나태한 독자는 혼란에 빠지기 쉽다. 이러한 풍성한 자리를 접할 기회가 적은 독자는 항시 정신을 느슨하게 풀어 놓을 수가 없는 것이다. 그러나 타고난 재주가 없는 평자는 강물에 떠내려가는 것들 중에서 큰 것은 다 놓치고 엉뚱한 것만 움켜쥐고 손을 치켜드는 것은 아닐지 걱정이 앞선다.

2. 하길남의 수필 바라보기

하길남 수필가는 우리나라에 몇 되지 않는 전문수필가 중의 한 사람이다. 그는 시인이며, 수필가이고, 수필평론가이다. 그는 일본 니가노에서 태어나 경주에서 학창시절을 보냈고, 대학시절에는 대구로 나와

경북대학교에서 영문학을 전공하였다. 일찍이 ≪수필문학≫으로 데뷔한 후, ≪현대문학≫ 및 ≪현대시학≫을 통해 시인으로 시단에 나왔고, ≪창작수필≫과 ≪시와 의식≫에 수필평론으로 신인상을 수상하며 평단에서도 활동하기에 이른다.

그의 작품에 유년시절의 추억이 전혀 보이지 않는 것은 태생과 밀접한 관계가 있을 것으로 추측이 된다. 일제 점령기에 이국땅에서 보낸 유년시절은 그에게 많은 영향을 주었을 것이다. 그것이 작품으로 승화되어 나오는 경우도 있지만, 칼로 도려내듯 제거하여 버리는 경우도 있다. 하길남 수필가의 경우는 무슨 연유인지는 몰라도 후자인 것 같다. 그리고 그의 작품에는 자신의 생활과는 다르게 상반되게 그려지는 경우가 종종 보인다. 이 시대의 최후의 선비 같은 생활을 하고 있는 그가 작품 속에서는 시중의 얘기를 곧잘 글감으로 선택하고 있다. 물론 허구를 추구하는 소설의 경우이지만, 일제 치하에서 작품 활동을 한 소설가 현진건이 당시의 지식인들과는 다르게 조강지처와 가정을 끝까지 지키며 살았으면서도 그의 작품에서는 반대로 술과 여인에 빠지는 작품세계를 보여주는 것과 흡사하다고나 할까. 하길남 수필가의 경우도 같은 맥락에서 이해할 수 있을 것이다. 자신은 그렇게 행동하지 않아도 주변의 모습이 그에게 작가적 시선을 멈추게 하지는 않았을 것이 뻔하다.

자신이 작가적 시선을 가지고 '홀로 보기'한 것과 여러 사람이 공감하며 '같이 보기'한 것이 조화롭게 상호 작용하여 수필세계를 형성하게 마련이다. 수필이 고백의 문학이라서 대개의 경우 자신의 경험을 토대로 한다. 그런데 하길남 수필가의 경우는 '같이 보기'에 남다른 관심이 많다. 그것은 대부분 독서에 의해 이루어지고 있음을 알 수 있다. 그래서 그의 수필세계는 강물이 흘러가는 것 같이 도도하다.

　수필은 고백문학이다. 자신을 숨기는 것이 아니라 드러내는 고백문학이다. 그러나 그 방법은 사람마다 각기 다를 수 있기에 작가마다 차별화된다. 똑같은 사물을 보고 글을 썼어도 보는 사람의 시각의 차이에서 다른 그림이 그려진다. 작가에게 있어서 시각이란 인생관, 세계관, 문학관 내지는 사상으로 설명할 수도 있다. 사상이 다른 사람이 세상을 바라보고 그리는 그림은 전혀 다르기 마련이다.

　그렇다면 우선 하길남 수필가가 수필에 대해 가지고 있는 생각을 살펴보기로 하자. 그는 일찍이 시와 수필의 장르에 관심을 가지고 활동했지만, 시보다는 수필에 많은 업적을 남기고 있다. 그는 수필 평론가로 활동하면서 수필이론을 정리한 많은 저서와 평론을 내놓아 수필문학의 발전에 크게 이바지하였다. ≪수필문학 연구와 비평≫에 보면 그의 주옥같은 평론이 실려 있다. 여러 글 중에서 그의 수필문학을 바라보는 시각의 특성이 잘 드러나는 글은 다음의 글이다.

> 사람의 얼굴이 각자 다르듯이, 사람의 생각도 각각 다를 수밖에 없다. 이렇듯 각각 다른 생각을 가진 사람들이 쓴 글 또한 각각일 수밖에 없게 된다. 만약 같은 사건을 보고 모두 같은 생각을 하고 같은 글을 쓰게 된다면 애당초 그런 글은 소용이 없게 될 것이다.
> 　　　　　　　　　　－〈수필의 개성－이상과 한용운을 중심으로〉에서

　이 주장은 비단 수필에 한한 이야기는 아닐 것이다. 그러나 굳이 이렇게 다시 짚고 넘어가는 데에는 나름의 계산이 있다. 어느 장르의 작품이든 똑같은 이야기를 굳이 수필에 붙여서 언급하는 것은 하길남 수필가가 우리 수필문단에 대한 나름의 진단이 내려졌기 때문일 것이다.

작금의 한국수필이 가지고 있는 허물을 꼬집은 것이다. 치열한 작가 정신이 내재되어 있지 않고, 그냥 가벼운 마음으로 몇 자 적어 놓으면 수필이 되는 것으로 생각하는 안이함이 너무도 팽배되어 있음에 대한 아픈 지적이다. 적어도 작가라면 보통 사람과는 달라야 하는 것이다. 그래서 그는 젊어서부터 글감 사냥에 나섰던 것이다. '밤중에 공동묘지를 혼자 다녀오거나 무전여행을 떠나는 등 젊은 객기를 십분 발휘했다. 그때는 요즘과 달라 문학하는 사람 중에는 기인들도 없지 않았고, 또 얼마간 그런 분위기에 젖어 있었다.'는 그의 고백이 문학에 대한 열정을 알게 해 준다.

요즈음엔 제목 하나도 제대로 되어 있지 않은 수필이 쏟아져 나오고, 문장 하나 올바로 되어 있지 않은 글이 겁 없이 출판되고 있다. 읽고 나면 시간이 아깝고, 그게 그거인 수필을 보면서 적어도 수필은 작가의 정신이 들어 있어야 함을 절감한 데서 얻은 하길남의 결론은 우리에게 시사하는 바가 크다. 그래서 작가의 정체성을 요구하고 있는 것이다.

이처럼 하길남 수필가의 수필은 나름의 특이한 세계를 구축하고 있다. 그의 수필에는 언제나 홍수 직전의 강물처럼 도도히 흐르는 세계가 있다. 골짜기의 실개천에서 물 속에 비친 한 사물을 건져내어 글을 쓰는 것이 아니라, 무섭게 흘러가는 현실의 강물 속을 마구 헤집고 다니며 그대로 보여 주고 있는 것이다. 그래서 그의 글 속에는 의도된 경험 속에서 얻어진 온갖 세상사가 다 나타난다. 선비라 하여 수염만 쓰다듬고 근엄한 표정만 짓는 것이 아니라, 쉰내 나는 뒷골목도 기웃거리고, 도서관의 고서에서부터 신문의 사회면까지 뒤적인다. 그래야 인간 태초의 티 없이 맑은 순수와 만날 수 있기 때문이다.

> 글은 늘 근엄한 표정만 짓지는 않는다. 글은 사람을 천진난만하게 웃기기도 한다. 거기서 우리는 인간 태초의 티 없이 순수한 종소리를 귀 담아 들을 수 있기 때문이다.
>
> — 〈종소리〉에서

이처럼 다양한 글쓰기의 태도를 보이고 있는 하길남 수필가의 수필세계는 '홀로 보기'와 '같이 보기'가 어우러져 하나의 세계를 구축하고 있다. '같이 보기'를 포용하기 위한 작가의 노력은 비유하자면 글 속에 대중가요의 가사가 집요하게 고개를 드는 것으로도 알 수 있다. 하길남 수필가의 경우 '노래 부르기'는 아주 부담스러워 하는 부분이다. 그러나 종종 노래가사가 등장하고 있는 것이다.

그의 작품세계를 유형별로 정리해 보면, 머묾과 떠남의 세계, 자기 성찰의 세계, 동심과 순수의 세계, 해학의 세계로 크게 대별할 수 있을 것이다.

3. 머묾과 떠남의 세계

사람의 인생살이는 만남과 헤어짐에서 비롯된다. 여기에서 만남은 머묾이고, 헤어짐은 떠남이다. 이것의 반복이 바로 삶이다. 수필가 하길남에 있어서 이 두 개념은 적절히 어우러지면서 작품세계의 조화를 이루어나간다.

> 그래서 나는 내 앞에 앉은 이 아름다운 처녀와 한번 사건을 꾸며 보리라는 장난기까지 떠올리게 된 것이다. 사실 그녀는 그때까지 내가 만

난 어느 여성들보다도 가장 아름답게 느껴졌으므로 그러한 생각은 쉽사리 행동으로 옮겨졌다. 그래서 나는 그녀를 따라 어느 시골 역에 무작정 하차하고 말았다. 나는 "여보세요"하고 그녀를 따라 가면서 불러 보았으나 그녀는 뒤도 돌아보지 않고 그냥 걸어가는 것이었다. ……〈중략〉…… "우린 또 언제 만날 수 있을까요?" "인연이란 것이 있으니 언젠가 또 만나게 되겠지요." ……서로 말끝을 맺지 못한 우리들의 젖은 두 볼 위로 눈바람이 일렁이고 있었다.

− 〈인어들의 첫사랑〉에서

젊은 날, 열차에서 마주한 여인을 따라 시골 역에서 내린 작가는 만남을 시도하나 이루지 못하고 돌아서고 만다. 그는 뿌리치고 가는 여인을 두 팔로 가로막고 일장 열변을 토해 만남의 의미를 설파하고 있다. '이 세상에서 가장 고귀한 것은 사람이 사람을 보고 싶어 하는 그리운 정'이라고. 한 번 더 보고 싶다는 애틋한 인간의 정을 다독여 여인에게 다가선다. 그때, 그녀는 잠시 걸음을 멈추고 노여움을 거둔 채, 순간 순한 어린 양으로 변모하고 만다. 여기서 하길남 수필가는 마침내 '한 점 티 없는 인간의 순수 열정'은 인간을 감동시키게 된다는 것을 새삼 깨닫게 된다.

추억이 있는 여인을 훗날 우연히 만나게 된다. 외사촌동생을 따라 하루 저녁 의탁하게 된 집에서 밥상을 받으면서다. 그렇게 만났지만, 다음 날에는 헤어지게 되고 다시 만남을 소망하게 된다. 이처럼 우리 인간사에 있어서 머묾과 떠남은 언제나 상존하는 것이어서 마음은 머물러 있어도 육신의 떨어짐은 어쩔 수 없는 것이다. 수필가 하길남에 있어서 만남은 정에서 비롯되고, 그 정은 연속되기를 소망한다. 그러나 육신의 떠남은 피할 수 없는 것이기에 아쉬운 것이다.

서울에서 나란히 개찰을 하고 같이 대구행 열차를 탔는데 공교롭게도 내가 앉은 바로 뒷좌석에 그녀가 앉아 있었다. 우리들이 기차에서 내렸을 때는 황혼 무렵이었다. 우리는 또 같은 버스를 타고, 같은 정류장에서 내렸다. 그리고 같은 방향으로 걷게 되었다. ……〈중략〉…… 내가 이제 전화 한 통화를 아끼게 되는 것은, 지나온 세월보다 남은 세월이 더 짧은 까닭에 굳이 그런 꿈마저 아끼려 하기 때문이 아니겠는가.

  지금도 그 시절을 생각하면 그녀가 나에 대해 썼던 그 일기장의 한 구절이 문득 기억되곤 한다.

  "언제나 어느 곳에서나 당신이 계시는 곳에 저 또한 항시 거기 있사오니……."

— 〈언제나 어느 곳에서나〉에서

  앞의 작품에서도 둘의 만남의 배경에는 열차가 등장한다. 이 작품 〈언제나 어느 곳에서나〉에서도 역시 둘의 만남에는 열차가 도구가 되고 있다. 이와 같이 하길남의 작품에는 움직이는 수송수단이 둘의 만남의 기회를 제공하는 경우가 많다. 〈만남〉에서는 비행기이고, 〈갈대꽃〉에서는 산책하는 도중에 만난다. 산책은 비록 수송수단을 빌지는 아니했어도 움직이는 중에 일어난다. 이곳에서 저곳으로의 이동은 어떠한 도구를 사용하든 아니하든 그것은 바로 우리의 삶의 여정을 나타내 준다. 하길남 수필가의 작품에 나타난 만남은 그냥 단순한 만남이 아니다. 인간의 삶 속에 있는 존재의 숨결인 것이다. 그 만남은 평생을 따라 다니며 그의 생에 빛을 발하게 된다. 그 빛은 가슴에 담고 있어야 더 빛이 나는 것일까. 오래 간직하고 싶은 소망은 다시 만나는 일보다 더 값진 것이다. 그래야 젊은 날 그녀가 내게 한 말이 유효할 것이다. "언제나 어느 곳에서나 당신이 계시는 곳에 저 또한 항시 거기 있사오니……."

물은 물과 만나고, 구름은 구름과 만나고, 물은 또 구름과 만나고, 만유는 결국 만유와 만나게 된다. 있음이란 바로 만남이 아니었던가. 수소와 산소가 만나서 의좋게 물이 되듯이. 소유는 바로 만남이요, 생 또한 만남이었으니, 만남은 시원과 종말의 시작이요 끝이 아니겠는가. ……〈중략〉…… 우리가 방콕 국제공항에 내려 서로 헤어지면서 안녕. 손을 흔들어 주었던 여운. 그 만남의 끝. 그 적막한 여백 뒤에는 무엇이 있는가.

만남을 기다리는 수많은 혼령들이 지저귀고 있을 것이다. 무엇이 되어 어디로 끝없이 흘러가고 싶다고.

― 〈만남〉에서

그렇다. 하길남 수필가에 있어서 만유의 만남은 있음이다. 즉 머묾이다. 무엇인가를 갖고자 하는 소유는 바로 만남이고, 생 또한 만남이며, 그 만남은 시원과 종말의 시작이요, 끝이다. 그러기에 그의 만남은 삶을 내포한 여정에 놓이게 된다.

방콕행 비행기 안에서 만난 Betty Solomon양과의 몇 시간의 만남. 그 만남은 생에 있어서 어떤 의미를 전제한 것이 아니라 그들 스스로 나름의 의미를 부여하는 것이다. 사실 인생은 늘 그러한 만남들의 연속일 테니까. 그래서 수필가 하길남은 '우리가 인생 100세를 만나고, 그동안에 또 내가 그녀를 만난 것이 세속의 빗물이 흘러가듯 자연의 일상스런 표정쯤 된다 하더라도, 우리는 그 표정의 의미를 채색해 나가야 한다.'고 지적한다.

떠남의 뒤에는 언제나 만남을 소망하는 혼령이 기다리고 있기에, 머묾과 떠남의 연속도 이어지는 것이다.

사실 따지고 보면 자기 몸의 일부를 남에게 떼어준다는 것만큼 깊은 사랑의 표시는 드물 것이다. 결국 사랑이란 준다는 뜻이니까. 내 마음을 다 주고, 내 몸도 다 준다는 엄밀한 증표가 사랑의 값진 속성일 것이다. 진실로 깊은 사랑에서는 말이다. 그렇다면 내 마음을 다 준다는 것과 내 몸을 다 준다는 것과의 차이는 어디에 있는 것일까. 혼이 다 빠지고 만 몸뚱아리만 차고앉아서도 신이 날 리 없겠고, 거꾸로 몸은 빠져나가고 마음만 허깨비처럼 너울거린다고 해도 신바람 날 리는 만무하니까. 마음과 몸은 늘 함께 다녀야 제 맛일 것이다.

― 〈유언의 땅 한 평〉에서

인생 자체를 만남과 헤어짐으로 상징화하고 있는 하길남 수필가에게 있어서 만남은 머묾이고, 헤어짐은 떠남이다. 이 두 요소의 반복으로 인생은 구성된다. 그리고 머묾의 가장 긴요한 요소는 몸과 마음의 일체이다. 만나서 몸을 같이 공유하고 있어도 마음이 따로 놀면 그것은 신이 날 리 없고, 마음은 같아도 몸이 따라주지 않으면 그것 역시 허사인 것이다. 하길남 수필가에게서 요구하는 만남은 몸과 마음이 상존하는 머묾을 의미한다.

4. 자기 성찰의 세계

하길남 수필가는 자신의 창작기법에서 "내가 쓰는 수필은 나의 문학적 이상과 그 노력, 그 인간의 자기 격格에 의해 본격적으로 결정되어질 것이 틀림없다. 그러므로 나의 수필작법은 바로 나 인간의 총체적 본질의 향방이라고 할 수 있을 듯하다."고 고백하였다. 결국 하길남 수필가는 작품 속에 자기 자신의 총체적인 모습을 드러내려 한 것이다.

그러다 보니, 작가는 자기 생활의 예리한 관찰자가 되어야 한다. 자신이 사는 삶이 어떤 의미를 함유하고 있는가를 찾기 위해 작가는 항시 깨어 있어야 한다. 누구나 다 세 끼 밥을 먹고 살아가지만, 그 삶의 의미를 찾아가는 작가들과 무의식 속에서 생을 영유하는 보통 사람과는 다른 그 무엇이 있어야 한다. 그것을 찾아 자신의 정체성을 확립하고, 생을 윤택하게 만들어야 작가인 것이다. 자신만의 사적인 체험도 끄집어내어 모든 사람이 공감할 수 있는 성찰의 결과로 형상화할 때 그 삶은 존재의 의미를 획득한다. 그래서 수필창작에서 가장 긴요한 것은 사물과 사건에 대한 작가 나름의 해석인 것이다. 그래서 〈팽이〉에서는 자기 성찰을 위해서는 수없는 매질이 필요함을 말하기도 하였다. 팽이가 넘어지지 않고, 바로 서서 돌아갈 수 있는 것은 팽이채로 지속적인 매질을 하기 때문이다. 그래야 미완성인 인간은 완성을 향해 갈 수 있는 것이다. 이 같은 자신에 대한 성찰이 인간에게 있어서 가장 진솔하게 느껴지는 자기 성찰의 기회는 울음의 순간과 때를 같이 한다.

  울음은 마음을 진정시킬 뿐만 아니라 정신을 정화시켜 주고 우리 몸에 스며든 모든 불순한 찌꺼기, 그 독소들을 배설시켜 준다. '참회의 뜨거운 눈물을 많이 흘린 뒤로부터 뇌졸중, 심근경색 등의 병들이 낫기 시작했다'고 ……〈중략〉…… 사람이 태어날 때 울고, 죽을 때 만인이 울어 주듯이 울음은 존재의 신호요 삶의 갈무리인 셈이다. 실로 섭리의 전령인 것이다. 누가 울지 않는 새를 보았겠는가. 매미나 귀뚜라미의 울음소리는 그것이 바로 저들 일생의 운명적 곡절이 아닐 것인가.
                – 〈울고 싶은 사람 손들엇!〉에서

 흔히 사람들은 웃으면 복이 온다고 한다. 그러나 하길남 수필가는 울음 뒤에 복이 온다고 굳게 믿고 있다. 매주 한번씩 이산가족을 찾는 텔레비전 프로그램을 보면서 작가는 눈물을 흘린다. 그러면서 가족간에 야기되는 칼부림의 원인을 이별의 정을 느껴보지 못한 데서 찾고자 한다.

그래서 작가는 울음을 마음과 정신을 정화시켜 주는 것으로 보고, 체내에 있는 모든 불순한 찌꺼기와 그 독소까지도 배설시켜 주는 것으로 인식한다. 울음을 울면서 자신의 성찰이 이루어졌기에 가능한 것이다. 울음이 존재의 신호이고, 삶의 갈무리임을 깨닫는 것은 작가만이 터득한 성찰의 결실이다.

> 우리가 이승에 들른 것은 모두 살아 있는 것들과의 가벼운 눈인사에 불과할 뿐인데, 거기 그대로 있는 물상에 한정된 마음을 자꾸 부대끼게 할 필요가 어디 있겠는가. 세상 모든 것은 그대로 늘 남아 있고 우리들만 잠시 왔다 가는 것뿐인데, 염치없게도 지나가는 객이 세상 만물을 어쩌고저쩌고 하면서 으스대는 꼴이란 또 무엇인가.
>
> — 〈굴레〉에서

우리는 온갖 굴레에 씌워져 살고 있다. 그러면서 늘 그 굴레에서 벗어나기를 소망한다. 수필가 하길남은 그 굴레에 스스로 씌워져 사는 쪽이다. 물론 그것은 굴레 벗기를 위한 길들이기일 뿐이다. 늘 '남기기', '피하기', '버리기'를 유념하며 산다. 음식을 과식하지 않고 남기며, 남들이 긴요하게 생각하는 좋은 술과 예쁜 여자는 피하고, 남들이 많이 갖기를 탐하는 돈은 버린다. 그러니까 작가는 '적게 먹고 가는 똥 누기'가 생리화되어 있는 사람이다.

요즈음 땅 많고, 집 많고, 돈 많은 사람들의 '모으기', '차지하기', '늘리기'와는 전혀 상반된 사고를 가지고 있다. 이것은 '없음'이 얼마나 마음이 편하고 살기 좋은 방법인가를 터득했기 때문에 가능하다. 세상 모든 것들은 그대로 있고, 인간들만이 잠시 왔다 가는 것인데, 지나가는 객이 염치없게 세상 재물 탐하느냐는 절박한 지적이다.

    나 같은 보통 사람에게는 그저 이웃이나 자식들의 원성이나 안 듣고 사는 것이 천만다행인데 말이다. 우리가 이만큼 산 것도 얼마나 복된 일이겠는가.
    청국의 실력자 원세개도 젊은 나이에 처형된 안중근 의사의 소식을 듣고, "살아서 백 살 안 돼도 죽어서 천년을 사네(生無百歲死千秋)."라고 읊었으니 말이다.
– 〈물러날 때와 죽을 때〉에서

이 세상 사람들이 한결같이 생각하고 있는 세 가지 성취 욕구를 얼마나 더 오래 살고, 건강하고 행복하게 살 것인가라고 전제한 작가는 그 중 오래 살고자 하는 욕구에 대해 탐탁하게 생각하지 않는다. 건강하고 행복하게 사는 것은 바랄 만하나, 오래 살아서 자식들에게 짐이 되고, 종내에는 그 자식의 손에 의해 버려지는 아픔을 겪고 싶지 않다는 생각이다. 큰일을 하고 일찍 생을 마감함으로써 오히려 더 역사에 빛나는 경우를 바람직하게 보고 있다. 아무리 큰일을 했어도 오래 살다보면 그 업적이 희석되고 만다는 깨달음이다. '유관순 할머니'나 '늙은 관창'은 상상도 하기 싫다는 것이다. 그래서 안중근 의사가 큰일을 하고 젊은 나이에 죽음으로써 천세를 누린다고 본 중국의 원세개의 말을 인용하고 있는 것이다. 이러한 터득은 깊은 삶의 성찰 없이는 이르기 어려운 경지이다. 짧고 굵게 사는 삶에 대한 평가이다.

천당이라고 해서 마냥 늙은 사람들만 산다면 무슨 맛이겠는가. 그래서 부득이 어린아이나 젊은 사람들도 구색삼아 적당한 비율로 데리고 가는 것이리라. 그렇다면 그렇듯 뽑혀간 사람들은 사실상 말 그대로 선택된 사람들이라고 할 수 있지 않을까 싶다. 설상 이와 같다면 비명에 간 당사자나 그의 가족들도 무조건 애통해 할 일만은 아닌 성싶다. 부모도 또 그 자식도 이 세상에 태어나고 거둔 섭리에 따라 우리를 다시 데리고 가는 것은 순리인데, 가고 오는 일에 얽매일 필요가 어디 있겠는가.

— 〈하늬바람〉에서

사람은 후회하면서 살아간다. 산다는 것 자체가 후회의 연속이라고 해도 과언이 아니다. 후회 속에서 사람은 점차 자기다운 본 모습으로 완성되어 가는 것이다.

수필가 하길남은 이웃집에 사는 간암환자에게 삶의 용기를 제대로 넣어 주지 못했음을 후회한다. 또 의사를 찾아가 그 이상 긴 시간으로 조절해 말하도록 조치를 취하지 못했음을 나무란다. 즉 신념의 마력을 십분 믿고, 마음에 따라 다름을 지적하고 있는 것이다.

사람이 일찍 죽음은 이승을 살면서 그슬린 마음의 상처 탓이라고 깨닫는다. 작가는 여기서 머물지 않고, 비명에 간 사람은 애통해 할 일이 아니라 뽑혀갔다고 자위할 것을 주문한다. 사람이 살고 죽음은 순리에 의한 것이니, 오고감에 얽매일 필요가 없다. 여기서 하길남 수필가의 깨달음은 <u>스스로를 자위한다</u>. 후회와 회한의 긴 터널에서 헤어나 순명과 감사의 이치를 깨치게 된다.

이렇듯 작가가 자신의 삶을 예리하게 관찰하는 작가정신이 준비된다면, 삶 속에서 깨닫게 되는 진실이 작품 속에 녹아 있게 될 것이다.

바로 여기에 한 작가의 세계가 명료한 빛으로 빛나게 되는 것이고, 정체성을 획득하게 되는 것이다.

5. 동심과 순수의 세계

수필가 하길남의 수필세계에는 철저한 동심과 순수를 추구하는 경우가 눈에 뜨인다. 이러한 장치는 대개가 단순하게 동심을 그리려는 경우가 많다. 그래서 어린아이의 시각으로 세상을 바라보아 독자들에게 메시지를 전달한다. 그런데 하길남의 경우는 좀 다르다. 동심의 시각으로 세상을 보는 것이 아니라 어른이 어린이와 같은 행동을 할 뿐이다. 여기에는 다분히 계산된 의도가 있다. 순수에 대한 배려일 뿐이다.

그래서 생각해 낸 것이 꼬마인형들하고 대화나 하면서 놀겠다는 것이다. 아주 귀엽고 새침한 작은 인형들을 책상 위에 진열해 놓고 그들을 바라보면서, 명상에 잠기거나 어루만져보고 이야기를 나누면서 그들과 시시덕거린다. 그리고 아주 작디작은 꽃병에 역시 눈썹만한 들꽃 두 송이를 인형 옆에 꽂아 놓는다. 그 뒤에는 말도 못 익힌 꼬마들 사진을 몇 점 늘어둔다. 물론 또 그 뒤에는 책으로 둘러싸 놓고.

손끝으로 꼬마 인형의 눈이나 코나 입 혹은 귀들을 꼭꼭 눌러보기도 하고 두들겨보기도 한다. 그리곤 "아프지." 하고 말을 건네 본다. 이렇게 많은 시간을 인형들과 눈 맞추면서 살다보면, 세상에 싫증나지 않는 것이, 책과 꽃과 인형과 음악이 아닐까 하고 느껴진다.

하루는 새침데기 꼬마인형을 사기 위해 시내 여러 곳을 누빈 일이 있다. 내가 들어선 가게에는 모두 10대나 20대의 여자 손님들로 붐볐다. 가게마다 나만큼 나이 많은 손님을 맞아보기는 처음이 아닐까 하는 생각마저 들어 오히려 내가 어리둥절했다.
　그러나 끝내 어느 가게에서도 마음에 드는 인형을 사지 못한 채 집으로 돌아와서 신에게 기도했다. '이 못난 사람에게 새침데기 꼬마 인형을 하나 점지해 주십사' 하고.
― 〈사는 모습들〉에서

　언제나 능동적으로 살아가는 사람이 있는가 하면 늘 피동적으로 힘들게 살아가는 이도 있게 마련이다. 양지가 있으면 음지가 있는 것과 같은 이치이다. 만사를 적극적으로 해결하는 사람이 있는가 하면, 식사 하나 손쉽게 처리하지 못하는 사람도 있다. 놀이를 하더라도 외톨이로 어울리지 못하는 경우도 있고, 노래방에 가서도 기분 좋게 한 곡조 뽑지 못하고 동료들의 눈치를 살피며 열외를 선택하는 사람도 있다. 여자가 접근해 와도 구실을 붙여서 자리를 피하는 이런 유형의 인물이 구축하는 세계는 '나 홀로 세계'인 것이다.
　'나 홀로 세계'를 구축한 사람은 평범한 사람과는 다른 삶을 산다. 어느 것이 더 현명한 삶인가는 사람마다 다르게 판단하겠지만, 이런 경우에는 대개가 유아적 성향을 보이는 경우가 많다. 왜냐하면 때가 묻지 않았기에 적응이 어려운 것이다. 그래서 유아처럼 귀엽고, 새침한 인형과 함께 명상에 잠기고, 대화를 나눈다. 또 화병에 눈썹만한 들꽃 두 송이를 꽂아 놓고, 말도 못 하는 어린아이의 사진을 내놓고 책을 본다. 그러다 음악도 듣는다.
　새침데기 꼬마인형을 사기 위해 시내를 돌다가 끝내 구입하지 못하고 신에게 기도를 한다. '새침데기 꼬마인형 하나를 점지해 달라'고 기도를 올리는 모습에서 우리는 수필가 하길남의 순수의 세계를 접하게 된다. 병들지 않은 순수의 눈이어야 세상을 올바로 보고 이해할 수 있기 때문이다.

아무튼 나는 가끔 조물주 아저씨를 못마땅하게 생각할 때가 있다. 끼니때마다 수백 번씩 입방아를 찧어 가면서 그 가느다란 목구멍을 통해 음식물을 쑤셔 넣어야 하다니 그런 거북할 때가 어디 있을까 하고.
차라리 열쇠 같은 것으로 배를 열어서 밥이나 찬을 그 안에 붓고 잠가버리면 얼마나 위생적이며 경제적일까. 십상 편리할 텐데.
나는 남들이 내 앞에서 아주 맛있게 음식을 먹는 광경을 보고 신기한 생각에 잠길 때도 있다. 그래서 물끄러미 쳐다보곤 한다. 제 밥 먹는 것도 잊은 채, 그러다 보면 어느새 내 밥은 내 입맛과 함께 싸늘하게 식어버리고 만다.
나는 또 술도 거의 끊다시피 했고 담배도 떼고 말았으니 남들보다 입이 하는 일이 조금은 줄어든 셈이다. 어디 숨겨둔 여복女福도 없으니 키스할 일도 없겠고.

— 〈식인종의 눈물〉에서

수필가 하길남은 가장 자신이 없는 것 셋을 꼽아 '먹는 일', '다투는 일', '춤추는 일'을 들었다. 그 중 '먹는 일'에 대한 고백이다. 다른 사람에 반도 못 미치는 자신의 식욕을 고백하는 모습이 순진 그 자체이고, 동심의 모습이다. 인간의 엄청난 식탐에 빗대어 사회를 고발하고 있다. 그러면 왜 수필가 하길남은 이렇게 동심의 장치를 하여 사회를 엿보았을까. 그것은 순수해야 세상을 꾸밈없이 보고 진솔하게 볼 수 있기 때문일 것이다. 이 글은 동심으로 돌아가 자신을 고백하려는 의도보다 사회에 대한 비판의 효과를 키우기 위한 배려인 것이다.

일반인 하길남은 그 가느다란 목구멍에 쑤셔 넣기조차 어려운데, 잘 도 삼키는 사람들의 탐욕을 바라보며 개탄하고 있는 것이다. 그래서 그 탐욕의 입이 제 몸에 해로운 술도, 담배도, 여자도 마구 먹어치우고 있는 것을 꼬집는다.

이와 같이 수필가 하길남에 있어서 순진한 유아적 사고의 출현은 뒤틀린 사회에 칼을 대기 위한 장치인 것이다. 그래서 글의 뒷부분에 가면 '오나가나 말썽인 먹는 것'에 대한 해학을 동원하여 독자들의 속을 시원하게 해 주고 있다.

> 이들은 모두 벌거숭이가 된 사내들 앞에서 서로 경쟁이라도 하려는 듯이 언성까지 높이는 것이 아닌가. 하지만 그러한 주장들만으로는 설득력이 없다고 생각한 탓인지, 이들은 증거라도 뒷받침하려는 듯이 "내가 시골 이발소에 있을 때, 그분은 그곳 군수로 있었기 때문에 이발하러 자주 왔어." 하고 기선을 잡는 것이었다. 그러나 옆 사람이 뒤질세라 "나는 그때 목욕탕에 있었는데 일주일에 한번씩 꼭 나를 찾아와서 때를 밀었지." 하면서 결국 그를 만난 횟수가 자신이 더 많았을 뿐 아니라, 인간적으로 더 가깝다는 것을 큰소리로 통쾌하게 선언하듯 말하는 것이었다. ……〈중략〉…… 그런 까닭에 목욕을 하고와도 몸이 가렵다. 벌거숭이가 되어 몸을 밀어도 남은 때가 있는 탓일까. 마음이 불안해지면 베란다에 놓인 꽃을 갖고 와서 책상 위에 올려놓고 책을 읽거나, 옆집 꼬마를 데리고 와서 같이 논다. 누가 들으면 소가 웃을 일이라고 빈정댈는지 모를 일이다.
>
> — 〈꽃〉에서

힘이 없고, 작고, 나약한 것일수록 더 순수한 것은 아닐까. 국회의원처럼 화려하게 피어나는 꽃이 있는가 하면, 남의 머리를 만지는 이발사나 남의 때를 밀어주는 때밀이 같은 꽃도 있다. 이들은 정치가들처럼 남을 속이고 등을 칠 줄을 모른다. 오로지 그 선망의 꽃을 안다는 것만도 자랑거리로 생각한다. 이 글의 배경은 심상치 않고, 자못 해학적이다. 모두 벌거숭이가 된 목욕탕이 배경이다. 감출 것 없이 다 내놓은 목욕탕에서 자신의 직업을 까발리며 국회의원 후보자를 서로 잘 안다고 입씨름을 하고 있는 것이다. 이것보다 더 순수한 장면은 보기 힘들다.

그러나 우리의 사회는 병들어 있어 벌거벗고 목욕을 해도 몸이 가렵긴 매일반이다. 마음이 불안해진 작가는 결국 꽃을 바라보고, 책을 읽거나 옆집 꼬마와 놀고 만다. 이와 같이 수필가 하길남에게서 보이는 순수의 표본은 어린아이이고, 인형이고, 책이고, 음악이다. 작가의 글에서 이 같은 기호의 행위는 순수를 바탕으로 깔기 위한 배려이다. 순수의 바탕 위에서 어른의 시각으로 뒤틀린 사회를 꼬집고 있는 것이다.

6. 해학의 세계

앞에서도 지적했듯이 하길남 수필은 터질 것만 같은 홍수 직전의 강물이다. 온갖 소재가 다 흘러간다. 홍수에 밀려가는 흙탕물처럼 무섭게 독자의 앞을 지나간다. 그것들은 대개가 독서에 의해 얻어진 것들이다. 옛 선인들이 바라본 세상의 이야기도 끌어오고, 신문기자가 바라본 사회적 현상도 동원된다. 이 모든 '같이 보기'는 대부분 작가의 '홀로 보기'와 충돌하거나 융합하며 작품의 세계를 구축한다. 그만큼 하길남 수필가는 노력을 하는 작가라는 말도 되겠다. 이같이 진지하게 진행되는 수필에는 독자에 대한 배려가 없으면 아니 된다. 여기에 동원된 것이

해학이다. 진지한 작가의 세계에 끌려가다보면, 느닷없는 해학의 장치와 만나게 되고 이 순간, 긴장된 마음은 저절로 풀어지게 되는 것이다. 그러므로 상당 부분 여운의 효과를 얻고 있다.

오나가나 먹는 일을 가지고 말썽인 것은 예나 지금이나 마찬가지겠지만, 문제는 분별없이 삼키고자 하는 데 있을 것이다. 남의 재물도 삼키겠다, 탐나는 여자도, 남의 땅덩어리도 삼키겠다. 등등.
무슨 단식 요법이다, 식이요법이다 해서 좀 덜 먹는 얘기, 가려먹는 얘기도 심심찮게 들리는 것은 좋은 일로 생각된다.
― 〈식인종의 눈물〉에서

사리사욕에 차서 세상에 널브러져 있는 모든 것을 제 뱃속에 넣으려는 사람들을 비꼬는 글이다. 겉으로야 동심의 세계를 노래한 것 같아도 작가는 치밀한 계산으로 배려해 놓았다. 탐욕에 찬 사람들의 빗나간 모습을 순수의 눈으로 바라보면 확실히 드러나고 독자에게 주는 느낌 또한 크다는 것을 다시 한번 자각한다. 분별없이 마구 삼키니 남의 재물, 남의 여자, 남의 땅덩어리를 가릴 바 아니다. 그래서 요즈음엔 단식요법, 식이요법까지 생긴 것이라고 하는 작가의 기지는 독자로 하여금 웃음을 자아내게 한다.

"아니, 거 참 이상한 일입니다. 백인들은 우리들과 같이 죽은 사람을 먹지도 않으면서 왜 그렇게 많은 사람들을 죽이는 장난을 하는 겁니까?"
이야기도 이쯤 되면 나는 할 말이 없어 엿방망이는 아니더라도 자꾸 땡땡땡! 종 치는 시늉을 되풀이하게 된다.
그래서 모든 작가들은 그의 글이 복음의 종소리처럼 온 누리에 울려 퍼지게 하기 위해 늘 죽기를 거부하는 것이리라.
　　그렇다. 비록 젊은 양반이 아니라도 우리는 늘 '거저 자지 아니했으니(?)'말이다.
　　- 〈종소리〉에서

　수필가 하길남은 〈종소리〉에서 수필의 작법에 대해 특이하게 기술하고 있다. 앞의 '수필 바라보기'에서 인용했듯이 독자에게 '웃음'을 주어 티 없이 순수함을 내보일 것을 주문하기도 하고, '한 작가의 생각과 그 작가가 살고 있는 세상 형편이 병행을 이루면서 나에게 다가섰다가 떨어져 갔다가 한다.'며 작가의 체험이 작가의 사상과 어떻게 만나는지도 설명하고 있다. 그리고 작가의 생각이 담긴 글을 쓰기 위해 늘 글을 쓰고 있는 것이라고 실토도 한다.
　위에 인용한 글은 식인종이 백인들의 무가치한 전쟁을 코믹하게 꼬집은 글이다. 먹지도 않으면서 왜 그렇게 사람을 많이 잡느냐는 질타가 들어 있다. 그 토인의 말에 대소大笑하는 장면이 '엿방망이를 한 이틀 밤 했더니, 노곤하다'는 말에 견주어 참지 못하고 종을 친다고 표현함으로써 독자들의 웃음을 절로 불러들인다.

　　바람처럼 사라져간 천상병 시인이 서울의 어느 번화가에서 오줌을 갈겼다. "여보, 여기가 어디라고 소피를 본답니까?" "어헛, 미친놈들 왜 모두들 남의 것을 보려고 야단이람! 안 보면 그만인데······." 이 말을 듣고 아마 바람도 웃었을 것이다.
　　다음은 뇌물론 한 구절. 버스업자로부터 뇌물을 받은 공무원들이 왈, "돈을 받지 않으면 업자들의 투서에 시달려 사정기관에 불려 다니다 일을 할 수 없다."고.

참말로 희한한 바람이 다 불어서, 야시 바람이—.

— 〈'바람' 쓰기〉에서

　이 글은 첫머리에서 '내가 이 세상에서 제일 좋아하는 것은 한 살부터 두 살까지의 어린이들과 꽃 그리고 음악 듣기다. 그런가 하면, 언제나 번거롭게 여겨지는 것은 하루 세 끼씩 꼬박꼬박 밥 먹는 일과 그 뒷일 보는 것, 또 잠자는 일이다.'로 시작하고 있다. 좋아하는 세 가지는 모두가 인간의 순수를 추구하는 말이다. 그에 비해 번거롭게 여기는 일은 인간의 탐욕에 관련된 것들이다. 식욕, 배설욕(성욕), 수면욕을 잘못 관리하면 탈이 난다. 그것을 관리하지 못하는 현 사회를 바라보는 시선은 언제나 유아적 시선이 효과적이다.
　탐욕에 찬 사회에 천상병 시인의 오줌 누기와 공무원의 고백은 우리를 웃음으로 정화시켜 준다. 참말로 희한한 바람에 시달려야 하는 우리 소시민들은 그만 웃음이 터지고 만다.

7. 나가면서

　하길남은 시인이며, 수필가이고, 수필평론가이다. 수필평론의 황무지인 우리 문단에서 그의 업적은 실로 크다 할 수 있다. 이론적 바탕이 되어 있는 작가가 남긴 수필은 또 다른 의미에서 그 가치를 살펴볼 필요가 있다. 그러나 이 글을 쓰는 평자는 그의 모든 저서를 망라하지 못하고 성급한 결론을 내리는 것은 아닐지 자못 조바심이 앞선다.
　수필은 자신에 대한 고백의 문학이다. 그런데 그 고백은 자신이 직접 경험한 '홀로 보기'일 때도 있고, 남들이 경험한 '같이 보기' 중에서 자신에게 크게 작용한 것일 때도 있다. 그 경우 대개는 자신이 늘 부족하다고 생각되어 수치심을 갖고 있거나 보강되기를 소망했던 것이 작가의 마음을 흔들어 그렇게 나타나기도 한다. 하길남의 수필세계는 그의 '홀로 보기'와 채집된 '같이 보기'가 잘 어우러져 작가의 정체성을 확립한 경우라고 말할 수 있다.

인간은 살아가면서 사람과 교유하며 산다. 하물며 남녀간에 만남의 의미는 크지 않을 수 없다. 작은 만남에서부터 큰 만남에 이르기까지, 짧은 만남에서 긴 만남에 이르기까지 그것이 우리에게 던져주는 의미는 무엇일까. 하길남 수필가는 이 만남과 헤어짐을 통하여 자신의 정체성을 밝히려 했다. 즉 만남은 머묾이고 헤어짐은 떠남이기에, 이 머묾과 떠남의 반복된 체험 속에서 고뇌하며 사람과의 관계를 규명하고 있다.

그 고뇌의 결과로 그는 삶의 커다란 의미를 찾아낸다. 일상 속에서 접하게 되는 크고 작은 것들이 그에게 깊은 사려를 요구하고, 그 결과 자신에 대한 성찰이 이루어진다. 하길남 수필가는 그 결과 어떻게 사는 것이 값진 것인지를 우리에게 제시한다. 결국 그는 내려놓고 사는 지혜와 굵고 짧게 사는 삶을 제시하고 있다.

하길남의 수필에 나타나는 유아적 행동은 나름대로 계산된 것이다. 세상을 어린아이의 시각으로 보려는 것이 아니라, 어른이 순수해지기 위해 어린이의 눈을 가지고 행동할 뿐이다. 유아적 행동은 어디까지나 순수를 향한 장치이고 배려인 것이다. 그 순수의 눈으로 뒤틀린 사회의 모습을 조망하여 독자로 하여금 공감을 얻어내고 있다.

하길남의 수필은 말할 수 없이 진지하다. 너무나 진지하여 독자에게 늘 긴장을 요구한다. 이런 긴장을 끌어안고 글을 마무리하면 독자가 지치고 만다. 그래서 작가는 독자들에 대한 배려로 늘 글의 마무리 쯤에 와서 해학을 던져 주고 있다. 그 해학이 일정한 성공을 거두고 있다.

이렇게 수필가 하길남의 수필세계를 살펴보았다. 평자의 시각이 너무 미흡하여 지엽적이고, 논리에 어그러진 면이 많을 것이다. 이는 평자의 지식의 짧음에서 어쩔 수 없이 빚어진 일일 것임에 하길남 수필가와 독자들에게 죄스러움을 금할 수 없다.

한마디로 말하여 이렇게 시를 쓰고, 수필을 쓰며, 수필평론까지 하는 작가가 우리 가까이에 있다는 것은 행복한 일이다. 이런 관점에서, 우리는 하길남 작가의 문단 기여도에 대한 필요성과 당위성을 충분히 찾을 수 있다.

이삭줍기와 의미 찾기
- 심인자 수필집 ≪야누스의 얼굴≫의 세계

1. 들어가면서

여러 문학 장르 중에서 수필은 삶에 가장 천착한 문학이라고 할 수 있다. 생활 속에서 늘 접하게 되는 크고 작은 소재를 작가의 개성적 시각으로 해석해 내어 의미를 부여하는 것이 수필문학의 궁극적인 목표이다. 이 때에 작가의 시각에 개성이 없다면 그 작품은 영원한 생명을 부여받지 못한다. 작가 나름의 삶에서 얻어진 정체된 시각에 의해 대상을 바라보는 것은 다른 사람과의 차별화에 기여하게 된다.

수필은 체험의 문학이기에, 그 속에는 수필가의 체취가 깃들어 있기 마련이다. 이 체취는 바로 작가의 삶을 토대로 하여 세상을 바라본 결과에서 얻어지는 것이다. 그러므로 이는 작가가 작품을 통해 궁극적으로 표상하고자 하는 의미 찾기인 것이다. 이것은 작가의 세계관과 문학관과 개성에 의해서 완성된다. 이러한 작업이 수행되기에 수필작품은 영원성을 간직하게 되는 것이다.

　대체로 사람들은 자신의 주변에 있는 사물들 중에서 커다란 것을 흘려버리는 실수는 범하지 않는다. 사물은 물론이요, 관념까지도 여기에서 예외는 아니다. 사랑에서도 매일반의 현상이 나타난다. 사랑을 키워 가는 데에도 굵고 큰 것이면 다 되는 것으로 착각하고 있지만, 진정 사랑을 키우는 데에는 작은 것을 흘리지 않고 꼼꼼히 챙기는 것이 더 효력을 발휘한다. 가을 들판에서 추수를 할 때에 익은 곡식을 거두는 일은 어느 농부든 다 하는 일이다. 남들이 흘리기 쉬운 작은 곡식의 낟알을 주워 모으는 일은 아무나 할 수 있는 일이 아니다. 이른 봄부터 씨앗을 뿌리고, 장마와 가뭄 속에서도 애정을 가지고 바라본 농부가 아니면 가당치도 않은 일이다.

　농부가 작물을 관리하는 데에도 나름의 재배법이 있듯이, 한 작가가 수필을 익혀서 생산해 내는 데에도 나름의 시각에 의한 소재 발굴법과 창작법이 있다. 이런 것들은 작가의 개성에서 창출되어 나온 것이어서 남들이 감히 흉내 내기가 어렵다. 그리고 한 작가가 고유의 독특한 창작기법을 소유하고 있지 않다면 그 생명력은 길지 않다. 왜냐하면 이 모든 것들이 작가의 삶에서 건져 올려지기 때문이다.

　수필은 수필가가 다른 사람들과 똑같이 숨쉬고 잠자고 일하며 생활하면서도 그 속에서 흘려버린 이삭을 주워 해석해 내고, 그것에 의미를 부여하는 작업에서 얻어지는 소산물이다.

　그런 의미에서 볼 때에 심인자의 수필세계는 철저히 삶에 뿌리를 내리고 있음을 알 수 있다. 그 삶의 현장은 대단한 것이 아니라, 아주 일상적인 것들의 현장인 것이다. 보통 사람이면 흔히 접하고 살아야 하는 그런 삶의 현장인 것이다. 부모가 있고, 남편이 있고, 자녀가 있는 가정이며, 함께 부대끼며 살아가야 하는 이웃이 있는 사회인 것이다. 다른 사람들은 그 삶의 현장을 가볍게 스쳐지나가지만 심인자의 시선에는 여지없이 잡히는 것이다. 늘 경험한 것들이 그에게는 새롭게 처음 접하는 것처럼 다가선다. 원래 예술이란 '낯설게 하기'에서부터 시작되었다면, 심인자는 현실에 임하는 태도가 철저한 예술적 입장을 견지하고 있다고 말할 수 있다. 그러니까 모든 물상들이 작가의 마음에 와 닿아서 의미를 창출하게 된다는 것이다. 여기에 심인자의 수필을 주목해야 할 이유가 있다. 이는 작가의 시선이 형식적인 데에서 멈추지 않고, 구체적이고 세심한 부분까지 배려하는 애정이 있기에 가능한 것이다. 그러면 작가 심인자의 정체성은 무엇일까?

2. 이삭줍기 1 ― 삼독三毒에서 벗어나기

심인자의 작품 속에는 삼독三毒에서 벗어나려는 조용한 몸부림이 여기저기에서 나타난다. 탐욕과 성냄과 어리석음은 인간을 괴롭게 만드는 삼독三毒인 것이다. 이것을 버려야만 마음이 편안하고 올바른 지혜 속에서 슬기롭게 살 수 있는 것이다. 그의 작품 〈나를 찾아서〉에서 보면 이 삼독에서 벗어나려는 작가의 노력이 한눈에 보인다. 그리고 그것들의 제거 근원은 언제나 자신에게서 찾으려는 태도를 견지하고 있다. 이러한 태도는 그의 작품 구석구석에 산재해 있다. 이것이 작가 심인자를 지탱해 준 힘이다. 본래 인간은 누구나 마음속에 두 개의 욕망이 도사리고 있기에 괴로움에 싸이게 된다. 팽팽한 이 두 마음의 갈등 속에서 작가는 어떤 쪽의 손을 들어주느냐에 따라 그 삶의 의미가 확연히 달라진다.

    그 진리를 받아들이면서부터 오랜만에 편안함을 느꼈다. 탐욕과 성냄과 어리석음 때문에 버거웠던 고통이 조금씩 덜어지고 있었다. '모든 원인은 나 자신으로부터 시작된다.'는 그 한마디가 나를 돌아보게 했다. 누군가를 미워하기 전에 나를 돌아보면 그 역시 원인의 시작은 자신이었다. 쌀 한 톨 만한 말 한마디가 상대방의 마음을 상하게 했고, 그것이 점점 불어 결국은 쌀 한 말의 무게가 되어 내게로 다시 돌아온다는 평범한 진리를 모르고 살아 온 것이다.
                                                          - 〈나를 찾아서〉에서

이와 같이 작가 심인자는 모든 것의 책임을 자신에게 돌리고 자신에게서 원인을 찾으려 한다. 그러한 의지의 굳힘에는 불교의 힘이 컸다. 풍경소리를 들으며, 서두름의 욕망을 잠재우고, 크지도 작지도 않은 존재의 의미를 되새긴다. 자신의 지난 삶에서의 욕망을 그는 숨김없이 토로함으로써 그 굴레에서 벗어난다.

    지난날 원대했던 꿈과 그것을 이루지 못해 가슴 아파한 일들이 눈에 선하다. 자신을 갉아먹어 상처투성이인 육신을 들여다본다. 한때는 누구에게도 지기 싫어했고 겉멋만 부린 채 본연의 모습을 숨기며 또 다른 나를 치장하기에 바빴던 삶이 있었다. 부족함이 너무도 많았던 나에게 할 일은 무조건 남을 앞서야 한다는 생각에서였다. ……〈중략〉…… 나를 감쌌던 장신구며 허위를 위해 둘렀던 옷가지를 벗어 던졌다. 헌옷을 걸쳐도 치렁치렁 매달던 패물들이 없어져도 불혹을 앞둔 나이에 비해 늙어버린 손을 들여다봐도 부끄럽다는 생각이 들지 않는다. 덕지덕지

붙어 다니던 허영과 쓸데없이 늘어만 가던 객기를 떨쳐 내니 왜 그렇게 몸이 가벼워지던지.
― 〈나를 찾아서〉에서

자기 스스로 오만과 허위를 벗어던졌기에, 작가는 쉽게 자신의 모습을 바라볼 수 있었고, 바른 길로 들어설 수가 있었다. 그래서 '성내고 욕심 부리며 멋대로 살아가라고 부추기는 또 다른 나를 본연의 내가 버려두지 않을 것'이라는 자세를 견지할 수 있게 된다. 마지막의 '참다운 나를 찾아서 오늘도 두 손에 힘을 모아 합장을 한다.'는 작가의 건강한 목소리를 들으며 우리는 마음을 놓아도 될 것이다. 이와 같이 작가 심인자는 늘 자신의 수련을 불교에 의탁하여 수행하고 있다.

삼배를 올리고 무릎을 꿇는다. 마음이 고요하다. 이 순간은 모든 끈을 놓는다. 오로지 나 혼자인 것이다. 예불이 시작되기 전에 법당에 앉아 성찰의 시간을 가진다. 나를 돌아보는 시간인 만큼 거짓이 없다.
예불이 시작되고 일사불란하게 스님의 독경소리에 맞추어 삼배를 올린다. 오래된 사찰이라 벌어지고 틈이 생긴 마루 밑에서 냉한 바람이 올라온다. 방석을 깔고 앉았는데도 무릎이 시리고 뺨이 얼얼해진다.
― 〈대원사를 다녀오며〉에서

불교에 의탁하였어도 고행의 길은 쉽지 않음을 알 수 있다. 틈이 생긴 마루 밑에서 올라오는 한기를 참아내야 한다. 그 한기 속에서도 큰스님의 말씀은 놓치지 않으려 한다. 그리고 설법의 내용을 자신에게 연결한다. 설법 중에 나오는 한 여인이 첩 생활을 하다가 치매에 걸렸는데도 습관적으로 해오던 화장을 자정이면 한다. 그것은 첩이라서 밤

늦게 찾아오는 남자를 기다리던 습관적 행위이다. 이 같이 잘못된 행위가 자신도 모르게 겉으로 드러나는 꼴을 바라보며 작가는 지나온 삶을 가다듬고 수행하는 자세를 잃지 않는다.

> 거울 속에 비친 나는 산문을 들어서는 수행자를 닮았다는 생각이 든다. 성난 얼굴이 아니다. 탐욕과 집착으로 가득 찼던 눈빛은 사라지고 평정을 되찾은 본연의 내가 서 있다. 화장기 없는 얼굴이 밉지 않다. 겉모습이 전부가 아님을 알면서도 치장하려는 속성을 버리지 못함은 나의 내면에 숨겨진 두 마음이 있기 때문이다. 세상일에 적당히 타협하며 통속적인 삶을 부추기는 마음과, 탐욕과 집착에서 벗어나려 안간힘을 다하는 본연의 마음이 서로를 억누르며 파문을 일으킨다. 이럴 때면 나는 어머니의 힘을 빌려 산문에 들어선다. 속(俗)을 끊고 정진에 든다. 철저한 수행으로 정화된 본연의 나를 찾는다.
>
> — 〈다시 산문을 지나며〉에서

수행할 때에 가장 고통스러움은 갈등하는 두 마음이다. 언제나 인간에게는 이 두 마음이 야누스의 얼굴을 하고 달려든다. 심약한 사람인 경우에는 그 고통이 심대하고, 의지력이 있는 사람에게는 그 정도가 미약하다. 갈등하는 마음을 의지력으로 다스리고 나면, 산문을 나올 때의 발걸음이 가볍다. 욕심과 성냄과 집착으로 가득 찼던 마음이 물러가고, 새털 같은 가벼운 마음이 된다. 이렇게 가벼운 마음이 되면 자연의 순환도 눈에 들어오고, 진리도 마음에 와 닿는다. 여름 내내 달고 있던 무수한 이파리를 떨어뜨리는 나무를 바라보면서 삶의 지혜를 깨닫는다. 불변하는 자연의 모습만을 바라보던 눈과 귀에 밝음이 찾아오고, 피어오르는 희열을 맛보게 된다. 결국 삼독에서 벗어나면 가벼운 몸이 되는데, 그것을 한마디로 표현한다면 무소유가 아닐까.

지금 마음이 참 편하다. 아무것도 가진 게 없다는 것이 얼마나 맘 편한 것인지 새삼 느낀다. 온전히 놓아 버렸어야 했는데 반지를 남겨둔 것도 결국은 집착이었다. 하마터면 십여 년의 공이 한순간에 무너질 뻔했다. 나 자신과의 약속을 파기하려는 순간, 일깨움을 주기 위해 반지는 내 곁을 떠나갔다. 곱게 치장된 모양으로 새롭게 태어나기보다 떠남으로써 주인에게 깨달음을 주려함이었을 게다. 깰 뻔했던 자신과의 약속을 지키게 해준 반지가 고마울 따름이다.

잠시 갓길을 걸었다. 손아귀에 쥔 힘을 빼고 이제 본연의 길을 걸으려 한다. 나 자신과의 약속을 되새기면서 다시 한번 무소유를 생각하는 오늘이다.

— 〈무소유〉에서

3. 이삭줍기 2 — 가족 사랑하기

진실한 삶 속에서 소재를 발굴하여 작가의 개성에 의해 해석해야 하는 수필문학은 현실 생활을 떠나서는 이루어질 수 없는 문학이다. 이것은 수필가에게 안이함을 제공해 주며, 한편으로는 그 웅덩이에 빠져 헤어나지 못하게 하는 독소적 존재임에 틀림이 없다. 하물며 자신의 혈육에 대해서는 객관적 판단력을 상실하는 경우가 종종 있어서 글을 망가뜨리는 경우가 비일비재하다. 그래서 혹자는 남편 자랑, 딸 자랑, 아들 자랑하는 글을 쓰지 않기를 주문하기도 한다. 매우 일리 있는 일이다.

심인자의 글에도 이 같은 가족에 대한 글이 다수 보인다. 다만 기왕의 가족 관계 글들과 차이가 있다는 것이 우리의 마음을 오히려 편하게 해 준다. 그의 작품 속에는 진실된 삶 속에 가족에 대한 애정이 눅눅히 배어 있기에 독자들에게 감동의 파장이 일어나고 있는 것이다. 그중 〈고목〉은 고부간의 깊은 신뢰와 애정이 작품 전체에 흘러넘친다. 작가는 결혼 직후 목격하게 된 시어머니의 유별난 마루닦이를 이해하지 못하다가 그곳이 그분의 휴식처요, 베풂의 공간임을 알게 된다. 그래서 작가도 늘 그곳을 말끔하게 치우게 된다. 이러한 행동은 두 사람 간의 이해가 없이는 이루어질 수 없는 것이다.

그리고 그 시어머니는 담장 가에 서 있는 감나무로 대치되어 나타난다. 언제나 베풀기만 하던 시어머니. 이제는 늙어서 허약하기 그지없는 시어머니가 고목이 되어 예전처럼 풍성하게 열매를 맺지 못하는 감나무로 환치되고 있는 것이다.

    예전엔 탐스럽고 맛난 감이 많이 열렸다. 사람들은 손을 뻗쳐 크고 잘 익은 것을 먼저 따려고 다퉜다. 나무는 미소를 지으며 아낌없이 주었다. 대가를 바라지도 않았다. 그저 열매를 먹어주는 것이 흐뭇하기만 했다. 사람들이 더 이상 딸 수 없는 높이의 것은 잠시 쉬어 가는 새들의 몫이었다. ……〈중략〉…… 고목을 바라본다. 돌이 많고 거친 땅에 뿌리를 내리고 온갖 자양분을 빨아올려 결실을 맺는 수고를 평생 감내했다. 많은 것을 나눠주고 이제 앙상한 가지만 남았다. 흙이 패여 뿌리가 드러나고 바람에 부러져나간 자리가 허전해 보인다. 매끄럽던 가지가 뭉툭뭉툭해지고, 녹색 잎도 전에 같지 않게 투박하다. 선홍빛으로 곱게 물들던 단풍도 검붉은 색이 된 채 빨리 떨어져 버린다. 검고 딱딱한 껍질은 울퉁불퉁 골이 패이고 여기저기 흠집이 많다. 나무를 안아본다. 손바닥에 느껴지는 촉감이 딱딱하고 꺼칠하지만 연민의 정이 느껴진다.

— 〈고목〉에서

　작가의 시어머니에 대한 시선은 따뜻하다. 자식들을 위하여 젊은 날을 모두 내어놓고 이제는 늙어서 허약해진 시어머니를 보며 연민의 정을 느끼고 있는 것이다. 이 부분에서 고목이 된 감나무와 시어머니의 대비는 작품 구성의 백미라 할 수 있다. 치밀하게 계산된 구성이다. 그러기에 작가는 고목이 된 감나무를 안을 수 있는 것이다. 손바닥에 느껴지는 딱딱하고 꺼칠한 감촉에서 미래의 자신을 상상했을지도 모른다. 이 글은 바로 이런 착상에서 출발하였다고 볼 수 있다. 이러한 구성은 신뢰와 믿음의 극치이기에 마무리의 배려를 예측할 수 있게 해 준다.

　아침상을 차려놓고 뒤꼍에 가니 감나무 밑에 어머님이 서 있다. 꺼칠한 손으로 고목이 된 감나무를 쓰다듬는다. 그 모습이 초췌하다.
　오늘따라 감나무를 바라보는 어머님의 눈빛이 예사롭지가 않다.

— 〈고목〉에서

　결국 이 글에서는 마무리를 완벽하게 끌어냄으로써 주제 제시에 성공하고 있다. 작가 심인자는 가족에 대한 신뢰와 사랑이 극진하다. 그도 나이가 들어 성숙하기 전에는 단순하여 남을 원망하고 서운함을 키운 경험이 있다. 작품 〈어둠 속에서〉를 보면, 어린 날 아버지에 대한 원망이 그득하다. 작가의 아버지는 병약하여 시력이 좋지 않다가 종내에는 실명을 하고 만다. 결혼하여 자신의 아이가 병약한 것을 보고, 다 부친의 탓으로 생각한다. 늘 가슴에 아버지에 대한 원망을 안고 살다가 염려한 아들이 그렇지 않게 되자 자신의 생각이 잘못된 것임을 자각한다. 물론 이 이야기는 영화 〈취하선〉을 보다가 눈이 어두운 자신의 아버지의 모습을 떠올리는 데에서 시작된다. 어린 시절 병약하여 상흔이 많았던 아버지가 싫어서 도망을 놓았던 작가가 이제는 그 아버지의 아픔을 헤아린다.

> 아버지의 마음을 알지 못했다. 볼 수 없는 고통이 얼마나 참담하고 두려운 것인지. 잠시 눈을 감아도 무섭고 두려운 것을. 일분도 견디기가 힘든데 그 많은 시간을 이겨내려 자신과의 싸움을 수없이 해야 했을 아버지를. 병치레하는 나를 노다지 업어 키운 아버지인데. 아버지의 고통이 싸하니 내 가슴에 전해온다. 당신을 원망했다는 것이 못내 가슴을 때린다. 자식을 낳아봐야 부모마음 안다더니 자식을 둘이나 두고서도 부모생각은커녕 힘들다고 원망만 늘어놓았다. 내 몸이 약한 것도 아버지 탓이고 아이 눈이 나쁜 것도 모두 다 아버지 책임이라며 철없는 원망의 눈물만 흘렸었다.
> 　　　　　　　　　　　　　　　　　　　　　－ 〈어둠 속에서〉에서

아버지에 대한 회한은 자신의 못남을 자책하는 것으로 이어진다. 캄캄한 영화관에서 앞을 볼 수 없었던 순간의 어둠 속에서 아버지의 고통을 만난다. 육체의 눈을 뜨고서도 정작 봐야 할 것은 외면한 채 마음의 눈은 감고 있었던 자신에 대한 반성이 이어진다. 이러한 마음의 기술 속에는 가족에 대한 깊은 사랑이 내재해 있음을 읽을 수 있다.

이 같은 현상은 〈술 권하는 아내〉에서도 잘 나타난다. 술을 잘 하지 못하는 남편의 주량을 늘리기 위해 아내로서 배려하는 모습이 안쓰럽고 눈물겹다. 남들 다 하는 술을 전혀 하지 못하여 분위기를 맞추지

못하는 남편이 이 글의 화두이다.

> 야심한 밤에 안주를 장만하여 술상을 내왔다. 나의 정성에 웬만하면 한잔 받을만한데도 그이는 미동조차 않았다. 오히려 '혼자 많이 드시게.' 하며 내게 술을 가득 따라준다. 허무하게 나의 계획은 빗나가고, 약이 올라 마신 몇 잔의 술에 취해 나 혼자 횡설수설하는 것으로 끝이 났다. 그 뒤에도 몇 번의 시도가 있었지만 실패하고 말았다. 술도 꾸준히 마시면 양이 늘어난다는데 남편은 시도조차 않는다. 나의 의도를 무 자르듯 단호하게 잘라버리니 물러설 수밖에 없다.
> — 〈술 권하는 아내〉에서

부부생활이란 이 세상에서 나에게 가장 맞는 사람을 골라서 사는 것이 아니다. 상대방의 성격에 맞추어가는 것이 부부의 마음 자세가 아닐까. 작가 심인자의 남편에 대한 사랑은 지극한 배려에서 출발한다. 남편의 주량을 늘리기 위해 술상을 차리며 원만한 사회생활을 도모할 수 있게 하려고 배려한다. 그러나 받아들이지 않는 남편 앞에서 제 풀에 취한 작가의 모습이 재밌다. 그러나 한 순간 물러서지만 완전한 물러남은 아니다. 세상일에는 그렇게 만만한 것이 없다. 꾸준히 도전하고 노력하는 것만이 요구되고 있을 뿐이다. 여기에서 끝이라면 이 글은 맛이 없다. 왜냐 하면 의미의 확대에서 차단기가 내려지기 때문이다. 꾸준히 다시 시도하는 아내의 모습을 보임으로써 이 글은 '주량 늘리기'에서 멈추지 않고 두 부부의 '사랑 늘리기'로 확대되어 나간다.

해마다 술을 담그다보니 조그만 장식장이 술병으로 채워졌다. 술 담는 것을 멈출 생각은 없다. 다소 시간이 걸릴지라도 마주 앉아 정겹게 잔을 부딪치며 건배를 하는 그 순간까지.

　창밖을 바라보는 남편의 모습이 편안해 보인다. 오늘, 야심한 이 밤에 정성껏 마련한 술상을 놓고 주량 늘리기 시도를 또 한번 해볼까 한다.
　　　　　　　　　　　　　　　　　　　　－〈술 권하는 아내〉에서

　우리의 세상사가 그리 만만치 않다. 실패를 거듭하면서 좌절하지 않고 밀고 나가야 겨우 이루어지는 것이 세상사이다. 이 글은 남편의 주량 늘리기로 보이나 실은 그 뒤에 숨어 있는 의미가 더 크다. 좌절하지 않고 노력하는 작가의 모습이 잘 그려져 있다.

　역시 부부의 사랑은 상대에 대한 배려에서 시작된다. 결혼생활이란 상대가 나에게 맞추어 주기를 소망하는 것이 아니라, 내가 상대에게 맞추어가는 것이 현명한 것임을 깨달은 것일까. 〈난蘭, 그 향기에 젖어〉에서 보면 난에 심취한 남편을 이해하기 위해 어깨 너머로 기르는 법도 익히고, 산채山採에도 따라 나선다. 동행한 산행 길에서 손도 잡아주고, 산과일도 따 입에 넣어주고, 모르는 야생화도 가르쳐 준다. 바로 이것이 부부의 사랑인 것이다. 상대방의 성격이나 취미에 맞추어주면 그만한 대가와 보람도 돌아오게 되어 있다. 또한 세상이 아름답게 보이고, 가슴에 쌓여 있던 미움도 조금씩 사라진다.

　남편 어깨너머로 난 기르는 법을 익히며 보살폈다. 적지 않은 시간을 정성으로 가꾼 때문일까. 새 촉이 오르고 꽃을 피웠다. 잡티 하나 없이 곧게 뻗어 핀 꽃의 자태가 일품이었다. 비로소 즐거움을 느꼈다. 난은 이제 미움의 대상이 아니었다. 새 촉이 나는지 어떤 빛깔의 꽃이 피어날지 궁금해 하며 매일 들여다보았다.
　가끔 남편을 따라 산행을 한다. 험한 산길에서는 손도 잡아주고 처음

보는 산과일도 따다 준다. 내가 모르는 야생화며 약초를 캐 와서 목소리를 높이며 설명하느라 여념 없다. 여태 느껴보지 못했던 자상함이 이 순간에 보인다.

산행을 하니 답답했던 마음이 트이고 바라보는 사물이 아름답게 와닿는다. 가슴에 쌓였던 미움이 조금씩 사라져간다. 남편을 이제는 이해할 수 있을 것 같다.

— 〈난蘭, 그 향기에 젖어〉에서

부부의 사랑과 신뢰가 싹트면 철저히 닫았던 문도 열게 되고, 상대의 행동의 가치와 의미도 저절로 알게 된다. 기대에 대한 서두름이 없어지고 느긋해진다. 서로가 신뢰하게 되어 묵묵히 기다릴 줄도 알게 된다. 기다림이 실망으로 마무리되어도 결코 서운해 하지 않고 너그러워지는 것은 굳게 믿는 부부의 사랑이 있기 때문이다.

자식에 대한 사랑은 아무리 주어도 부모의 마음에는 모자란다 했던가. 그러나 그것이 진정한 의미의 사랑이 아니라는 질타를 보내는 작품이 〈어치〉이다. 어치는 제 새끼를 더 이상 가르칠 것이 없다고 판단이 되면 떠나보낼 준비를 한다. 아주 냉혹하게 그 과정을 진행시킨다. 그러나 자식 앞에 나약하기 그지없는 우리 인간들은 오로지 주고자 하는 마음뿐이다. 중학생이 된 아들이 변성기를 맞고, 독방을 쓰려하자 부모의 마음은 서운하다. 간섭하고 알려줄 것이 많은데, 떠나려하는 것이 서운하다. 아직 부모의 마음은 길도 건너 주어야 하고, 학원시간도 챙겨줘야 하며, 머리를 감았는지, 머리는 말리고 등교하는지, 감기는 걸리지 않을지 매사가 궁금하고 불안한 것뿐이다. 그러나 이러한 육아와 교육이 아이를 망치게 됨을 딸의 입을 통해 자각한다.

그런 나의 마음을 알아차린 딸이 그간 숨겨왔던 심중을 털어놓는다. 자식을 사랑하는 마음은 잘 안다. 하지만 하나에서부터 열까지 엄마 손으로 다 해주다보면 아이는 점점 다른 이에 비해 경험이 부족하여 제 스스로 해 나가야할 일이 서툴고 힘들어진다. 한 박자 늦다보니 모든 경쟁에서 뒤처질 것은 자명한 일이고, 마침내 자신감을 잃어 의욕을 상실케 될 것이다. 이것은 아이를 위하는 게 아니라 망치게 하는 것이다.
- 〈어치〉에서

　진정한 의미의 사랑은 과잉보호가 아니고, 제 능력껏 일을 해결하게 하는 것이다. 제 스스로 일을 해결하고 홀로서기를 익히게 해 주는 것이 진정한 부모의 사랑임을 깨닫게 한다. 맹목의 베푸는 사랑은 오히려 해독이 될 수 있음을 보여주고 있다.
　이상에서 살펴보았듯이 작가 심인자는 가족간의 사랑은 소중한 것이며, 그것을 키우기 위해서는 어떻게 해야 하는 것인지도 답을 내리고 있다. 사람의 삶에서 사랑이 얼마나 존귀한 것이며, 그것을 어떻게 기려야 하는 것인지도 말해 주고 있다. 부모의 사랑은 가슴에 깊이 새길 일이고, 부부의 사랑은 서로 상대의 마음을 헤아려가는 것이고, 자식에 대한 사랑은 용기 있는 이어줌과 자름이 있어야 함을 말하고 있다. 이 모든 것이 우리네 가정을 지탱하게 하는 큰 힘인 것이다.

4. 이삭줍기 3 ― 야누스의 얼굴 찾기

　로마의 신화에 나오는 문지기의 신神인 야누스는 문 안과 뒤를 볼 수 있는 두 개의 얼굴을 가지고 있었다고 한다. 이와 같이 야누스의 신이 두 개의 얼굴을 가졌다는 데서 비롯되어 오늘날 상반된 생각이나 사물을 비유하여 야누스라 이른다.

　우리가 살고 있는 이 현세에는 두 개의 얼굴을 가지고 있는 것들이 너무도 많다. 어쩌면 우리 자신이 야누스인지도 모른다. 우리의 내부에는 언제나 두 개의 자아가 갈등하고 있다. 선하고자 하는 자아가 있는가 하면, 늘 욕심을 부리고 남을 괴롭히고자 하는 심술스런 악의 자아도 있는 것이다. 이 둘의 갈등 속에서 우리가 어느 쪽의 손을 들어주느냐에 따라 그 삶에 대한 평가가 달라진다. 앞에서 보았던 〈다시 산문을 지나며〉에서 작가 자신이 괴로워하며 고백한 것만 해도 그렇다. '겉모습이 전부가 아님을 알면서도 치장하려는 속성을 버리지 못함은 나의 내면에 숨겨진 두 마음이 있기 때문이다. 세상일에 적당히 타협하며 통속적인 삶을 부추기는 마음과, 탐욕과 집착에서 벗어나려 안간힘을 다하는 본연의 마음이 서로를 억누르며 파문을 일으킨다.'는 진솔한 고백은 역시 우리에게 두 개의 얼굴이 있음을 말해 주는 것이다. 또 〈어치〉에서도 자식에 대한 사랑에 이중적인 면이 드러나고 있다.

　실증적인 면을 유념하여 몇 편의 글을 되새겨 본다. 우선 이 책의 표제가 된 〈야누스의 얼굴〉을 살펴본다. 이 글은 남편과 말다툼을 하고 나와 거리를 배회하는 데에서부터 시작된다. 배회하면서 철저하게 남편과 아이들의 생각을 하지 않기로 다짐하지만, 시간이 흐를수록 부딪치는 현실에서는 가족을 떠올리고 만다. 맨 먼저 옷가게에 들러 젊은 여성을 바라보며 자신의 모습과 비교하게 되고, 액세서리 집에 들러서는 딸아이를 떠올리며 아이의 요청을 매정하게 자른 자신에 대해 후회한다. 다음 음반가게에서도 역시 딸아이를 떠올린다. 아이가 좋아하는 음악을 부인하고 채널을 돌린 자신이 그 음악에 맞추어 몸을 흔들고 있음에 놀란다. 그러면서 종국에는 너무 자신의 아집대로 독단만 부리며 살아서 주위 사람들에게 상처를 주지 않았을까 돌아본다. 마지막으로 서점에 들러 독서를 하며 틀어졌던 마음의 평정을 되찾는다. 겨우 되찾은 평온 앞에 폭력의 거리가 고개를 든다. 그러자 다시 작가의 마음은 불안 속으로 밀려가고 만다. 술 취해 고함을 지르고 폭력을 쓰는 사람 앞에서 작가는 또 다른 거리의 얼굴을 접하게 되는 것이다. 찬란한 네온사인의 황홀함에 가려져 있던 어둠의 또 다른 얼굴인 것이다. 그때 작가는 자신의 본연에 대해 생각하게 된다.

나의 본연은 무엇인가? 한 남자의 아내이며 두 아이의 어머니요, 그물 엮듯 엮어진 인연 타래에 얽힌 내가 아니던가. 그 모든 것을 거부하고 잠시나마 현실을 잊고자 했던 어리석음은 한 남자의 출현으로 종지부를 찍었다.
유리창에 비친 내 모습이 볼품없고 초라해 보이지만 지금껏 살아온 세월이 무상하지만은 않았을 것이다. 아이들 건사와 남편 뒷바라지에 쏟아온 시간들이 어찌 허무할 수 있단 말인가. 주름지고 윤기를 잃은 지금의 얼굴은 살아온 세월의 자국이다. 옷가게에서 봤던 예쁜 아가씨들을 비교하며 못났다고 자책하거나 주눅들어 할 일이 결코 아니다. 남편과 아이들이, 주름지고 거칠어진 얼굴이니 이제는 나를 사랑하지 않을 것이라고 생각지 않는다. 나와 그네들은 가족이라는 튼튼한 줄로 엮어진 때문이기에. 스무 살 시절의 삶을 꺼내 떠올려 보듯, 시간이 지나 노년의 언저리에서 지금의 나 자신을 떳떳하게 바라볼 수 있도록 한시바삐 본연으로 돌아가야 한다.

– 〈야누스의 얼굴〉에서

두 개의 갈등 속에서 제자리를 찾아가는 작가의 모습을 보며 독자는 안심하게 된다. 주어진 현실에 냉정히 판단하고 반성하는 모습이 그래도 독자들의 마음에 위안을 준다. 작가의 체험 결과에 따른 반성으로 다른 야누스의 얼굴을 택하는 것은 〈적과의 동침〉에서도 보이고 있다 작가는 현실 속에서 하나씩 터득하여 삶의 연륜을 쌓아가고 있는 것이다. 이 작품은 영화 〈적과의 동침〉이 화소이다. 남편의 결벽증에 허덕이던 여인이 견디다 못해 도망을 치고, 다시 발견되어 잠시의 자유가 중단되자 남편에게 방아쇠를 당긴다는 영화의 줄거리를 토대로 하고 있다. 아내의 총에 쓰러진 남편에게서 문득 작가는 자신을 발견한다. 그리고 청결을 지나치게 강조한 자신 때문에 나머지 식구들이 겪어야 했던 고통을 떠올린다. 바로 영화 속의 남자가 총탄에 사라지듯이 자신도 그런 몸임을 자각한다. 그러면서 영화와는 달리 잘 참아준 남편 덕에 해피앤딩으로 마무리하게 된 자신에 위안을 갖는다.

　이런 나를 보고 남편은 결벽증이라며 넌더리를 떨었다. 그것도 한참 진행된 중증이라고 했다. 그런 남편이 오히려 이해되지 않아 허튼 소리 말라며 바락바락 대들었다. 질리도록 다퉜지만 결국 내 방식대로 해나갔다.
　결혼한 지 열일곱 해다. 일년 전쯤 해서 나에게 변화가 생겼다. 십수 년째 이어오던 의식이 바뀌었다. 매사 털고 닦던 예전의 내가 아니다. 이불을 털지 않고 잠자리에 들어도 쉬이 잠이 든다. 점심 때 먹었던 그릇을 저녁준비하면서 설거지한다. 서랍 안도 형편없다. 납부고지서와 수첩, 비상약상자와 바늘쌈지가 어지럽게 뒤섞여 있다. 현관 바닥에 때가 묻어 있어도 지나친다. 깔끔하던 큰아이의 책상이 어느 사이 너저분해 있고 작은 아이도 책가방을 아무데나 던져놓는다. 남편도 마찬가지다. 등산복을 입은 채 안방으로, 거실로 돌아다니며 흙먼지를 떨어뜨리어도 미안한 기색이 없다. 예전 같으면 정말 어림도 없을 일이다.
— 〈적과의 동침〉에서

작가는 삶의 현장에서 접하게 되는 자신의 모습을 수시로 도마에 올린다. 바로 여기에 수필 문학의 특징이 있는 것이다. 고백의 문학이기에 그렇다. 그러면서 자신의 삶을 늘 갈고 다듬으면서 살아간다. 그러기에 이 삶은 가치가 있는 것이다. 항상 깨어있으며, 반성을 되풀이한다. 심인자의 작품에서는 늘 자신의 삶을 되돌아보는 자세가 상존하여 있다.

텔레비전 시청에서 얻은 소재로 쓰인 글에 〈한 삶에 대하여〉가 있다. 〈인간극장〉에서 본 〈친구와 하모니카〉를 시청하면서 그곳에 등장하는 세 사람의 모습을 새기고 있다. 한쪽 팔다리를 못 쓰는 '하늘'이와 노숙자가 아니면서도 그들과 어울리는 '두한'이와 그리고 무적자(無籍者)인 '석현'이에 대한 이야기다. 이들은 육체적 장애를 갖고 있거나 정신적 장애를 안고 살아간다. 그러나 그들은 사회가 멸시하는 천한 모습을 하고 있어도, 감히 남이 흉내 낼 수 없는 사랑을 베풀며 살다가는 사람들이다.

우리 인간에게는 이와 같이 두 개의 상반된 얼굴이 존재한다. 그러나 그의 삶이 바람직한가, 그렇지 못한가에 대한 답은 또 다른 문제이다. 어느 길을 선택하여 사는 것이 현명한 것인가는 독자들 스스로 내릴 결론이다.

5. 나가면서

수필은 삶의 현장에서 멀리 유리될 수는 없다. 그러므로 수필은 진실 된 삶이 그대로 반영되는 문학인 것이다. 현실에서 소재를 선택하여 그것에 대해 해석을 내리고, 그것에 의미를 부여하는 것이 수필이다. 그런 면에서 볼 때에 심인자의 수필은 철저하게 수필의 현장에서 주운 이삭만을 가지고 쓴 수필이라 할 수 있다. 남들 눈에도 쉽게 띄는 그런 것이 아니라, 남들이 흘리기 쉬운 작은 것들을 주워 모아 수필의 종자로 사용하고 있다. 그리고 그것들을 모으는 데도 나름의 법칙이 존재한다. 불교적인 것에 뿌리를 내린 삼독 벗어나기와 가족간에 사랑하기와 이중의 얼굴로 인해 사람들에게 가치의 혼란을 초래하는 것들에서 벗어나려는 몸부림 등이 그것이다. 이것이 바로 심인자 수필의 특징이다. 철저히 자신의 삶에서 얻어진 것을 토대로 글을 써 가고 있다. 진솔한 삶 속에서 더욱 빛나고 있는 소재를 발굴하여 해석을 내리고 의미를 부여하고 있는 것이 심인자 수필의 주목할 부분이다.

치열한 삶에서 길어 올린 수필적 자화상
– 이하순의 수필집 ≪하얀 종이≫에 부쳐

1. 들어가기에 앞서

이번에 첫 수필집 ≪하얀 종이≫를 상재한 저자에게 먼저 축하의 말씀을 전한다. 내가 작가 이하순을 처음 만난 것은 2001년 10월 11일 대전대학교 평생교육원에서 수필 특강을 할 때로 기억한다. 내가 이렇게 정확한 날짜를 기억하는 것은 그날이 마침 전북대학교에 특강이 있어 가는 길목에 이루어진 특강이어서다. 팔자에 없는 특강을 하루에 두 곳에서 한 것은 내 생애 단 한번이었기에 기억하고 있다.

김영희 선생의 부탁으로 수필 특강을 하기 위해 들어가 보니, 수강생이 생각보다 많이 앉아 있었다. 빈 자리가 하나도 없는 강의실에는 제법 연세가 든 분도 있었다. 그 때 연세에 비해 매우 진지하게 경청하면서 하나라도 더 기억하겠다고 열심히 메모를 하고 있던 사람이 있었는데 그 사람이 바로 작가 이하순이다. 이 일이 인연이 되어 작가 이하순과 같이 공부하게 되었는데, 그의 정열은 젊은 사람도 따라올 수 없을 정도로 대단한 것이었다. 공부를 시작하면서 그는 하루의 일과가 온통 수필 공부뿐이었다고 말하길 주저하지 않는다. 아침에 눈을 뜨면서부터 저녁에 잠자리에 들 때까지 수필로 시작하여 수필로 마무리하는 일과를 계속한 결과, 고희古稀가 되던 해인 2003년 5월 〈문학세계〉를 통하여 그녀는 문단에 데뷔를 하게 되었다.

  같이 공부하면서 작가 이하순은 다른 사람의 귀감이 되기도 했다. 그 연세에 쏟아내는 정열은 타인의 추종을 불허했기에 흉내조차 낼 수 없었다. 하루가 멀다 하고 써 내는 글이며, 병상의 보조 침대에서도 수필과 씨름하는 그의 모습은 신앙에 가까웠고, 어찌 보면 거룩하기까지 하였다. 책을 일별해 보면 알 수 있듯이 작가 이하순은 칠순을 넘긴 나이에 이삼십 대 젊은이처럼 살고 있었다. 늘 배운다는 욕망은 그녀를 안일하게 집안에 가만히 있도록 허락하지 않았다. 그녀가 접했던 배움의 종류는 이루 다 열거하기에 숨이 차다. 주부대학 수강, 불교대학 수강, 수필 쓰기, 시 쓰기, 컴퓨터 배우기, 사경하기, 한문 공부, 수지침, 노래 부르기, 심지어는 태극기공에 이르기까지 배우는 곳이라면 어느 곳이든 기웃거렸던 것이다. 그때마다 바람난 난봉꾼처럼 기웃거리며 다닌 것이 아니고, 아주 진지하게 매사에 최선을 다했다. 그래서 그는 가는 곳마다 사람들을 긴장시켰던 것이다.

  이 자리를 빌어서 솔직히 고백할 일이 하나 있다. 작가 이하순을 문단에 내보낼 때에 많은 우려를 했던 것이 사실이다. 과연 문단에 나가서 작품 활동을 제대로 할 수 있을까 하는 걱정에서였다. 연세가 있기에 그냥 허울 좋은 수필가 하나만 양산하는 것이 아닌가 하는 염려로 많은 날을 지새우며 고민했던 것이다. 그러나 그러한 우려는 정말 기우에 지나지 않았다. 문단에 나온 이후 글의 깊이가 훨씬 더해가며 빛나는 것이었다. 하루가 멀다 하고 보내오는 그의 글은 내 컴퓨터에서 며칠씩 기다리기가 일쑤였다. 나도 여간하여서는 일을 미루는 형이 아닌데도, 보채며 날아오는 그의 글들을 지체 없이 보기에는 결코 쉬운 일이 아니었다. 이런 정열이 어디에서 나오는 것인지 알 수가 없다. 마주보면 깡마른 체구지만 해사한 얼굴이 유순하기 그지없어 보이는데, 집념 하나는 대단하다.

이 같은 불타는 정열이 있었기에 문단 데뷔 세 해만에 자신의 이름을 새긴 저서를 가질 수 있게 된 것이 아닌가 한다. 삶의 현장 어디에 있든 늘 치열한 삶을 꾸려온 작가 이하순이 자신의 삶 속에서 길어 올린 수필적 자화상이 무엇인지 이제 꼼꼼히 살펴보려 한다. 너무나 치열한 삶이기에 평자 자신도 정신을 가다듬고 차분히 살펴봐야 할 것 같다.

2. 미래 지향적 자화상

작가 이하순의 글을 읽다보면 마음이 편해진다. 뭐 그리 색다른 이야기도 아니고, 별난 철학을 담고 있는 것도 아니면서 우리의 마음을 차분하게 해 주고 그의 세계에 촉촉이 빠져들게 한다. 그러나 놀라운 것은 얼마를 읽다보면 저자가 휩쓸고 다니는 세계에 당혹하게 된다는 점이다. 나이를 가늠할 수 없게 온갖 일에 빠져 있는 것이다. 나이로 치면 안방마님이 되어 손자들의 귀여움에나 만족하며 살 것 같은데, 이삼십 대 사회 초년병처럼 세상을 뒤지고 다닌다. 대개의 경우 칠순을 넘기면 지나온 세월을 반추하며 의미를 부여하기 마련인데 이 작가에게 있어서는 전혀 그러하지 않다. 끝없는 항해가 계속되고 있을 뿐이다.

 흔히 삶을 살아본 사람이라면 그동안의 여정에서 모서리가 다 닳아 원만한 모습을 하게 된다. 물론 이 작가에 있어서도 예외는 아니다. 그러나 작가 이하순에 있어서는 확실히 다른 것이 있다. 그것은 과거를 뒤돌아보고 자신의 정체성을 찾는 긍정적 자화상이기보다는 끝없이 추구하는 미래 지향적 자화상이라는 것이다. 마무리하는 정리된 모습이 결코 아닌, 추구해갈 변화의 끝이 보이지 않는, 그러니까 아직도 갈 길이 먼 이삼십 대의 삶의 자세를 가지고 있다는 것이다.

   치료가 끝나고 나와서 야구장으로 발을 옮겼다. 도착할 무렵 야구장 꼭대기에 있는 응원단들이 두 손을 번쩍 들고 팔닥팔닥 뛰기 시작한다. 야구장안에 미처 들어가지 못한 나는 골인이라 생각하며 옆에 서 있는 큰 차안의 텔레비전을 들여다 보았다. 그곳도 사람이 많아서 고개를 길게 빼고 까치발까지 하고 보니 텔레비전에 그렇게 비춰진 것이다. 오늘 경기는 힘이 더 들 것 같아 안타깝다. 걸음을 옮겨 경기장 안으로 들어가 위로 올라갔다. 많은 사람들을 젖히고 올라가 보니 칠십 할머니는 나 하나뿐이다. ……〈중략〉…… 그렇게 나도 열두 번째 선수, 붉은 악마 응원단에 한몫 끼어 대한민국을 외치며 박수를 치다보니 전반전이 끝났다.

                   - 〈나도 한몫〉에서

 작가 이하순의 삶의 일면을 잘 보여주는 작품이다. 작가는 오십견을 앓고 있으면서도 끝없이 분주하다. 컴퓨터학원으로, 병원으로, 야구장으로 삶의 환경을 계속 추구해가고 있다. 궁금한 것은 그대로 넘길 수가 없다. 침상에 누워 물리치료를 받으면서도 옆에서 들려오는 함성소리에 예민하다. 함성이 일다 바로 멈추면, 견디지 못한 마음에 간호사에게 묻는다. '골대 맞고 나왔나유?' 이 구절을 읽다보면 그만 웃음이 나오고야 만다. 그의 삶의 자세가 너무도 의욕적이고 젊기 때문이다. 결국 그 마음은 야구장으로 향하고야 만다. 야구장에 가서 비로소 칠순 할머니는 자신뿐임을 알아차리지만, 그것은 아무런 의미가 없다. 붉은 악마 응원단이 된 것만이 즐거운 것이다.

연꽃이고 싶다. 나도 가는 길은 우아한 자태로 가고 싶다. 그동안 살면서 흙탕물에 맑음을 주려고 노력한 나의 노력은 너무도 미미한 것이다. 오로지 나의 행위는 나 하나에 그칠 뿐이다. 연꽃은 아무나 될 수 있는 꽃이 아니기에 감히 선망해 보기만 한다. 내 바람이 연꽃이 되는 것이지만, 그리 쉽게 되려니 생각하지 않는다. 앞으로도 이 소망을 이루기 위해 끊임없이 애써볼 따름이다.

청순함과 화려함을 지니는 연꽃. 그것은 여름내 진흙 속에서 제 키만큼 뿌리를 내리고 온갖 더러움 속에서 깨끗함과 낮음을 추구해 왔다. 그 더러움 속에 뿌리를 내리고 피어나는 꽃이기에 나는 오늘도 연꽃에 대한 소망을 버리지 못하고 있는 것이다.

― 〈연 대궁〉에서

이 작품의 화두는 죽음이다. 가을의 끝자락에서 바라본 연밭은 장례행렬의 을씨년스러움 바로 그것이다. 그 앞에 서서 작가는 죽음의 의미를 되새긴다. 아니 삶의 의미를 곱씹고 있다. 친구 어머니의 죽음을 떠올리고 그분이 떠나던 날의 상황을 그리게 된다. 한 많은 삶을 마무리하고 떠나는 길이 그리도 바빠야 하는 장례식장의 풍경에 놀란다.
　어차피 그렇게 떠나야 할 삶인 것을 어떻게 살다 가야 값진 것일까 고심한다. 연밭에서 자신이 연꽃 같이 살길 소망해 본다. 더러운 곳에 뿌리를 내리고 늘 깨끗함과 낮음만을 추구하는 연꽃 같은 삶이기를 갈망하는 것이다. 그러나 지나온 세월이 연꽃이기엔 모자라는 것이었기에 앞으로도 끊임없이 애쓸 것을 다짐하는 글이다. 이 작가에 있어서는 미래는 자신을 온전히 만들어 가기 위해 투자할 세월인 것이다.

　　옥토에서 아름드리로 자라 맘껏 자태를 뽐내는 고찰 앞의 소나무도 있던데 하필이면 바위 위에 터를 잡고 있어 보고 있는 내 간장을 녹이나 싶다. 바위 위에 자리 잡아서 센바람이 불면 목숨 걸고 대항하며 사는 소나무, 가지 하나라도 꺾이지 않으려고 얼마나 힘껏 바위를 붙들었을까. 사람들도 사는 모양새가 제각각이듯이 소나무도 참으로 각각이다. 거기까지 생각이 미치니 내 팔에도 힘이 쥐어진다. 애처롭게 바위에 뿌리내린 저 소나무를 보며 어찌 저리도 나를 닮아 있는지 가슴이 더 아프다. ……〈중략〉…… 내가 원했던 글 쓰는 것을 배워 한을 담아 보려고 한 것이다. 마음을 정하고는 늦게 시작한 공부라 정말 열심히 했다. 글에 몰두하려고 책도 많이 읽었고 좋은 강의라면 찾아다녔다. 몸과 마음을 달래는 강의는 억지로라도 웃어서 건강을 만들라는 것이다. 그렇게 몇 달을 웃음을 흉내 내며 살았다.…… 하고 싶은 것을 하기 위해 과감히 박차고 밀고 나갔다는 것이 참 잘했다는 생각이 들었다. 주어진 환경만 탓하기 전에 환경을 바꾸려고 노력하지 않으면 괴롭기만 하다는 것을 깨달았다.
　　　　　　　　　　　　　　　　　　　－〈바위를 껴안은 소나무〉에서

온갖 고난에 시달리며 살아온 작가는 바위틈에 뿌리를 내리고 사는 소나무를 보며 안쓰러워한다. 자신의 처지와 너무도 흡사하기 때문이다. 좋은 옥토에 뿌리를 내리고 삶을 영위하는 나무도 많건만 하필이면 그토록 좋지 못한 조건에서 태어났을까. 그러나 악조건 속에서도 자신을 긍정하고 사는 방법을 터득한다. 소나무가 바위를 끌어안고 살아가듯이 자신도 종교에 의탁하여 살아간다. 삶 자체가 고통이라는 것을 알기에 주어진 삶에 최선을 하려 한다. 이 겨울이 지나면 봄이 오겠지 하며 자신을 위로하며 견디어 보지만, 따뜻한 봄은 쉽게 찾아오질 않고 긴 겨울이 계속된다. 남편의 실직, 자식들의 걱정거리가 늘 자신에게 따라다니며 어렵게 한다. 그때마다 작가는 누렇게 변하는 솔잎은 되지 않겠다고 다짐한다. 그 치유책으로 글쓰기를 선택하여 최선을 다한다. 마음의 응어리를 풀어내자는 심산이었을 것이다. 그 결과 작가는 자신이 추구해 온 삶이 옳았음에 만족한다. 하고 싶은 것을 과감히 실행에 옮겼기에 오늘의 자신이 있게 되었고, 또 자신의 환경을 바꾸려는 노력이 없이는 아무것도 이루지 못함을 터득한다.

아기 모델 사진을 보고 또 본다. 자꾸만 보면 보이지 않는 기(氣)같은 것을 얻을 것만 같다. 일월 한달이 지나서 한 장을 떼어내야겠기에 가위로 깔끔하게 잘라 책상 위에 놓았다. 떼어낸 아기 모델 사진을 옆에 놓고 같이 웃어보니 기분이 좋아 매일매일 즐겁다. 아기사진 옆에는 삼십이 년 전의 막내아들 백일사진과 이천 년도 봄의 손자 백일사진을 같이 놨다. 어쩌면 그렇게도 셋이 닮았는지 그것을 보는 재미가 갑절이다.
― 〈아기 표정〉에서

삶에 어떤 목표를 정해 놓고 산다는 것은 행복한 것이다. 끊임없이 무엇인가를 추구하기 위하여 순간순간 목표를 만들고 산다는 것은 행복이며 삶의 지혜이다. 인생의 황혼기(작가는 이것도 부정하겠지만)에 어린 아이의 사진을 내걸고 그것을 닮으려 한다면 얼마나 순박하고 지혜로운 것일까. 작가는 달력에 있는 오륙 개월 된 아기의 불끈 쥔 주먹이 좋아 그 사진을 액자에 담아 책상 앞에 놓고 바라보게 된다. 그리고 자신의 아들과 손자의 사진도 옆에 같이 놓고 세 아이의 천진무구함에서 늘 힘을 얻으려 한다. 이토록 젊게 미래를 꾸리려는 작가의 삶의 태도가 아름답다. 항상 웃음을 잃지 않고 살려는 노력이 그의 생을 더 빛나게 해 주고 있다.

    할아버지가 오늘 못 오신 것은 허리 수술한 것이 완전 회복이 안 되어 못 오셨는데 누워 계신 걸 보고 너의 아빠도 마음이 괴로울 것이다. 아빠도 할아버지와 같이 마음은 부모님을 많이 생각하지만 행동으로 못 옮기는 것을 할머니는 알고 있다. 너의 외할머니도 젊어서 효부 상 탄 분이시다. 그래서 너희들도 아빠 엄마 닮아서 효성이 지극하니 참 고맙구나. 내 얘기에 손녀 둘은 귀를 기울이지만 막내는 여전히 껌을 씹으며 어리광을 부리고만 있다.
    어버이날을 이렇게 보냈다. 용돈이라며 며느리가 내어놓는 돈으로 내가 식대 치르고 나머지는 장손인 개구쟁이 껌 사 주라고 돌려주었다. 일흔 살에 얻은 손자다. 손자가 얼마만큼 크면, 오늘 있었던 일을 앞혀 놓고 살도 붙이고 더러는 거짓말도 보태서 멋지게 얘기해 줄 작정이다.
    꽃 두 송이 들고 돌아서서 오려니, 땀범벅이가 된 세 얼굴이 떠오른다. 그 모습이 그렇게 귀여울 수가 없다. 내년 어버이날은 어떤 날이 될까. 그래도 이만 하면 나는 행복하다는 생각이 든다. 이것이 사는 재미인가 보다.
                                                - 〈사는 재미〉에서

역경의 세월을 지나 만난 어버이날이다. 며느리와 손녀 손자들이 꽃을 달아 주고 식사를 같이 하니 즐겁다. 여기까지는 이 땅의 어버이들이 갖는 감정에서 벗어나지 않는다. 작가 이하순의 삶의 정체성은 바로 뒤에서 나타난다. 예외 없이 여기서도 미래 지향적인 생각으로 뻗어나간다. 아직은 어려서 아무 것도 분별치 못하는 손자지만, 좀 크면 그동안 있었던 일에 살도 붙이고 더러는 거짓말도 보태서 멋지게 얘기해 줄 생각을 하고 있다. 오늘 어버이날에 자손들과 함께 하니 행복하지만, 그보다 미래에 대한 기대가 있기에 더욱 행복한 것이다.

얼마 전에 가끔 가는 산에 갔었다. 요즘 계속 생각하는 수목장에 대해 알아볼 참이다. 절 위는 감히 가지 않고 조금 내려오니 큰 소나무가 많은 속에 한 나무를 지목했다. 부잣집 어른들 묘 자리 잡아 놓은 것만큼이나 좋았다. 기회 봐서 아들을 데리고 가서 알려줄 것이다. 죽은 뒤까지 신경 쓰느냐 하겠지만 여유 없이 사는 자식들에게 폐가 되지 않게 준비를 해야겠다. 부모님을 잘 모시지 못한 불효가 감히 납골당을 생각해서는 안 된다. 한편 우리나라가 땅이 좁아서 시신 화장 문화를 실천하려는 요즘 남보다 앞섰다고 생각하면 편하다. 영원히 가는 길도 남과 같이 떳떳하지 못함에 쓸쓸하다가도 시대를 앞선 거라고 잘난 척하면 마음이 괜찮다. 준비 없는 이별에 크게 상처받은 나는 이별을 준비한다.
- 〈준비 없는 이별〉에서

자식을 먼저 보낸 아픔을 그린 글이다. 오래전부터 나는 우리 민족의 언어는 역설의 언어라고 생각해 왔다. 가장 슬픈 일은 즐거움으로 표현하려는 욕망이 있는 듯하다. 〈처용가〉에서 처용이 아내를 앗긴 후의 심정을 춤추는 것으로 풀어냈듯이 작가 이하순에 있어서도 그런 일면이 보인다. 준비 없이 딸을 보낸 아픔을 주부가요열창에서 부른 〈준비 없는 이별〉로 대신한다. 아니 작가는 스스로 그 아픔을 지우기 위해 동 사무소에서 운영하는 노래교실을 드나든다.

　작가의 미래 지향적 사고는 삶의 뒤안길로 뻗어간다. 자신이 죽은 후의 일까지 챙기고 있는 것이다. 그것은 영원한 삶에 대한 배려일 것이다. 자식을 먼저 보낸 아픔을 딛고 일어서서 자신이 떠날 준비를 해 보는 것이다. 수목장樹木葬을 결심하고, 소나무까지 보아둔다. 기회 봐서 아들을 데리고 와 보이고 말할 계획까지 세운다. 영원히 가는 길에 남들 같이 떳떳하지 못함에 쓸쓸하다가도, 시대를 앞선 거라고 잘난 척 하면 된다고 자위한다. 여기에 바로 작가 이하순의 정체성이 있다. 뭐든지 미래지향적이라는 것이다.

　이같이 작가 이하순에 있어서 미래는 끝없이 투자해야 할 치열한 삶의 현장일 뿐인 것이다. 그가 생을 마무리해도 끝나지 않을 생이기에 저승에까지 이어져 있음은 마음속에 간직한 불심 덕이려니 한다. 사람의 일생을 차단성으로 보지 않고 저승까지 계속된다고 보기에 언제나 조급함이 없고, 오늘이 출발점이 될 수 있다. 그러니까 작가 이하순에 있어서 오늘은 앞으로의 삶의 출발점이 되고 있는 것이다. 그가 젊게 살 수 있는 것도 바로 여기에서 연유한다.

3. 소박한 자화상

　작가 이하순의 바람은 그리 별난 것도 아니다. 이 땅의 노인이면 으레 갖게 되는 그런 소박한 것들이다. 남들처럼 화단에 화초나 심어놓고 보살피면 그만이고, 산새가 찾아와 노래 불러 주면 다행인 것이다.

허황된 부귀영화를 꿈꾸는 법이 없다. 시골집 하나 구해 놓고 김매며 친구들과 두런거리며 살면 행복이고, 더러는 동네 경운기 얻어 타고 막걸리 대접하며 사는 것도 행복이다. 그러나 그 삶 속에도 치열한 삶을 요구한다. 하릴없이 역 광장에 밀려나온 늙은이의 삶은 아니 된다. 시조를 읊고, 노래도 부르며 자신의 삶을 꾸려가는 노력이 반드시 있어야 한다. 무엇이 되었건 새로운 것을 하며 노력하는 삶이 그에겐 가치 있는 일이고, 그것이 굳이 큰 것이 아니어도 무관하다.

　　이제 고희가 지났다. 딸의 말과 같이 아프면 병원에 가야 되니 교통 좋은 곳에서 살아야 된다. 산꽃 보고, 산새 소리 듣고, 남새밭 가꾸며 살기에는 늦었다. 사람이 살면서 희망을 이루고 사는 사람이 몇이나 되겠나. 절 하나 지어줄게요 한 말을 마음에 두고 산 것은 아니지만 산을 좋아하는 생각은 마음에서 떠나지 않았다. 야산에 초가삼간 짓고 태평세월로 살아보겠다는 희망은 희망사항으로 끝나고 말았다.
　　도회지의 아파트에 살면서도 방에 앉으면 그 자리가 황토방이요, 작은 베란다의 화분들을 들판의 꽃으로 생각하고 위층에서 내려오는 물소리를 개울물 소리로 들으면 된다. 산은 어차피 먼 곳에 있으니까.
　　　　　　　　　　　　　　　　　　　　　－ 〈희망사항〉에서

　야산에 초가삼간 짓고 살며 산꽃도 보고, 산새소리도 듣고, 남새밭 가꾸며 살겠다던 꿈도 이제는 접어야 한다. 그렇다고 서운한 것도 아니다. 어린 자식이 어머니를 위해 절을 하나 지어 준다더니, 그 말이 간데없다 하여 마음 아파할 욕심꾸러기도 아니다. 그냥 아플 때를 대비해서 병원 근처에서 살면 그만이다. 도회지의 아파트에 살며 황토방이려니 하고, 작은 베란다의 화분을 들판의 꽃이려니 하고, 위층에서 내려오는 물소리를 개울물 소리려니 하는 작가의 삶의 태도는 너무도 소박하다. 이것이 작가 이하순의 희망사항인 것이다.

처음 시골집을 얻었을 때는 집에서 떡을 가져오고 반찬도 가져와 간단히 점심을 먹고 일을 했다. 한두 달 지나니 밭에서 자란 상추와 쑥갓을 뜯고 보리쌀과 콩을 넣어 산에서 내려오는 물로 밥을 맛있게 했다. 밥이 되면 뚱뚱한 셋째 친정어머니는 부지깽이 손에 든 채로 일하는 우리들을 큰소리로 부른다. 시장했던 우리들은 점심이 늦었다는 듯이 달려온다. 산에서 내려오는 시원한 물로 대강 씻고 남향집 마루에 앉아 일꾼 밥 수저로 입에 넣는다. 시장기가 면할 즈음 눈이 꽃밭으로 간다. 얼마 전에 비가 와서 모종한 봉숭아는, 한 아름 넘는 것이 남새밭 가를 병풍처럼 둘러있다. 모두들 손톱에 물들인다고 따서 가져가도 줄지 않는다. 채송화는 하양 분홍 노랑 빨강이 낮은 자리로 쫙 깔렸다. 이 집에 들어오는 사람은 누구라도 와! 하고 꽃박람회를 연상하게 된다. 꽃밭을 보며 산새소리 장단 맞추니 자연에 취해 지금 하는 일을 참 잘한 것이라고 했다. 거기에 무공해 채소까지 먹으니 우리의 꿈은 이뤄진 것이다.

- 〈두 집 살림〉에서

언제나 소꿉놀이는 우리에게 즐거운 추억이다. 그 시절의 추억은 머리 속에서 지워지질 않는다. 〈두 집 살림〉은 할머니들의 소꿉놀이다. 일곱의 할머니들이 생일날 돈을 모아 적금을 든 것이 두 해만에 삼백만 원이 된다. 그것으로 가까운 시골집 하나를 전세 내어 소꿉놀이를 벌이며 산다. 상상만 해도 재미있고 흥분되는 일이다. 낮에는 이곳에 가서 자연 속에 묻혀 김도 매며 서로의 삶을 가꾸어 가는 모습이 정겹다. 밭에서 자란 상추와 쑥갓을 뜯고, 콩 넣어 지은 보리밥을 싸서 먹는 모습은 가히 천렵이라도 나온 듯하다. 부지깽이 손에 쥐고 목청껏 식구를 불러대는 밥 당번의 모습은 친정어머니의 사랑이다. 화단에 피어 있는 봉숭아 꽃잎 뜯어 손톱에 물들이면, 어린 날 추억은 되살아난다. 먼데서 산새도 찾아오니, 소박한 할머니들의 시골 살림은 영락없는 어린 날의 소꿉놀이다.

시조를 하면 건강도 좋아진다는 말을 들었다. 호흡이 길어지기 때문이란다. 건강을 지키기 위해 서둘러 시조를 배워야겠다. 늙었으면 집에서 가만히 있으라는 말로 노인들을 서운하게 한 일도 있다. 하지만 오늘의 한 장면은 생각을 바꾸게 한다. 정말 보기 좋았다. 감히 무시할 수 없는 당당한 노인 세상이었다. 부러워하면서 박수를 보냈다.
연정 문화원은 육십오 세 넘으면 수강료를 안 받는다고 한다. 역 앞에 앉아 말 못하는 해나 따라다니지 말고, 부지런히 시조를 배워서 복 많은 노인들 흉내를 내야겠다. 눈을 지그시 감고 '동창이 밝았느냐'를 읊으면 역전 광장도 무대가 될 수 있다.

- 〈또 다른 삶〉에서

시조경창대회에 가서 관람을 하고 있다. 무엇인가를 배우고 성취하려는 노인들의 모습을 바라보면서 역 앞에서 무료하게 시간을 보내는 노인들의 모습과 비교한다. 어느 삶이 더 가치 있는 것인가는 굳이 지적할 필요가 없다. 작가 이하순의 삶의 태도를 알 수 있는 대목이다. 뭐든지 익혀 배우려는 미래 지향적인 태도이다. 그에게 있어서 생각 없이 사는 것은 있을 수 없다. 지속적으로 자신을 완성시켜 나가고, 또 끝없이 자신의 존재를 웅변하는 삶이 가치 있는 삶이다. 말 못하는 해나 따라다니는 역 앞의 노인들을 질타하며, 지그시 눈을 감고 '동창이 밝았느냐?' 목청 돋우는 그의 모습이 자랑스럽다.

　　보잘것없는 시골할머니가 '내 아들은 박사인데 미국에서 살고 딸은 불란서에서 살고 ……' 말이 끝나기도 전에 다른 할머니가 자기 아들도 박사인데 영국에서 살고 캐나다에서 산다고 말을 한다. 은근히 기가 죽은 나는 홈 안의 시끄러운 소리와 함께 사라져버린다. 오 남매를 길렀어도 외국에서 사는 자식이 하나도 없으니 그 소박하고 보잘것없이 보이는 할머니들이 부럽기만 하다. ……〈중략〉…… 조용히 지은이처럼 그림으로, 아니면 운동으로, 또 기술로, 영화로, 세계에 이름을 날리는 것이 애국자라고 본다. 정치인들은 부끄러운 짓만 하면서 오히려 큰소리만 치고 있다. 덩치가 크고 소리를 높인다고 잘난 것이 아니다. 아직 어리고 목소리는 작지만 지은이가 우리나라를 빛낸 진정한 애국자라고 말하고 싶다.
　　이젠 영등포 역에서 기죽으며 웅크리지 않아도 된다.
　　　　　　　　　　　　　　　　　　－〈애국자 지은이〉에서

　　영등포 역에서 작가 이하순은 보잘 것 없는 할머니들의 얘기에 기죽는다. 그 흔한 외국에 사는 자식이 없기 때문이다. 외국에 사는 자식이 있어야 기가 살아나는 할머니들의 세계가 참 순박하게 그려져 있다. 그런데 마침 셋째 딸이 미국으로 가서 살게 되었다. 거기다가 외손녀가 미국에 가서 그림으로 전국 일 등을 차지하게 된 것이다. 이제 영등포 역에서 기죽지 않아도 된다는 생각은 작가 이하순이 얼마나 소박한 모습을 가지고 있는가를 쉽게 알게 해 준다. 자신이 가장 애국하는 사람이라고 선거철만 되면 떠들어대는 국회의원보다도 진정한 의미의 애국자는 외손녀 지은인 것이다. 정치인들처럼 목소리만 키우지 말고 작은 부분에서라도 조국의 명예를 날리는 사람이 진정한 애국자라는 주장이다.

> 화분이 여나무 개 있다. 모두 버려진 것을 주워오고 얻어온 것들이다. 남이 보면 보잘 것 없지만 내게는 깊은 정이 새겨든 것들이다. 어떻게 해서라도 살려 꽃피워 보려고 매일 들여다본 것들이다. 우리 집 화단은 내가 유일하게 시간을 보내는 곳이며 아름다운 생각을 갖게 하는 곳이다. 주인에게 버림받고 쫓겨나고 무시당한 생명들이 모여 사는 재활원 같은 화단이다. 의술 없는 내가 같이 아파하고 슬퍼하며 눈을 마주치며 우둔하게 사랑을 하는 곳이다.
> — 〈우리 집 화단〉에서

작가 이하순은 버려진 것들에 남다른 애정을 가지고 있다. 필요하여 소지하다가 그것이 다하면 버리는 인간의 심성에 경종을 울려준다. 그리고 그 버려진 목숨을 구해 되살려 내는 데에 남다른 애정을 표하고 있다. 남들이 버려 죽어가게 될 영산홍, 소국, 선인장 등의 목숨을 되돌려 준다. 그리고 별 것 아닌 역 앞의 화단에 있는 가지의 종자를 따와 번식시켜 여럿으로 늘려 나누어 갖는다. 그의 베란다 화단에는 사연 없는 화초는 없다. 다 조그마한 사연을 가지고 그의 사랑을 받는다.

이렇게 보잘것없는 것들에의 애정은 저승에까지 이어진다. 이생에서는 능력이 모자라서 버려진 사람들에게 의술을 베풀지 못하였지만, 저승에 가서는 수지침과 의술을 익혀버려진 것들의 목숨을 돌보는 의사가 되기를 소망한다.

작가 이하순은 언제나 꿈을 꾸면서도 그 꿈이 소박한 것이다. 지나치게 무리한 것은 아예 원하지도 않는다. 생활 주변에서 순간순간 요구되는 작은 것들이다. 그리고 어울려 살아도 그렇게 하찮은 것들에 애정을 두고 산다. 그리고 그의 소망에는 죽음이라는 경계가 없다. 저승은 그냥 이승과 연결된 한 미래일 뿐이다. 그러기에 그의 작업은 늘 진행될 것이고, 끝이 없을 것이다. 그의 글이 편안하게 읽히는 것도 이런 소박한 우리들의 작은 소망을 대변해 주기 때문일 것이다.

4. 완숙의 자화상

나이 칠십이면 종심從心이라 한다. 그냥 마음을 따라 행동해도 순리에 어긋남이 없다는 뜻이다. 즉 나이 칠십은 인생에 대해 달관된 경지에 도달하는 나이라는 뜻이다. 작가 이하순에 있어서도 예외는 아니다. 글의 구석구석에 삶의 열매가 농밀하게 익어 있다. 인생을 바라보는 시각이 의연하고 안정되어 있음을 본다. 역경을 이겨내고 여문 매실이 신산한 맛을 내듯, 그의 작품의 여기저기에는 완숙하게 익은 열매가 독자를 기다리고 있다.

> 저 박스 한쪽도 처음에는 튼튼하고 반듯한 것이었다. 무엇이든 차곡차곡 담아 정 나누고 싶은 사람에게 보냈었다. 정 담은 박스가 오고가고 몇 번을 하더니 낡아서 힘을 못 받고 한쪽에서부터 찢어지기 시작했다. 테이프로 붙여서 써도 못 쓸 정도가 되니 버림을 받고 사람들이 보기 싫어하는 형상으로 거리에까지 밀려났다. 비까지 온다. 바퀴에 치이는 고통도 모자라 흙 범벅이 되었다. 박스 조각이 보이지 않을 때까지 바라보면서, 지난날 현실에 부딪혀가며 살던 윗집 할머니를 생각해냈다.
> 　　　　　　　　　　　　　　　　　　　　　　－ 〈박스 조각〉에서

여기서 화두로 나선 박스 조각은 바로 이 땅의 여인상이다. 이 땅의 여인들은 시집가서 온갖 고난을 다 견디어내고 가정을 일으켰다. 가정의 빈곤, 자녀 육아, 남편의 방황에도 참고 일을 하다보면, 어느새 백발은 찾아오고 몸은 쇠락해져 뒷전으로 밀리게 된다. 처음 박스가 만들어졌을 때는 물건을 온전히 담을 수 있어서 좋았지만, 세월이 흐르면 헤지고 찢어지고 못 쓰게 되어 버리게 된다. 이 같이 뒷전으로 밀리게 되는 우리네 인생살이가 그대로 형상화되어 있다. 흙투성이가 되어 이리저리 끌려 다니며 신음하는 거리의 박스 조각을 바라보는 작가의 시선이 예사롭지 않다. 이웃에 사는 할머니의 모습이고, 종내에는 자신의 모습인 것이다.

    텔레비전에서 〈여인천하〉를 본다. 중종이 숙부인 파릉군에게 바른 정치를 하기 위해 살생부를 만들라고 한다. 파릉군은 며칠 뒤에 왕에게, 만든 살생부를 내주고 멀리 떠나면서 울고 또 운다. 떠난 후 왕이 공책을 펴보니 그냥 백지다. 숙부의 큰마음에 왕도 뜨거운 눈물을 흘린다. 나도 따라 울었다. 파릉군은 살생할 인물을 많이 썼다가 지우면서 눈물로 대신하고 떠났을 것이다. 살생부를 백지로 내 놓고 멀리 떠날 때는 나라를 위하는 더 큰 마음이었기 때문이다. 이렇게 하얀 종이는 안 보이는 무엇이 꽉 찬 것이다.
    꽉 찬 글씨를 하얗게 지운 나의 지난날 이야기다. 하얀 종이는 비어 있어 무엇이든지 받아주기에 가슴에 묻어두지 않고 종이를 해결사라고 생각하며 검은 글씨로 채웠다. 하늘도 누구도 받아주지 않는 넋두리를 종이에게 신세를 지며 써 내려갔다.

  - 〈하얀 종이〉에서

이번 수필집의 표제가 된 작품이다. 파릉군이 살생부를 작성하게 되었을 때, 백지로 내고 멀리 떠났다는 데서 이 글은 시작된다. 그래야만 했던 파릉군의 깊은 뜻을 헤아린 임금도 눈물을 흘리는 장면을 보며 작가도 같이 눈물을 훔친다. 하얀 종이. 그 속에는 많고 많은 사연이 들어 있다. 또 얼마든지 다양한 내용을 담을 수 있다. 그 종이가 사람에게 갖는 의미를 아는 작가는 평생을 두고 자신의 사연을 하소연하고, 또 종이는 들어주는 입장이었다. 이번에 책을 내면서 작가는 하얀 종이와 같은 독자를 은근히 기대하고 있을 것이다. 겉으로 들어난 것은 없어도 그 속에 들어 있는 의미를 유추해 낼 수 있다면, 차라리 백지로 두는 것이 한결 나을지도 모른다.

  애호박과 같이 젊었을 시절에는 나도 나름대로 미모를 가졌었고, 주위에서 눈여겨 보아주는 사람이 많았다. 그러다가 결혼하여 아이 낳고 기를 때에는 아무도 거들떠보는 사람이 없었다. 나 역시도 온갖 고난에 시달리면서 다른 곳에 눈길 한번 주지 못하고 살아 왔다. 그렇게 바쁘게 살 때에는 남편의 시선도 머무르지 않은 적이 있었을 것이다. 제일 잘살 거라고 믿었던 둘째 딸이 실패했을 때 밀려왔던 아픔도 이겨냈고, 남편이 사업에 실패하여 좌절할 때도 힘들게 견뎌냈다. 그래서 내 삶에 가운데 토막은 별로 기억하기 싫다. 너무도 고되게 산 삶이라 그냥 건너뛰고 싶은 것이다. 마치 중 호박을 의식 못하고 지나쳤듯이.
  이제 오늘에 이르러 늙은 호박의 모습을 부러워한다. 아무리 생각해도 그만큼 완숙하지 못한 나이지만, 지금부터라도 내 빛깔을 내기 위해 살고 싶다. 뒤늦게 글을 쓰기 시작하는 것도 이 때문이다. 나의 모습이 넉넉하고 여유 있게 하기 위해 남은 세월 부지런히 살고 싶다.

- 〈호박〉에서

호박의 일대기에 자신의 삶을 얹은 작품이다. 사람들은 애호박의 맛을 참 좋아한다. 그래서 다양하게 활용하여 찬거리를 만든다. 그러나 중 호박으로 가면 사람들은 소용이 없는 이것에 관심이 없다. 그러다가 어느 가을날 햇볕에 누렇게 빛나는 늙은 호박을 보고는 그 빛깔에 탄복하며 관심을 주기 시작한다. 그리고 그의 소용에 욕심을 내게 된다. 호박은 늙었을 때에 비로소 제 가치를 인정받게 되는 것이다.

사람도 마찬가지다. 태어나서 결혼 적령기가 되면 많은 사람의 관심을 모으다가도 결혼하여 아이 낳고 육아에 전념할 때는 아무도 거들떠보지 않는다. 그러다가 모든 일을 다 마치고 편안한 시기가 되면 그 가치를 우러러보게 되는 것이다. 완숙의 가치이리라. 늙은 호박처럼 완숙을 향해 부단히 노력하며 사는 사람은 그 빛이 찬연할 것이다.

감자범벅을 보며 가정이라는 것을 생각해봤다. 감자범벅 재료가 잘 화합해야 제 맛을 내듯이 가정도 마찬가지다. 강낭콩이 간이 맞고 단맛이 맞아야 맛있다. 감자와 밀가루도 마찬가지다. 잘못되면 엉망으로 범벅이다. 우리 가정도 화합이 안 된 때가 있었다. 가정이 질서가 깨지면 시끄럽고 각자가 불쌍하다. 행복하게 살고 싶지만 마음대로 안 되는 것이 가정이다. 감자와 밀가루가 각각이었듯이 아무것도 몰랐던 남남이 만나서, 또 식구가 늘게 되면 그만큼 의견이 안 맞는 건 사실이다. 얼굴이 다 틀리듯이 생각도 다르니까 가정을 꾸려나가기가 어렵다. 감자는 감자대로 강낭콩은 강낭콩대로 밀가루는 밀가루대로 아주 적은 설탕과 소금도 제 의견이 있을 것이다. 그러나 의견을 주장하지 말고 힘들지만 이해를 해야 한다. 그래야 맛있는 감자범벅이 된다. 감자를 쪄서먹으면 한 가지 맛으로 그냥 괜찮다. 그러나 좀더 맛있게 먹기 위해서는 여러 재료를 넣어서 만든다. 가정도 한 사람 한 사람이야 나무랄 데 없지만 좀더 행복하게 살기 위해서 이해와, 희생이라는 재료가 필요하다. 정성 드려 만든 감자범벅이 맛있는 것처럼 가정도 함께 노력하여 일구어 나가야 하는 것이다.

- 〈감자범벅〉에서

한 가정을 이끌어온 작가가 터득한 행복의 진리는 가족간의 화합이다. 화합이 되지 않고 질서가 깨지면 가정은 고통을 수반한다. 남남인 두 사람이 만나서 가정을 이루려면 서로 상대방의 처지에 맞추어가야 한다. 감자 범벅이 제 맛을 내려면 서로 다른 감자, 강낭콩, 밀가루가 알맞게 혼합되어야 하고, 서로의 주장만을 내세울 것이 아니라 상대를 이해하고 받아들이는 배려가 있어야 한다. 감자는 감자대로, 강낭콩은 강낭콩대로, 밀가루는 밀가루대로 나름의 소용이 있고 가치가 있지만, 범벅처럼 여럿이 모여서 내는 맛은 한결 새로운 맛이 있는 것이다. 사람도 혼자서 살아갈 수는 있지만, 가정을 이루고 함께 힘을 합하여 이해와 희생과 사랑으로 기정을 일구어간다면 그 나름의 커다란 행복을 맛보게 될 것이다. 이러한 기술은 그의 삶에서 길어 올린 행복이리라.

    책상에 앉으면 언제든 금방 쓰게 해 놨다. 반야심경을 한 삼백 번쯤 쓰니까 안 보고도 쓸 것 같고, 오백 번을 쓰니까 글씨가 조금 인물이 나고, 구백 번을 쓰니까 누구 보여도 될 정도다. 그렇게 붓으로 먹물을 찍어서 쓴 것이 약 열석 달, 날짜로 사백 일 만에 끝냈다.
    내게는 어려운 소원이 있었다. 글로 쓸 수 없는, 평생 이루지 못할지도 모르는 소원이다. 그런데 다른 행운이 왔다. 늘 감사하되 자랑은 삼가고 있다.
    그 후 금강경을 백 번 쓸 것을 자신과 약속했다. 금강경은 길어서 한

번 쓰기도 힘들다. 힘들지만, 염불은 목이 아프고, 참선은 졸음이 오고, 절은 힘이 없어 못한다. 사경을 그림 베끼듯이 해도 내 기도는 사경이다. 금강경을 백 번 쓰고 나니 한문을 읽을 수는 있을 것 같았다. 외운다든가 뜻을 안다든가, 그런 것은 못해도 그냥 좋았다. 다음은 춤부다라니를 백 번 쓰는데 한글이면서 짧아서 쉽다. 쓰는 중에 백중 때면 지장경도 쓰고, 아미타경도 썼다.

― 〈자신과의 약속〉에서

  작가 이하순은 일찍이 불교대학에서 수강한 일이 있다. 그때부터 하기 시작한 사경寫經을 계속하고 있는 것이다. 처음 사경을 시작할 때, 남편의 사업 실패로 매우 어려운 처지에 놓여 있었다. 그래서 힘이 들었다. 한 사흘만 집에 있으면 속에 불이 치밀었다. 그 불을 잡기 위해 사경에 매달렸다. 그 덕에 웬만큼 가라앉힐 수가 있었다.
  그 후 작가는 계속 사경에 몰두하게 된다. 반야심경을 삼백 번쯤 쓰니까 안 보고도 쓸 수 있게 되고, 오백 번쯤 쓰니까 글씨가 인물이 나고, 구백 번을 쓰니까 남에게 보일만 했다. 그 후 금강경을 백 번 쓸 것을 자신과 약속하고 그 약속을 지켰다. 자신과의 무수한 약속을 하고 철철이 지켜내는 그의 삶이 있었기에 오늘의 작가 이하순이 존재하는 것이리라.
  작품의 전편에 흐르는 그의 완숙한 삶의 편린들이 여기저기서 번득이고 있다. 우리는 그의 삶의 편린을 만날 때마다 그 진지한 태도에 놀라며 자신을 되돌아보게 된다. 지금 칠순을 넘기고도 서너 해가 지났지만, 그의 치열한 삶의 태도는 또 다른 무엇에 도전할지 궁금하기 그지없다. 그렇게 이루어가는 그의 모습에 설레는 마음으로 기대해 보며, 좋은 결과를 우리에게 보여줄 것이라고 신뢰의 박수를 미리 보내고 싶다.

5. 나가면서

다시금 이번에 첫 수필집 ≪하얀 종이≫를 상재한 작가 이하순에게 축하의 말을 전한다. 그는 이 책이 마지막이라 하였지만 미래 지향적인 그가 여기서 머물지는 않을 것으로 보며, 깊은 삶 속에서 얻어진 심오한 철학이 담긴 두 번째 수필집이 곧 나오기를 기대해 본다. 그리고 언제 어디서나 진지하게 삶을 꾸려 왔기에 이러한 작가의 삶이 독자에게 주는 의미도 크리라 믿는다.

작가 이하순의 작품에는 치열한 삶이 농밀하게 녹아 있다. 수필문학이 갖는 특징이 작가의 삶이 토대가 되어 사물과 개념을 해석해 내는 것이라면, ≪하얀 종이≫에 수록된 글들은 수필의 정체성 확립에도 공헌하고 있다고 말할 수 있다. 자신이 경험한 바를 기술해 놓는 차원에 머무르지 않고, 그것에서 의미를 찾아 독자에게 전달해야 한다는 작가의 의무를 충실히 수행하고 있는 것이다.

≪하얀 종이≫에 두드러지게 나타나는 것은 작가가 현재에 멈추지 않고 미래 지향적인 삶의 태도를 견지하고 있다는 것이다. 그 성향은 투철하여 이승과 저승이 함께 붙어 있는 듯이 착각할 정도이다. 미래 지향적인 자화상이면서도 결코 커다란 욕심을 부리지 않는다. 아주 소박한 모습으로 우리 곁을 찾아온다. 우리네 여인들이 갖는 조그마한 사랑을 키우며 살기를 소망한다. 그러나 칠순을 넘긴 나이에 얻은 삶의 지혜는 작품의 어디에서나 번득인다. 헛되이 마음을 내려놓지 않고 나태한 생활을 멀리하며 치열하게 살아온 작가의 태도에서 얻어진 것이겠다.

마지막으로 작가의 또 다른 영역의 시도가 있으려니 추측하면서도 다음 책의 내용을 기대해 본다. 어떤 일을 추구하든 튼실한 열매가 맺어지길 바라며, 작가의 앞날에 무궁한 발전과 건강이 함께하길 기원한다.

박숙자의 수필에 나타난 순환의 원리와 어머니상
- ≪때때로 찍는 쉼표≫의 세계

1. 들어가며

문학은 인간의 삶을 언어로 표현하는 예술의 한 형태이다. 문학은 작가의 특유한 창조적 상상력에 의해 인간의 삶 속에 감추어져 있는 사상과 감정을 아름다운 언어로 표현해 독자에게 감흥을 불러일으킨다. 그래서 인간은 문학을 통해 삶을 이해하고 즐기며, 더욱 풍요로움을 갈망하며 살기를 소망한다.

문학 장르 중에서도 인간의 삶의 형태가 가장 겉으로 드러나는 것이 수필이다. 수필은 삶의 현장에서 글감을 사냥하여 그것이 가지고 있는 의미를 찾아내는 작업에 의해 완성된다. 일상 속에 산재해 있는 글감을 찾아 자신의 삶을 토대로 해석하고 의미를 부여하는 것이 수필 창작과정이다. 그래서 같은 글감이라 해도 바라보는 작가의 시각에 따라 다른 의미를 함유하게 된다. 문학작품에 있어서 문장은 창작과정이 겉으로 드러난 형식에 불과하다. 우리는 그 문장을 통하여 글 속에 숨어 있는 메시지를 찾아내어 작가의 삶을 이해하고 즐기게 되는 것이다.

수필을 봄으로써 작가를 바로 알고 이해할 수 있는 소이가 여기에 있다. 독자는 한 작가의 작품을 통해 그 작가의 됨됨이와 추구하는 세계를 이해하게 된다. 더 나아가서는 작가가 추구하는 세계에 몰입하여 감흥을 느끼기도 한다. 여기에 수필을 읽는 묘미가 있다. 한 작가가 세상을 바라보는 시각을 따라가며 동질의 경험을 하기도 한다. 그것이 남다른 것이고, 새로운 해석이면 독자는 신바람이 나기 마련이다.

작가 박숙자에 있어서도 예외일 수는 없다. 작가 스스로 사물을 바라보는 시각에 따라 의미가 변질될 수 있음을 자각하고 있다. 그의 작품 〈아름다운 청년〉에서처럼 문신의 의미는 죄에 대한 형벌이 될 수도 있고, 두 연인의 사이에서는 연비聯臂일 수도 있다. 지울 수 없도록 죄인의 팔에 죄목을 새겼던 것과 사랑의 정표로 서로 몸에 아로새겨 간직했던 연비와는 사뭇 다르다. 죄의 대가로 새겨 영원히 그 죄를 지울 수 없도록 벌했던 문신은 소牛에게 걸었던 멍에보다도 더한 것이었지만, 연인들 사이에 새겨두어 변치 않는 영원한 사랑을 간직하려던 것은 오히려 아름답고 처절하다. 장길산이 묘옥의 가슴에 새겼던 연비는 저승에 가서도 간직하고 싶었던 그들의 사랑의 혼불이었다.

같은 대상이라 해도 사용의 용도에 따라 이렇게 의미는 다르다. 이러한 다름은 작가의 시각에 의해 더욱 그 모습을 드러내게 되는데, 훌륭한 작가의 경우 다른 사람이 전혀 찾아내지 못하는 것을 찾아내고, 스스로 의미를 부여하기도 한다. 일상 속에서 접하게 되는 모든 것들은 우리에게 새로운 뜻으로 인식되기를 소망하며 빛나고 있지만, 범속한 사람은 그것을 알아차리지 못한다. 작가의 빛나는 눈이 있기에 그것을 드러나고 비로소 세상에 얼굴을 내밀게 되는 것이다. 일상이 우리에게 던져주는 의미는 작가에 따라서 이렇게 판이할 수 있다.

또 〈떠도는 원혼冤魂〉에서도 사물을 어떻게 인식하느냐에 따라 새로운 해석이 가능함을 보여주고 있다. 외국에서 구입한 가방과 북에서 내려온 가방 수선공은 제 고향을 맘대로 갈 수 없는 처지이다. 또 그러한 처지를 바라보는 남편은 조부의 실향 아픔을 알기에 측은히 여겨 유독 가방에 애정을 쏟는다.

유독 가방에 애정을 갖고 있는 남편의 여린 마음을 알지 못하던 저자가 그 사연을 이해해 가는 과정이 섬세하게 그려져 있는 이 작품에서는 사물의 인식은 작가의 눈에 의해 극명하게 다를 수 있음을 보여준다. 그래서 끝내 고향을 가지 못하고 타향에서 생을 마친 가방 수선공의 마지막을 바라보면서 저자는 가방과 시조부의 실향의 아픔까지도 이해하게 된다.

이와 같이 사물을 어떻게 바라보느냐에 따라 그 인식은 판이할 수 있다. 작가의 눈을 통해 바라본 세상이 특이할수록 독자의 쾌감은 크다. 작가가 다른 사람이 전혀 인식하지 못하는 세계를 찾아 보여줄 때에 독자는 글을 읽는 기쁨을 얻게 된다. 그리고 새로운 세계를 바라본 여운이 오래 남아 그 작가도 기억하게 되는 것이다. 이런 결과는 쉽게 얻어지는 것이 아니다. 긴 세월을 두고 고통스러움을 참고 견뎌낸 고뇌의 결과에서 얻어진 것만이 가능하다. 그러면 작가 박숙자에게 있어서는 이런 고뇌의 흔적이 어떻게 나타나고 있는지를 살펴보자.

2. 피할 수 없는 길, 순환의 원리

인간은 태어나서 삶을 영위하며 변하는 자연의 순리를 거역할 수가 없다. 어리석은 사람만이 그것을 거역하고 감히 도전하게 되는 것이다. 인간이 제 아무리 지혜가 있고, 만물의 영장이라 해도 자연의 순환 앞에서는 나약하기 그지없다. 오히려 그러한 현상을 정확히 파악하고 슬기롭게 대처하는 것이 현명하다.

이 순환의 현상을 바라보는 시각이 사람에 따라 현저하게 다르다. 어떤 사람은 자연의 순환에 몰입하는가 하면, 혹자는 사람들 자신이 변질되어가는 모습에 더 날카로운 시선을 보내기도 한다. 그것은 작가의 삶에 대한 해석에 따라 다분히 다를 수 있다. 작가 박숙자의 경우는 인간은 어쩔 수 없이 늙게 되고 병들게 됨에 맞추어져 있고, 외로움을 감내해야 함을 스스로 받아들이는 자세를 취하고 있다. 그것에 거역하고 도전하는 것이 아니라 스스로 인정하고 받아들이는 슬기를 보이고 있다. 이러한 현상은 강한 듯해도 나약하기 이를 데 없는 작가의 모습이며, 현실을 직시하고 바로 받아들이는 작가의 슬기이다. 이 슬기는 삶의 연륜 속에서 얻어진 결과일 것이다.

한때는 영웅호걸의 기상도 가졌고 젊음의 뒤안길에서 몸부림도 쳤을 조금 전의 할아버지가 '약을 느십시요'를 '약을 드십시오'로 잘못 듣고 낭패를 보지 않았나. 할아버지를 보고 남의 일처럼 웃고 있었다니.

병원 문을 밀치고 나오며 괜스레 서운한 마음이 들었다. 새 길동무로 생겨난 '노안'이란 것과 아직은 친하고 싶지 않다. 그러나 나는 안다. 가까운 시일 안에 '노안'과 서로 잘 사귀어 보자고 악수를 청해야 할 것 같은 사실을.

그리고는 다시 예감의 세월을 유추해 본다. '이 눈약은 꼭 눈에 넣으십시오.'라는 의사의 말이 나에게도 들려오지 않는다고 장담할 수 없음을.

− 〈눈약은 눈에 넣으시오〉에서

아무리 만물의 영장이라고 하는 인간이라도 자연의 순환에서는 자유로울 수는 없다. 나이가 들어 귀의 기능이 허약해진 할아버지가 눈약을 먹었다는 얘기를 듣고 바로 자신에게 내려진 노안이란 진단에 작가는 오진이길 기대한다. 아직은 젊고 세상사의 한가운데에 있다고 생각했는데 노안의 진단에 당혹해 하는 것이다. 그리고 좀 전에 할아버지의 눈약 사건을 조소했던 자신에게 채찍을 가한다. '가까운 시일 안에 노안과 서로 잘 사귀어 보자고 악수를 청해야 할 것 같은 사실에' 순응하게 된다. 아무리 강건한 사람도 늙음 앞에서는 무력하다는 진실에 눈을 떠가는 것이다.

그러나 사람의 마음은 참 알다가도 모를 일이다. 오랜 세월 가족 같던 피아노가 차츰 짐스러워지기 시작했다. 훌쩍 커서 어른이 된 두 아들들은 컴퓨터와 친구가 되어버렸고, 세상이 좋아지다 보니 다양한 악기들이 피아노 자리를 대신한다. 어느새 피아노는 새로운 물건에게 자리를 내주고, 온기 없는 장식품으로 전락하고 말았다. 거실에 덩그러니 놓인 피아노를 보는 심사가 편치 않다. 젊은 날, 나와 아들에게 얼마나 기쁨을 주었던가. 변치 않을 것 같던 정이 옮아가는 것을 느꼈다. 동시에 처음과 끝이 같지 않은 내 마음의 변덕에 머리를 흔들었다.

− 〈그때가 그립다〉에서

역시 순환에 순응하는 인간의 모습이 잘 그려져 있다. 처음 피아노를 살 때에는 마음 졸이며 남편의 꾸지람도 감수하며 구입했지만, 세월이 지나자 애물단지로 변하는 것이다. 그토록 귀중했던 물건도 세월 앞에서는 도리가 없다. 영원히 변치 않을 것 같던 정이 옮아가고 있는 것이다. 이제는 작가 스스로 변하는 세상을 원망하던 세월에서 벗어나 스스로 앞장서서 변화를 도모한다. 그토록 아끼던 물건 때문에 고민하다가 눈 딱 감고 시설기관에 기증하고는 피아노를 내보냈다고 실토한다. 남에 의해 소외시킨 것이 아니라 스스로 이별을 선택한 것이다. 자의적으로 순환의 원리에 순응하는 작가의 모습이 확연히 드러난다. '파인 흔적과 고운 먼지를 남기고, 그가 떠난 것이 아니고 내가 보냈다.'라는 구절에서 우리는 작가의 감정을 절감하게 된다.

   그로부터 수십 년의 세월이 흘렀다. 대량 생산과 유통과정의 혁신으로 전국 어디에서나 산더미 같이 쌓인 밀감상자를 보며 격세지감을 느낀다. 이젠 양보다 질로 승부를 할 때가 된 것 같다. 들리는 말로는 유통과정 중 과다한 농약처리와 색을 예쁘게 내기 위해 열처리를 한다고 한다. 그 결과 나무에서 딸 때보다 맛이 상큼하지가 않고 잘 상하기 때문에 상자를 열어보면 보통 몇 개씩은 썩어 있기 마련이다. 이런 저런 이유들로 인해서 소비자들로부터 옛날보다 환영을 덜 받고 있다. 급기야 귀한 나무를 잘라내는 지경에 이르렀나 보다.
  우리 주변에 밀감이 너무 흔해졌고 많은 사람들이 밀감을 덜 먹는다 할지라도, 수학여행 때 나의 혀끝을 자극했던 그 밀감을 잊을 수가 없다.
                           - 〈밀감유감〉에서

대학나무라 할 정도로 사랑을 받던 밀감나무가 과잉 생산으로 인하여 값이 헐값으로 떨어지고, 많은 사람들에게서 멀어지게 됨을 안쓰러워하고 있다. 귀하고 천함의 거리는 얼마나 될까. 똑같은 것을 가지고 어떠한 처지에 놓여 있느냐에 따라 그 가치는 달라지는 것이다. 본래 인간은 쾌락을 즐기며 살기를 소망한다. 그러나 그것은 적당히 현실사회가 제어하고 있다. 이 제어가 무너지면 우리의 사회는 무너지고 만다. 즉, 누가 피해를 보든 말든 내 욕심대로 재화를 취득하고 싶은 마음은 쾌락원칙에 연결된다. 그러나 이러한 쾌락원칙은 현실 원칙에 의해 제어를 당해야 이 사회는 존재하게 된다. 똑같은 물건이라 해도 그것을 갖고 싶어 하는 욕망보다 수효가 많으면 그것은 죄가 되지 않는다. 하지만 수효는 적은데 욕망이 많을 때에 임의로 대가를 치르지 않고 취득하면 그것은 범죄가 되는 것이다. 이러한 원칙은 오히려 인간들에게 소지하고 싶은 마음을 충동하게 되고 마침내는 범죄를 저지르는가 하면 그것의 소지가 행복으로 간주되게 하는 착각을 갖게도 한다. 바로 이런 것에 근거하여 인간들의 마음이 흔들리고 있음을 잘 보여주는 작품이다. 밀감 경작을 처음 할 때는 귀했지만, 수효가 많아지자 과수를 베어내는 처지가 되고 만다. 여기에도 역시 순환의 원리에 순응하고야 마는 인간의 나약한 모습을 그려주고 있다.

'서로 사랑하며 따뜻하게 살자'는 작은 쉼표를 내 맘속에 찍어 본다. 삶에 적당한 쉼표는 때로는 내 자신을 돌아볼 수 있는 좋은 계기가 되는 것 같다. 쉼은 우리를 숨 가쁘게 밖으로 내몰지 않아서 편하다. 삶 속에서 때때로 찍는 쉼표는 후회 없는 마침표를 찍게 하는 큰 힘이 되리라. ……〈중략〉…… 코스모스, 들국화, 억새풀, 추수가 끝난 들녘, 나뒹구는 낙엽, 감나무에 매달린 까치밥, 모락모락 피어나는 굴뚝의 연기,

파란 하늘, 순간 내 귀로 몰려오는 바람소리. 이 바람소리는 벌판을 휘돌아 여기까지 왔겠지. 모든 것들이 너무도 소중하다.
— 〈때때로 찍는 쉼표〉에서

　이 책의 표제가 된 글이다. 수필이란 일상적인 생활에서 글감을 취하여 작가의 삶을 토대로 해석해 내는 작업이다. 그래서 수필에는 그 사람의 삶의 모습과 태도가 자연히 드러나기 마련이다. 이를 말하기 좋게 고백의 문학이라고 한다. 어쩌면 수필을 쓴다는 것은 자신의 지나온 세월을 반추해 보는 데에도 의미가 있을 것이다. 늘 같은 세상을 살아오면서도 순간 가던 걸음을 멈추고 자신을 되돌아보는 행위, 이는 바로 수필쓰기일 것이다. 우리가 흔히 접하기 쉬운 주변의 들꽃과 바람에 굴러가는 낙엽 하나에도 작가의 눈은 예사롭지 않다. 그래서 작가에게는 이러한 물상들이 소중한 것이다.
　그래서 삶은 앞만 보고 부지런히 달려갈 때보다 느닷없이 발을 멈추고 자신을 반추해 보는 시간이 더 값진지도 모를 일이다. 이것은 분명 커다란 의미를 가지고 우리 인간들에게 중요한 새김을 요구하고 있다. 작가 박숙자에게 있어서 되돌아보는 작업은 자신의 성찰의 수단이며, 삶의 지혜이다. 눈을 뜨면 들어오는 일상에서 그는 순환의 모습을 읽어내는 능력을 견지한다. 작가 자신이 긴 세월 속에서 터득한 삶의 지혜가 분명하다.

3. 영원한 고향, 어머니의 품속

　사람들은 자신이 태어난 고향을 잊지 않는다. 잊은 듯이 보여도 어느 때든 유추되는 사건이나 사물을 만나면 즉시 반응한다. 어린 날 자신의 고향을 떠나 도회지에 와서 수학한 사람이라도 나이 들어 고향 친구를 만나면 옛 사투리가 입에서 툭 튀어나오는 것은 바로 이런 모습의 발현이다.

이보다도 더 현저하게 나타나는 것이 어머니에 대한 그리움이다. 이런 현상은 어느 때, 어느 곳을 가리지 않고 불쑥 불쑥 고개를 내밀어 눈물을 흘리게도 한다. 아무리 눈물을 흘려도 속이 허전한 것이 어머니에 대한 그리움이다. 이런 체루현상은 인간이기에 벗어날 수 없는 것이다. 어린이든 어른이든 가림 없이 나타난다. 이것은 장소도 가리지 않고 체면 불구하고 나타난다. 그래서 우리의 영원한 고향은 어머니의 품속인지도 모를 일이다.

그러나 작가는 여기에 머문다면 너무나 평이하다. 한발 더 나아가 그것이 어떤 힘을 발휘하고 있는가를 찾아나서야 한다. 또 자신에게서는 어머니의 품속이 어떤 의미로 남아 숨쉬고 있는가, 도대체 어머니의 품속은 무엇이기에 우리를 체루하게 만드는가를 깊이 고뇌한 흔적이 있어야 한다.

이제 겨울이다. 가지가 휠 것 같은 이파리나 꽃들도 이젠 제 갈 길들로 다 갔다. 모두 떨쳐버리고 앙상한 나목이 되어 알몸으로 남아 있다. 겨울나무는 추위를 견디며 그 자리에 의젓하게 버티고 있다. 꾸밈이 없는 겨울 숲이다. 겨울 산은 말이 없다. 이따금 윙윙거리는 바람소리만이 겨울 산을 흔들고 지나갈 뿐 침묵 속에 빠져 있다.

작년에 큰아들을 결혼시키고 처음에는 엄벙덤벙 몰랐다. 그저 바람직한 가장이 되고 지어미의 남편이 되고, 제 본분을 지키면서 사회에 이바지하는 사람이 되면 이 어미는 바랄 것이 없겠노라고 아들을 장가 보내기 전 입버릇처럼 말했다. 그런데 이 무슨 조홧속인가. 시간이 갈수록 허전하고 마음속이 휑해지는 것은. 마치 가슴속 한 귀퉁이가 무너진 것 같은 허전함이 들기 시작한다.

— 〈겨울 산에서〉에서

겨울 산행에서 헐벗고 서 있는 나목을 보며 허전에 떠는 자신을 발견한다. 품안에 넣고 키우던 자식을 결혼시켜 떠나보낸 허전함을 빗대고 있는 것이다. 여름의 풍성함을 그리며 겨울을 참아내는 산은 어쩌면 우리네 어머니의 상일 것이다. 자식들의 숨소리가 그립도록 늘 허전해 하면서도 너무 그러면 갈등의 소지가 됨을 자각한다. 이미 한 가정을 이루어나간 자식에 대한 욕심이 크면 고부간의 갈등이 됨을 염려한다. 그래서 허전한 마음을 스스로 위로하며 겨울 산을 바라보는 것은 작가 박숙자의 오늘의 모습이다.

"복권 한 장으로 벼락부자 될 생각은 아예 없다. 한 장 사서 내가 당첨되면 좋고 십시일반으로 모아 남이라도 되면 그 양반 도와 줘서 잘됐지 뭘 그러냐?"
우리들은 수박을 원 없이 먹었으니 이젠 복권 사는 것을 끝내시라고 했지만, 별로 귀담아 듣지 않으셨다.
내가 어머니 나이가 되고 보니 알 것 같다. 어머니께서는 꼭 당첨을 기대한 것이 아니라는 것을. 한 장의 복권은 가난한 시절 어미노릇을 해야 했던 어머니의 외롭고 힘든 마음을 지켜준 희망의 부적이었다는 것을. 윗돌 빼서 아랫돌 괴고 아랫돌 빼서 윗돌 괴며 팔남매를 대학 교육까지 시킬 때 얼마나 힘들었을까. 그런 현실에서 어머니를 지켜준 행운의 마스코트. 복권 한 장이 가져다 준 든든함과 추첨을 기다리는 긴

장갑을 어머니는 즐기신 것 같다.

— 〈어머니의 꿈〉에서

사람이 꿈을 가지고 산다는 것은 중요하다. 그러나 그 꿈에 너무 집착하면 그 삶은 피곤하다. 하물며 그 꿈이 이루어지지 않는다 해도 다른 사람에게 빛이 될 수 있는 일이라면 충분히 가치가 있다는 논리이다. 이러한 견해는 긍정적으로 삶의 역경을 수용하는 자세가 없이는 얻을 수 없는 일이다. 복권을 사고 추첨하는 날을 기다리는 것이 절망의 끝이 보이지 않는 팍팍한 삶에서는 유일한 낙이었고, 살아가는 힘이 되었던 것이다. 복권이 가져다 줄 여유를 기대하며 자식들에게 실컷 한번 해 주고 싶은 마음을 키우는 것도 나름의 즐거움이었다. 그래서 좀 소득이 오면 그것으로 재투자하는 것이 아니고, 그 즐거움을 온 가족과 나누고 만다. 궁핍한 가계로 팔남매 대학 교육을 다 시켰으니, 언제인들 여유가 있어 자식들에게 수박 한 통 제대로 먹여 보겠는가. 이렇게 복권이라도 당첨되면 눈 딱 감고 온 가족과 즐거움을 나누어 보는 것이 어머니의 모습이다. 그러니까 작가의 어머니에게 있어서 복권은 자식 사랑의 유일한 통로였을 것이고, 어렵게 사는 현실의 돌파구였던 것이다.

여러 옹기그릇들을 구경하다 이 자배기를 보니 무척 낯익은 느낌이었다. 어렸을 때 보았던 자배기, 한번쯤 그 속에서 장난을 쳐 보았던 느낌마저 주는 자배기. 눈에 익숙해서 낯설지가 않다. 모든 것을 다 안아주고 받아 주는 넓은 품, 그것은 어머니의 품이었다. 자배기에서 어머니를 만난다. 자식들에게 젖을 먹이며 꼭 끌어안아 주었던 따뜻한 품속, 그런 품을 자배기가 갖고 있다.

대가족을 거느린 주부의 관록인가, 앞뒤로 펑퍼짐하게 나온 어머니의 몸매는 가히 한말들이 저 자배기와 닮았다. 부드럽게 흘러내린 어머니의 어깨선은 크면서도 품위를 잃지 않은 자배기와 많이 닮아 있다. 자배기가 낯설지 않은 이유를 알았다. 닮은 모양뿐만 아니라 그 안에서 만들어진 음식으로 우리들이 살았다는 것까지도. 한말들이 자배기로 각인되는 어머니의 삶이었다면……. 그럼 나는 어떤 형태의 그릇으로 각인되어질까.

― 〈자배기〉에서

　그릇 중에는 여러 종류가 있는데, 작가의 눈은 자배기에 머문다. 왠지 모르게 정이 가는 물건이다. 한참을 자배기의 너그러움에 빠져있던 작가는 그곳에서 어머니를 만난다. 어느 물건이든 너그럽게 담아내고, 후덕하게 제 모습을 지키고 있는 자배기를 보며 작가 박숙자는 어머니를 만나는 것이다. 종지처럼 얄팍한 마음이 아니라, 언제나 풍요롭게 느껴지는 그 모습은 영락없는 어머니인 것이다. 언제나 자식들에게 베풀기만 하던 어머니. 아무리 고통스러워도 내색함이 없이 술술 자식들에게 가슴을 풀어헤치고 사랑을 베풀던 어머니의 모습을 떠올리게 되는 것은 영원한 고향처럼 어머니의 품속은 따뜻하기 때문이리라. 결국 작가에게 있어서 자배기는 어머니의 품속인 것이다. 어디 하나 드러나게 예쁜 곳은 없어도 부드럽게 흘러내린 어머니의 어깨선은 영락없는 자배기의 선이다. 모든 자식들을 안아주고 받아들이던 어머니의 그 사랑의 품속은 어른이 된 지금에도 그리운 고향인 것이다.

　박숙자에게 있어서 어머니는 사랑의 보고이다. 언제나 자신에게 힘을 내게 하는 활력의 근원지이다. 그래서 작가 박숙자의 어머니는 자식들에게 베풀기만 하는 한국의 어머니상을 대변하는 매체로 등장한다. 그 사랑이 있었기에 자식들은 자라서 사회의 동량이 되었던 것이다. 그 어머니의 사랑은 베푸는 당시에 머무는 것이 아니라, 영원히 자식의 가슴에 남아 힘들 때마다 부추겨주고 이끌어 준다. 어머니의 품속은 영원한 작가의 고향인 것이다.

4. 사랑 속에서 뜬 눈, 비판의 가시

　사회에 대한 비판을 볼 때마다 사람들은 반골을 떠올린다. 그러기에 가끔은 그런 행동에 부정적인 평가를 내리기 일쑤이다. 그것은 비판을 위한 비판이 너무 흔하게 자행되었기 때문에 생긴 현상이다. 진정한 의미의 비판은 그 사회에 대한 애정에서 비롯되어야 한다. 그래야 그 비판이 정당성을 획득하고 사람들의 가슴에 영향을 주어 변화를 이끌어낼 수가 있다.

　박숙자의 글에는 더러 이런 면이 보인다. 역시 잘못 판단하면 성급한 결론이라고 탓하게 되는데 그럴 필요가 없다. 충분한 사려와 깊이 있는 애정에서 비롯된 것이어서 전혀 염려하지 않아도 된다. 세상 그 누구보다도 이 사회에 대해 애정을 가지고 있고, 비판의 기저에는 밝고 명랑한 사회를 소망하고 있기 때문이다.

　어찌 보면 작가는 자신이 기거하는 세상에 철저하게 관여하며, 그 예리한 눈으로 어두운 곳을 밝혀내는 임무에도 게을러서는 아니 되는 것이 아닐까. 그래야 사회도 자각하고, 각성하며 좀더 나은 세상으로 옮겨가는 계기가 마련될 것이다.

　작가 박숙자에게 있어서 이런 면은 확연히 드러난다. 밝은 사회를 희구하는 마음이 작품의 여기저기에 묻어 있다. 이것은 작가로서는 반드시 겸비해야 할 덕목인 것이다.

　　이런 의구심은 서류를 제출하던 날 창구직원의 한마디 말이 비수가 되어 내게로 달려들었다.
　　"아주머니는 법무사에게 맡기지 왜 이 고생을 합니까?"
　　서류를 내려고 하면 시선조차 주지 않던 그 직원의 표정이 단지 바빠서만은 아니었구나 하는 느낌이 들자, 내가 돌팔매로 골리앗을 상대한 기분이 들었다. 중간에서 포기하고 싶은 생각도 여러 번 들었지만 근 보름 가까이 소비한 시간이 너무 아까웠다.
　　언젠가 타고 온 비행기에 짐이 실리지 않은 적이 있었다. 쩔쩔매는 나에게 따뜻한 미소와 눈빛으로 안심시키며 곧바로 짐의 위치를 확인하고, 호텔로 정확히 배달해준 L.A공항의 직원이 생각났다. 말이 통하는 내 나라의 행정관서에서 일처리하기가 오히려 말이 통하지 않는 타국에서보다 힘들었다는 것을 생각하니 마음 한 구석에서 섭섭함이 고개를 치밀었다.

　　　　　　　　　　　　　　　　　　－〈골리앗과의 싸움〉에서

　불의에 참지 못하면서도 오기로 뭉쳐져 견뎌낸 작가의 시련의 시기가 한 눈에 들어온다. 이것이 박숙자의 본 모습이다. 본인이 옳다고 판단하면 어떠한 장애가 놓여도 결코 굴하지 않고 밀고 나가는 것이다. 그렇게 강력히 밀고 나갈 수 있는 것은 작가만이 가지고 있는 자신감이기도 하다. 또 그 자신감은 무모한 것이 아니라 타당성을 견지한다. 단순히 하나의 사건을 보고 분개하는 것이 아니라 앞서가는 외국의 모습을 보여줌으로써 자신의 주장에 근거로 삼는다. 그러나 혹자는 작가를 불만으로 똘똘 뭉쳐진 사람으로 오해할 수도 있다. 그런 것은 아니다. 어디까지나 객관성을 유지하며, 그 사회에 대한 지극한 사랑이 토대가 되어 이루어지고 있다. 작가 박숙자는 언젠가 찾아올 밝은 사회에 대한 소망을 간직하고 있는 것이다. '곳곳에 열린 행정이란 현수막이 바람에 펄럭인다.'고 기술함으로써 작가의 사회에 대한 사랑 속에서 간절한 소망이 이루어질 것이라는 희망을 갖게 해 준다.

> 그것도 잠시 십이월 마지막 날을 이틀 남겨놓고, 불도저와 한 떼의 인부들이 산에 나타났다. 아침부터 진눈깨비가 쏟아지던 날이었다. "텅텅 텅텅" 산등성이 이곳저곳을 사정없이 파헤치고 밀어붙이며 몇 십 년씩 된 나무들을 베기 시작했다. 굵은 나무들이 잘린 몸을 이기지 못하고 여기저기 나뒹굴며 엎어진다. 산등성이가 황토색 속살을 드러낸다. 자식을 잃은 어미 꼴이 되었다. 알몸으로 눈바람을 맞으며 떨고 있다. ……〈중략〉…… 엄마 심부름으로 고모 집엘 갔다. 고모 방에 들어가니 울었는지 눈이 빨갛게 부어 있고, 화가 몹시 났는지 깎인 머리를 감추지 않고 움푹움푹 아무렇게나 잘린 상태로 누워 있었다. 예쁜 고모는 없고 선머슴 같은 미운 사람이 퉁퉁 부어 있었다. 나는 저러다 고모가 죽을지도 모른다고 생각했다.
> 잘려 나간 나무 밑둥거리는 고운 머리채를 뭉텅 잘리고 울던 고모의 모습과 똑 같아 보였다. 고모한테 느낀 불쌍함과 못 볼 것을 본 당황스러움이 주체하기 힘든 분노로 다가왔다. 우리가 해도 참 너무 한다는 생각이 들었다. 결국 그 산은 우리가 죽였다.
> — 〈그 산은 우리가 죽였다〉에서

인간의 편리를 위하여 자연을 파괴하는 것은 어쩔 수 없이 감수해야 할 일이다. 하지만 그것이 전시효과를 노리는 행정가나 정치가의 사심에 찬 생각에서 빚어진 일이라면 다시 한번 고려해 보아야 한다. 멀쩡한 숲을 해 바뀜 이틀 전에 들쑤셔놓고 장기간 방치하는 행정은 잘못된 행정이다. 그것이 단순한 일이어도 아니 되는데, 우리의 삶의 터전인 자연을 마구잡이로 일구어 버렸다면 죄악이다. 작가는 이렇게 절개되어 나가는 숲을 바라보며 절규하고 있는 것이다. 그래서 여기서 숲이 절개되던 날 쏟아진 진눈깨비는 단순한 일기현상이 아니다. 적어도 자연이 파괴되는 것을 바라보아야 하는 작가의 가슴으로 차갑게 내리는 아픔의 진눈깨비인 것이다.

그렇기에 작가는 숲의 파헤쳐짐을 바라보면서 자신의 가슴이 헤쳐지는 아픔을 느낀다. 자연은 언제나 공존해야 하는 동반자적 위치에 있어야 하는데, 인간들은 자신이 맘껏 활용해도 되는 소유적인 것으로 인식하는 데서 파괴된다. 그러한 인식을 보여주기 위해 작가는 자연 파괴의 아픔을 가장 가까웠던 고모의 머리 깎임에 비유하고 있는 것이다. 여기에는 작가의 자연과 인간의 동반자적 사고가 깊이 깔려 있다. 작가가 '고모가 죽을지도 모른다.'는 기술이나 '그 산은 우리가 죽였다'는 고백은 그래서 서로 무관하지 않고, 아주 긴밀히 연결되고 있음을 알 수 있다.

우선 나 자신도 큰 일 큰 물건 큰 것에는 대단하게 생각하고, 작은 일 작은 물건 작은 것에는 대수롭잖게 여겨서 적당히 넘어간 적이 얼마나 많았던가. 작은 것에도 성의와 예의가 담겨야 우리가 덜 피곤할 것 같다. 그래서 덤으로 얻는 작은 기쁨이 큰 행복의 씨앗이 되지 않을까. 기차 안에서 본 그 남자의 행동이 타산지석이 되어 남은 내 생애에 한 줌의 소금이 되기를 기대해 본다.

— 〈기차 안에서〉에서

박숙자의 수필에는 잔잔히 흐르는 비판정신이 있다. 성미가 급한 아이처럼 마땅치 않은 일에 대해서는 참지 못한다. 그것은 단순한 나무람으로 귀결되는 것이 아니고, 자신의 삶으로 승화되는 과정을 수반한다. 본래 비판이란 그 대상에 대하여 진정한 애정이 없으면 불가능한 것이다. 기차 안에서 젊은이를 바라보아도 자신의 아들과 같은 처지로 생각하고, 무례한 행동을 하는 사람을 보아도 자신이나 자신의 주변 사람이 당한 것으로 인식하려 한다. 그것은 사회에 대한 애정이기도 하다. 그러기에 자신에게로 돌아와 타산지석으로 삼으려 한다.

"당신들만 자연 보호하는 줄 아쇼?"
결국 옥신각신 큰소리가 난 것이다. 여자들이 종내는 '더럽게 잘난 체하네'로 싸움은 마무리되었다.
시간이 지나도 이 상황이 머리에서 지워지질 않는다. 그들의 말대로 더러운 잘난 체가 이런 거라면, 그들이 생각하는 깨끗한 잘난 체는 어떤 것일까.
'네.' 한마디면 서로가 즐거운 소풍길이 될 걸. 단풍은 붉어지면 아름다운데, 자만심과 독선으로 붉어진 여인들의 얼굴은 조금도 예쁘지가 않았다. 여하튼 한바탕 소동은 지나갔다.
폭포는 여전히 흰 비단 폭을 늘어뜨리며 물보라를 만든다. 인간들의 욕설, 시비 따위는 아랑곳하지 않고. 내 소리도 네 소리도 폭포 속에 다 끌어안는다. 남에게 지기 싫어하는 인간의 아집도 폭포는 굳이 탓하지 않는다. 스스로 깨달을 때까지 기다리겠노라는 의연함만 내비친다.
― 〈목에 걸린 생선가시〉에서

자연은 언제나 의연하다. 욕심에 찬 사람이 찾아오든, 골짜기 물처럼 깨끗한 사람이 찾아오든 가리지 않는다. 세상이 밝게 견디지 못하는 것은 욕심과 이기에 찬 인간들 때문이다. 그리고 자연이 파기되는 근원은 인간의 자연 소유의식 때문이다. 자연은 인간이 소유할 수 있는 것이 아니고 인간과 공존하는 것이다. 인간의 이기가 고개를 들어 자연을 자기 것으로 만들려들면 반드시 그것에는 엄청난 대가가 따르게 된다. 스스로 자연과 공존하려는 의식만 가지고 산다면 인간의 삶의 환경은 지극히 윤택해질 것이다.

작가는 강천산에 갔다가 쓰레기로 옥신각신하는 사람들을 바라보며 치졸한 인간의 얼굴과 의연한 산의 기품을 그려주고 있다. 그러면서 인간들의 그늘진 모습에 시각의 선을 세우고 있다. 여기에 작가 박숙자의 비판 정신이 있다.

작가 박숙자의 비판 정신은 철저하게 미래 지향적이다. 단순한 험담에 머무르지 않고 언제나 사회에 대한 지극한 사랑이 바탕에 깔려 있다. 그러기에 독자는 그의 비판 정신 앞에 숙연해지는 것이다.

5. 나가면서

박숙자의 수필세계는 자연의 순환을 긍정적으로 바라보며 인간의 그것을 예리하게 파악하는 지혜가 번뜩인다. 뿐만 아니라 그 순환에는 어떻게 대처해야 하는지도 정확히 제시하고 있다. 또 따뜻한 어머니상도 그려주어 영원한 고향으로 승화시키고 있다. 이러는 과정에서 세월의 흐름을 거역하지 않고 스스로 그 속에 자신을 투영하여 의미를 찾아 나서고 있다. 박숙자에게는 사회에 대한 비판이 깊은 사랑 속에서 이루어지고 있다. 그래서 그 비판은 가치를 얻게 되는 것이다.

지난 해 말에 ≪수필과비평≫ 신인상을 수상하여 데뷔와 동시에 수필집을 발간한다 하여 남의 말을 즐기는 사람은 한마디 할지 모른다. 그러나 박숙자의 경우는 그렇지 않다. 일찍이 여섯 해 전에 ≪호서문학≫으로 문단에 나와 활동을 하던 작가이다. 그가 새삼스레 다시 ≪수필과비평≫으로 문단에 나온 것은 나름대로 고심한 결과에서 행한 것이다. 활동은 해 왔지만 지방에서 미미하게 하다가 이제는 좀더 각오를 새롭게 하고 왕성한 활동을 하기 위한 다짐이기 때문이다.

이번 수필집의 발간에는 작가의 길을 꿋꿋하게 걸어가겠다는 문단 사회에 대한 공개적인 약속의 의미도 있다. 그동안 창작해 놓은 바를 정리하여 지난 세월의 흔적을 추스르고 새로운 출발을 하기 위한 몸부림인 것이다. 그런 면에서 작가에게 거는 기대가 크기도 하다.

지금까지의 작업을 정리한 작가가 앞으로는 어떻게 깊이 있는 삶을 일구어낼지 자못 궁금하다. 분명 이번 수필집에서 보인 점들이 깊이를 더하여 훌륭한 작품집이 계속 나오리라 믿는다. 우리는 느긋한 마음으로 다음 작품집이 나오기를 기다리면 될 일이다.

생과 우주 속에서 자기 정체성 찾기
– 최명희의 수필세계

1. 들어가면서

최명희(1947. 10. 10.〈음〉~1998. 12. 11.)는 짧은 삶을 아주 길게 살고 간 작가이다. 한순간도 자신을 편하게 놔두질 않고, 늘 사슬에 묶어서 자신을 굳게 지키며 살다간 작가다. 그러기에 ≪혼불≫을 엮어낼 수 있었고, 그 틈틈이 주옥같은 수필까지도 남길 수 있었다. 어찌 보면 소설 ≪혼불≫보다 작가 최명희를 알기에는 이 몇 편의 수필들이 오히려 더 귀한 자료가 되지 않을까 하는 생각도 해 본다. 왜냐하면 수필이 가지고 있는 속성이 작가가 드러나는 문학이기 때문이다.

수필은 작가의 삶의 태도가 여지없이 드러나기에 작가를 연구하는 데는 소중한 자료가 된다. 온전히 수필만을 한 수필가보다 소설가에게 있어서 수필은 작가의 삶을 들여다보기에는 더 없이 귀한 것이다.

최명희에 있어서도 예외일 수는 없다. 그가 남기고 간 수필을 보면 작가가 어떻게 자신을 단속하며 살다갔는지를 확실히 알 수 있다. 비록 수필은 아니더라도 그의 첫 작품인 〈완산동물원〉은 타고난 작가적 기질이 여실히 드러난다. 어린 중학생이 풀어내는 이야기가 범상치 않음을 이 작품에서부터 볼 수 있다. 여고시절에 쓴 〈우체부〉 역시 상식의 범주에서 크게 이탈되어 있다.

최명희는 어려서부터 기존의 시각을 거부하려 했다. 바로 여기에 최명희의 작가적 존재가 돋보인다. 〈우체부〉에서 우리가 흔히 생각하게 되는 '빨간 가방', '그리움', '소식' 같은 진부한 사고는 모두 쫓겨나가고 없다. 흔히 볼 수 있는 식상한 표현은 눈을 비비고 찾으려 해도 없다. 모든 예술이 '낯설게 하기'에서부터 출발한다는 러시아 형식주의자들의 말을 빌지 않더라도 최명희의 문학은 바로 이 '낯설게 하기'에서 그 시원을 찾을 수 있다. 어느 문장이든 표현된 체취가 기존의 냄새가 전혀 없다. 모든 문장들이 전에 접하지 않았던 것으로 꾸며져 있다. 그만큼 최명희에 있어서 어휘 구사력은 설명 그 자체가 오히려 구차스럽게 느껴진다.

최명희는 중고등학생 시절부터 남다른 문학적 자질을 보여주었다. 그 당시 쓴 몇 편의 글은 어린 학생의 글이라고 보기에는 너무 성숙해 있음을 보여준다. 편의상 따로 언급은 하나 최명희의 문학은 아무래도 소설가 양귀자 씨와 함께 출간한 수필집 《오늘보다 다른 내일을》에 수록된 작품들과 대학시절 전후의 일기체 수필을 위주로 정리해 보는 것이 바람직하다고 생각한다. 왜냐하면 《혼불》을 쓰면서 작가로서의 위치가 확고했던 시기에 쓴 것들은 원숙한 삶의 의미를 찾아 나선 수필들이고, 대학시절을 전후해서 쓴 글은 대학생 특유의 감수성과 실존의 문제에 깊이 침잠하여 자신의 정체성을 찾아 헤맨 흔적이 짙은 일기체 수필이기 때문이다.

2. '낯설게 보기'의 시작

예술의 기법은 사물을 낯설게 바라보는 데에서 출발한다. 매일 접하는 일이라 해도 오늘 처음 접하는 일로 인식할 때는 그 의미가 사뭇 달라진다. 매일 하는 접시 닦기도 오늘 처음 하는 일이라고 가정을 주었을 때는 그 의미의 깊이가 다르게 느껴진다. 문학도 바로 이렇게 사물을 처음 접하여 인식하는 태도를 견지할 때에 독자들에게 사랑을 받게 된다. 모든 사물을 바라봄에 있어서 습관적 체험으로 넘긴다면 새로움이 발견되지 않는다. 낯설게 바라보는 태도에서 얻어지는 문학적 산물은 기존의 시각에서 탈출을 시도하고, 다른 사람이 보지 못한 특이한 점을 찾아내게 한다. 그리하여 그 산물인 문학작품은 신선한 이미지를 가지고 독자들에게 접근하여 깊은 감명을 주게 되는 것이다. 작가 최명희에 있어서 이 같은 낯설게 보기가 글쓰기의 기본으로 작용하고 있다.

중학교 때에 쓴 〈완산 동물원〉에서 보면 그의 문학적 재치가 낯설게 하기에서 출발하고 있음이 확인된다. 가족의 구성원을 띠로 인식하여 동물 가족화하는 재주가 범상치 않게 그려지고 있다. 〈꽃잎처럼 흘러간 나의 노래들〉에서는 중 3 시절의 일기를 세 편 이어놓은 것인데, 이곳에서도 일반인의 기본적 사물 바라보기와는 많은 차이를 유지하면서, 나만의 시선으로 사물을 바라보려 한다. 다른 것들이 지금 한창 푸름을 즐기고 있을 때에 떨어지는 7월의 낙엽에 작가의 시선이 못 박힌다. "자연의 계도를 이탈한 문제아"로 인식하는 시각은 기존의 것에 전혀 노출되지 않은 깨끗한 것이기도 하다. 이것은 최명희 자신이 식상한 표현을 따르지 않으려는 몸부림에서 얻어낸 결과일 것이다. 그리고 졸업식 날의 스케치는 사춘기 여학생의 감수성이 그대로 노정되어 있다. 그러면서도 작가 특유의 사유는 잠들지 않고 "어느 훗날, 내 무릎에 놓인 뜨개질 감을 놓고, 잠시 창 밖을 바라볼 때, 그때쯤이면 나는, 꽃잎처럼 흘러간 나의 작은 노래들을 기억하겠지." 하며 깨어 있음을 발견하게 된다.

특히 그의 젊은 날의 대표작이라 할 수 있는 〈우체부〉는 단발머리를 하고 검정 스커트에 하얀 윗저고리 교복을 단아하게 차려 입은 여고생처럼 문장 하나하나가 정교하고 깔끔하게 다듬어져 있다. 어찌 여고생이 이렇게 정확한 문장을 기술할 수 있을까 하고 감탄할 정도의 문장이다. 어디 하나 모자람이 없이 완벽한 문장을 갖추고 있다. 그러면서도 내용 또한 기존의 상식에서 탈출하여 신선하기 그지없다. 역시 최명희에 있어서 세상 바라보기는 '낯설게 보기'였고, 그의 문학은 그 낯섦에서 진정성을 찾아 나섰던 것임을 알 수 있다.

일찍이 작가 최명희는 사물을 바라보고 인식하는 방법, 더 나아가서는 인간의 근원을 천착하는 방법으로 '소리'와 '빛'을 동원한 것 같다. 어찌 보면 이것은 인간의 가장 원초적인 감각기관에 의존하는 것이기에 정확하고 솔직하게 바라보는 것이 될 수도 있다.

> 그러나 우체부의 음성은 가장 정겨운 인간의 소리로 우리에게 부딪쳐 오는 것이다.
> 그의 소리가 항상 따뜻한 것만은 아니어서 사납고 왁살스럽게 들릴

때도 있지만, 조금도 싫지 않은 것은 이상한 일이다.
우체부, 그의 모든 것은 살아 있는 낭만이다.
그의 모자와 옷과 운동화의 빛깔들…….
그의 전신에서 흘러오는 모든 것은 무한한 그리움이다.
……〈중략〉……
그가 나를 부르는 소리, 그의 가방 빛깔, 그리고 내게로 오는 그의 발자국들은 내 허허로운 영역에 훈훈한 꽃잎을 나누어준다.
나는 "보랏빛 우체부"가 되고 싶다.

- 〈우체부〉에서

'우체부'가 주는 '소식'이라는 일상적 인식을 뒤집어 우체부의 음성에서 '인간의 소리'를 듣고, 우체부가 지닌 빛깔들에서 그리움의 대상을 발견하게 된다. 그것은 '낯설게 보기'를 통한 인간 근원의 천착이다.

이와 같이 '소리'와 '빛'을 통해 인간 근원에 천착하려는 작가의 속셈은 대학시절 여대생 특유의 감수성으로 실존의 문제에 깊이 고민할 때에도 깊은 사유 속에서도 여기저기 산재해서 나타나고 있다.

3. 기다림을 통한 삶의 진정성 찾기

사슬에 묶여 벽 안에 갇힌 영혼이 어둠을 헤치고 나올 수 있는 것은 빛을 얻는 것이고, 그것은 바로 자유를 상징한다. 이러한 자유는 노력 없이 얻어지는 것이 아니다. 인내와 성실이 없이 순간적인 예지에 도취하고, 많은 것을 손쉽게 단정 짓고, 혹은 버리고, 사고의 문을 아집으로 통하게 할 때에는 결코 누릴 수 없는 것이 자유이다. 그래서 최명희 문학에서 '빛'은 곧 '자유'이다.

생生이란 어느 한순간 섬광처럼 비쳐 내린 영감靈感이나 논리적 궤변, 재치나 기교에 의해 참모습을 알 수 있을 만큼 간단한 것이 아니다. 자신의 인생에 막혀 있는 흙을 한 무더기씩 퍼내면서 땀을 흘려봐야 겨우 알 수 있는 것이다. 도랑의 물이 모여서 여울이 되고 드디어 냇물이 되어 흐르게 되는 것처럼 삶의 고통과 인내하는 수고가 수없이 모아지고 반복되어야 알 수 있는 것이 생生이다. 살아가다 넘어져도 다시 일어서서 다시 걸어가는 꿋꿋함이 없이는 그 진의를 알 수 없는 것이다.

≪오늘보다 다른 내일을≫에 수록되어 있는 최명희의 수필은 많은 연륜이 느껴지는 글이다. 긴 세월 인내하며 견디어 온 삶이 얼마나 가치 있는 것인지를 보여주고 있다. 이러한 것들은 한 순간의 예지로 얻어지는 것이 아니고, 죽음처럼 묵묵하게 참아내는 인내에서 얻어진다. 작가 최명희가 이러한 것에 가치를 두게 되는 것은 일찍이 대학 3학년 때에 쓴 〈냇물〉에서 예고하고 있다. 하늘이 내려준 목숨을 질기도록 성실하게 산 사람만이 생生에 대해서 말할 수 있는 권리가 있다 하여 인종과 성실에 가치를 두는 한편, 참지 못하고 쉽게 반응하는 가엾고 빈약한 가슴에는 질책을 하고 있는 것이다.

생生은 가느다란 파이프 속에 흐르는 물이나 납작한 종잇장 같은 것이 아니라, 선과 악의 총체總體, 기쁨과 고통의 덩어리, 하늘이 내려준 목숨을 질기도록 성실하게 살고 난 사람만이 말할 수 있는 권리가 있는 것인지도 모른다.

냇물이 흐르다가 거대한 바위에 부딪쳤을 때 산산이 조각나는 몸을 이끌고 다시금 좁디좁은 틈으로 흘러 내려 강에 이르고, 일곱 해의 가

몸에 앙상히 **뼈대**를 드러내면서도 마지막 남아 있는 한 방울의 물이 끈질기게 줄기를 이루며 바다에 닿아서야 비로소 바다가 무엇인지 말할 수 있는 것처럼.

그 머나먼 낯선 길을 말없는 인종忍從과 신념으로 끊임없이 흘러가는 성실이야말로 생에 대한 가장 중요하고 근본적인 태도일 것이다. ……〈중략〉…… 한 줌의 햇빛이 비쳐도 가뭄에 허덕이고 목말라 울부짖고, 단 한 줌의 비만 내려도 창수漲水가 나고 해일海溢이 넘치는 가엾고 빈약한 가슴을 오래도록 들여다 보았다.

그로 하여 슬픔과 탄식에 울고 있을 때 냇물은 소근거렸다.

"삽을 들어서 가슴을 파라."

그것은 거역할 수 없는 분부였다.

— 〈냇물〉에서

이 같은 인종과 성실에 가치를 두려는 작가의 가치관은 여러 편의 수필에서 그 모습을 드러낸다. 〈허울과 애착을 다 벗은 조그만 씨앗이 되어…〉에서도 삶을 살아본 사람만이 터득할 수 있는 지혜를 말한다. 자신의 몸을 치장했던 모든 이파리를 떨어뜨려야 열매를 익힐 수 있는 나무의 순환원리를 말한다. 뿐만 아니라 그 열매를 아끼고 품안에만 안고 있으면 결코 싹을 틔울 수 없으며, 지상으로 떨어뜨려야 새 생명을 탄생시킬 수 있다는 지극히 당연한 자연 순환의 원리를 짚어 준다. 만물의 영장인 인간은 자연의 엄숙한 교훈을 바라보면서 과연 어느 것을 버려야 하고, 어느 것을 남겨두어야 하는지에 대한 의문도 제기한다.

그리고 나무는 빈 몸 빈 가지에 열매를 남긴다. 더불어 함께 지내오던 그 수천 수만의 자랑스러운 잎사귀를 다 벗고 그 착着의 옷을 남김없이 다 벗어버리고.
  만일 나무가 그 향기롭고 어여삐 자지러지는 꽃들에 매혹되어 꽃잎을 끝끝내 붙들고 있었거니, 짙푸른 잎사귀를 몹시도 아까워하며 버리지 못하고 가을에도 겨울에도 매달고 있다면, 무슨 조화로 탐스러운 열매를 저토록 맺을 수 있으랴.
  - 〈허울과 애착을 다 벗은 조그만 씨앗이 되어……〉에서

〈놓아두게 하소서〉에서는 나무 심는 일을 잘 하는 사람이 나무를 관리하는 원리를 통하여 인간들의 지나친 사랑을 꾸짖고 있다. 역시 삶의 지혜를 전달하는 수필이다. 모든 것들은 본래 타고난 성질대로 성장하도록 내버려둬야 하는데, 지나친 간섭과 필요 없는 배려로 오히려 해가 되는 일이 많음을 깨닫게 한다. 나무를 심을 때에 뿌리를 있는 대로 펴 주고, 제 있던 곳의 흙을 넣어 주고, 제 스스로 착근하게 해야지 조급하게 만져보고 껍질에 손톱자국을 내며 점검하는 것은 오히려 나무를 죽이는 것이라며 지나친 관심에 경종을 울린다. 이것이 어찌 나무에 그칠 일인가. 사람의 일에서도 같은 이치이니, 양수養樹의 도道에 머무는 것이 아니고, 양인養人의 도道도 같음을 말하고 있다.

  심을 때는 함부로 하고는 심고 난 다음 나무를 사랑하는 것이 지나치게 자애롭고, 걱정하는 것이 지나치게 부지런한 사람이 많습니다. 아침에 들여다보고 갔다가, 저녁에 와서 또 어루만지고, 가다가 다시 와 돌아보기도 합니다. 심한 사람은 나무껍질에 손톱자국을 내서 나무가 살았는지 말라버렸는지 시험해 보고 뿌리를 마구 흔들어 얼마나 단단히 심어졌는지 살펴보니, 나무의 본성이 날마다 들떠서 도무지 안정을 찾

지 못합니다.

— 〈놓아두게 하소서〉에서

　모든 것은 타고난 성질대로 살아가거나, 태어난 환경의 조건대로 살아갈 때에 어그러짐이 없음을 말하지만, 이 글에서는 죽어서도 그 성질은 그대로 이어짐을 말한다. 건축을 할 때에 사용하는 목재도 제 살던 방위를 맞춰 주고 위아래를 본래대로 세울 때에 뒤틀리지 않고, 제 구실을 다하며 오래간다. 그것도 남쪽 나무라 해서 그저 남쪽에다 세우기만 하면 되는 것이 아니라, 해를 보던 얼굴이며 배는 해를 보게 세워 주고, 그림자였던 등은 똑같이 그림자 지게 해서 세워 주어야 몇 백 년, 몇 천 년이 흘러가도 여전히 제 모양을 지킨다는 나무의 생리를 말하고 있다. 그렇게 안 하면 아무리 굵은 기둥이라도 어그러지고, 트고, 갈라져버리는 매서운 성깔이 나무에게도 있다는 것이다.
　그런데 요즈음 목수들은 그것을 모르고 대패질만 멀끔하게 해서 위아래도 구분 안 하고 세운다. 나무뿌리가 공중으로 치솟아 다리를 뻗히고 머리는 땅속으로 처박으니 거꾸리 세상이다. 나무의 오장이 거꾸로 쏟아져서 쉽게 썩어버린다는 이치는 우리에게 던져주는 메시지가 크다. 이 어찌 나무에 한한 이야기인가. 다 우리 인간이 사는 세상의 이치인 것이다.

　　산에서 나무를 베어다가 집의 네 귀퉁이 기둥을 삼을 때, 아무렇게나 막 세우면 안 되지요. 양지쪽에서 큰 나무는 앞마당 양지쪽에, 북쪽 바람단이에서 큰 나무는 북풍 부는 뒤안 쪽에, 제대로 제 성질을 살려서 세워줘야 합니다. 만일에 저 섰던 자리하고 다른 방향에다 바꿔 세워

놓으면 그만 기둥이 뒤틀어져 버려요.

— 〈숨쉬는 기둥〉에서

〈등롱초燈籠草〉 역시 기다리며 참아내며 묵묵히 견뎌내는 것에 가치를 두고 있다. 모든 꽃들이 제 자랑하고 물러간 뒤에 홀로 긴 세월 불을 밝히는 등롱초. 남들의 휘황함에 짓눌리지 않고, 정원의 한 귀퉁이 후미진 곳에 말없이 서 있는 등롱초. 남루한 대로 의연히 서두르지 않고 때를 기다려 무르익는 은자隱者의 기품을 가지고 있는 등롱초. 저 혼자 피었다가 지는 꽃. 작은 불빛으로 사라지는 등롱초 같은 삶은 곧 작가 최명희의 삶이다. 작가는 자신의 삶에 스스로 빛을 비추면서 살기를 희망한다. 불빛은 다른 사람을 위한 빛이면서 동시에 자신을 비춘다. 그 빛이 닿는 곳에 작가의 진정한 삶이 있다. 최명희 수필에서 보여주는 삶의 노정은 삶의 진정성을 찾아가는 것이다. 작가는 인종忍從과 성실誠實의 미학으로 그 진정성을 구현하고자 한다.

사람마다 한 세상을 살며 누리다가 가는 여러 계절, 그 계절의 복판과 언저리에서 피고 지는 온갖 영욕의 꽃들이, 더러 때를 만나기도 하고 못 만나기도 하건만, 저 혼자 속으로 익어가는 어진 열매 등롱초가 밝힌 이 조그만 불빛이, 무엇인가 오래 기다려야 하는 나의 어둠을 따뜻하게 지켜주고, 밝혀주기를, 이 가을의 꽃밭에 서서 나는 빈다.

— 〈등롱초燈籠草〉에서

중국의 야사野史에 보면 느긋하게 기다리는 이야기가 자주 나온다. 그런 것이 이상하게 여겨지는 것은 우리가 그보다 훨씬 조급하다는 말도 되겠다. 쇠방망이를 숫돌에 갈아 바늘을 만든다든지, 한 수레의 흙을 버리는 데에 한 해가 걸리는 데도 두 개의 큰 산 흙을 퍼서 바다로 옮기는 이야기(愚公移山)는 우리에게 잘 알려진 이야기다.

"침묵의 화분"은 이 같이 기다림의 가치를 말해주고 있다. 이른 봄 꺾꽂이 한 나무가 싹이 나오지 않아도 여름, 가을, 겨울까지 기다려주는 미덕이 이 글에 있다. 겨울이 되자 추위로부터 피신시키며 점검해 보니, 너무 물을 줘서 썩은 부분이 있어 이를 잘라내고 다시 심어 다음 해 봄에 새싹을 틔우는 이야기다. 역시 작가 최명희의 시선은 기다려서 성취하는 인종의 아름다움을 찾고 있다.

  이것 봐. 잎이 났다.
  눈 녹는 소리 처마 끝에서 투명하게 떨어지는데, 친구는 화분을 들어 올렸다. 그 침묵의 화분 한 가운데는 어린 아기 이빨같이 푸른 이파리의 눈이 이제 막 돋아나고 있는 것이 아닌가.
  정말로 어여쁘구나.
  그 어둡고 캄캄한 침묵의 껍질 속에 저토록 연하고 신선한 목숨이 새파랗게 숨어 있었다니. 아아, 이것이 아무도 모르게 홀로 살아 있었다니. 부끄러워라. 조급함 때문에 하마터면 너를 포기할 뻔하였다.
  나는 화분을 오래오래 들여다보았다. 그 화분을 내려놓는 친구의 두 손에 다스운 기운이 돌았다. 봄기운이었다.
                - 〈침묵의 화분〉에서

이상에서 살펴보았듯이 최명희의 수필에서는 기다림 끝에 얻어지는 인종의 결과에 커다란 의미를 부여하고 있다. 이는 느긋하게 세상살이를 하라는 뜻이 담겨 있다고 볼 수 있다. 이러한 것에 가치를 둔 것은 소설 〈혼불〉의 여주인공에 애정을 가지고 소설을 써낸 작가에게서는 당연한 일이라 여겨진다. 그 긴 소설을 엮어낸 일 역시 이러한 작가의 정신이 있었기에 가능한 것이 아니었을까. 한마디로 작가적 연륜에서 나온 글이라고 여겨진다.

4. 일기체 수필의 가능성

최명희 수필의 한 특징으로 일기체 수필을 지적하지 않을 수 없다. 그의 일기장을 펼쳐놓고 수필이라는 레테르를 붙여주는 것이 아니라, 작가 스스로 독립된 한편의 글로 정리하여 신문에 게재했기에 이는 순수한 수필의 영역에 포함하여야 한다고 본다.

그러나 일기문과 일기체 수필과는 엄연히 다르다. 흔히들 일기를 그냥 수필의 범주에 포함시키려는 소망을 갖는 사람도 있기는 한데 이는 엄격히 구분해야 한다. 일기체의 형식을 빌어서 수필을 쓸 수 있기에 이런 욕심까지 나오기는 하나, 분명 일기는 일기에서 멈추어야 한다. 일기는 그날 있었던 일 중에서 쓰는 이가 기록으로 남기고 싶은 것을 골라 적으면 되기에 어떠한 통일성을 요구하지 않는다. 하지만 일기체 수필은 다르다. 비록 일기의 형식을 빌려 왔어도 주제와 관계없는 것은 전혀 들어갈 수가 없다.

수필은 첫 문장 첫 단어부터 주제를 향해서 달려가야 한다. 가다가 좀 피곤하다 해도 쉬어갈 수 없는 것이 수필이다. 그만큼 길이도 짧고 치밀한 구성을 요구하는 글이 수필이다. 일기문이 수필에 포함되려면 선별이 선행되어야 하는 이유가 여기에 있다.

최명희의 수필 중에 일기체의 형식을 빌려 쓴 것들은 철저하게 이를 준수하고 있다. 작가가 쓰려고 하는 주제와 관련이 없는 것들이 끼어들 여유를 전혀 주지 않고 있다. 하나의 제목을 제시하고 끌어다 놓은 일기들은 철저하게 통일성을 가지고 앞뒤가 상응한다. 진정한 일기체 수필의 한 모델을 보여주고 있다고 말할 수 있다.

〈꽃잎처럼 흘러간 나의 노래들〉은 부제가 '나의 중3 시절'이라고 붙어 있어서 이런 규제에서 자유롭다. 아예 저자가 지나간 추억담을 하겠다고 선언하고 나섰으니 접어 두더라도 그 외의 것들은 주제의식이 투철하다.

〈계절季節과 먼지들〉은 작가 최명희가 실존의 문제에 빠져들기 시작하는 첫 작품이 아닐까 한다. 여러 편의 같은 범주의 작품 중에서 가장 그 밀도가 엷은 작품이다. 그렇지만 앞으로 전개될 고민거리가 무엇일지를 예고해 주는 글이다. '사슬', '자아', '밤', '말', '인간', '소리', '우울', '울음', '어둠', '벽' 등 앞으로 그의 고뇌의 한복판에 자리하게 될 어휘들이 거침없이 쏟아져 나오기 시작한다.

> 밤이 깊다. 밤에는 쉬고 싶은 게 아니라 오히려 하고 싶은 일, 해야 할 일이 더 많다.
> 끊임없는 울음으로 사슬을 메고 가는 것 같은 환각幻覺에 가슴이 저려 온다.
> 밤은, 밤은 그냥 좋은 것이었다.
> 삐쩍 마른 자아自我를 끌고 밤까지 오면 나는 얼마나 피로한 우울에 빠져들었는가, 그냥 늪에 잠겨 버리고픈 그런.
> － 〈계절季節과 먼지들〉에서

"먼지와 햇빛과'는 작가가 실존의 문제에 깊이 들어가면서 생과 우주와 자아에 심취되어 있는 시기의 기록이다. 당시 작가가 어떤 고민에

빠져 있었는지를 보여주는 대목을 뽑아보면,

* 의식이라는 것이 전혀 없었을 때에만 자유로웠을 것이다.
어린아이였을 때, 타인과의 관계에서 서로 한계를 느끼지 못하고, 완전히 자기로만 가득 찼던 세계, 혹은 어떤 상황의 한 부분으로 서 있을 때, 나는 항시 자유를 그리워했다.

* 내 의식과 사고와 욕망까지도 그것은 내 것이 아니라 이미 오래전에 내게 들어와 박혀 있던 타인의 것, 어느 사이인지 모르게 내 것처럼 화해버린 바깥의 것이다.

결국 〈나〉는 없는 것일까?

너무 많은 사슬과 고리 그리고 두껍고 엷은 온갖 벽壁, 티끌과도 같은 타他가 엉겨 〈나〉를 이루고 있다.

* 낙엽은 죽는 것이 아니라 새로워지는 것, 그 뿐 아니라 우리가 흔히 죽음이라 부르는 것도, 그것이 사라져 흔적 없이 끝나버리는 것이 아니고, 오히려 보다 새로운 어떤 형태, 상황, 혹은 세계로 서서히 바뀌는 것이겠지.

* 본성本性 위에 씌워진 태態는 변화하는 것, 바뀌는 것, 만상萬相은 있으면서도 없는 것, 없으면서도 있는 것임을 안다.

나는 지금껏 태態속에 가리어진 본성, 내 속 깊은 곳에서 어둠에 밀폐된 나의 본질을 알고자 해왔고 또한 앞으로도 꾸준히 걸어갈 것이다.

* 사람의 눈에 보인다고 만물이 있는 것이며 눈에 보이지 않는다고 없는 것이겠는가.

만물은 태초부터 있는 것.

혹은 있는 그 모든 것은 또한 없다.

있고 없는 것은 변함이 없는데 다만 보는 내가, 느끼는 내가, 내 눈이 내 의식이 그 있고 없음을 스스로 결정짓는 것뿐이다.

* 해에 가리어진 별의 하늘을, 또 어둡게 가리어진 해의 하늘을, 본시는 그대로 있는 그 모든 것을 우리는 자기의 오감五感에 의해 있다 없다고 한다.

* 나는 너무 오랫동안 어둠 속을 걷고 있었다.

걷고 있었다기보다는 거의 미친 것처럼 헤매고 다녔다는 것이 맞겠다. 왜 이 어둠은 날이 갈수록 점점 더 깊은 늪으로 잠겨들어 가는지 모르겠다.

도대체 나는 어떤 빛을 원하고 있으며 그 빛은 어디만큼 있는 것인지. 나는 그 빛을 〈자유〉라고 부른다.

* 나는 항상 속박을 느낀다.

밖으로부터 묶여지는 속박이 아니라 바로 나 자신의 사슬이 무겁고 견고하게 나를 묶고 있는 것을 알 때 꼭 금방 숨이 막힐 것만 같다.

어떻게 하면 〈나〉로부터 벗어날 수 있을까. 이 의식의 껍질을 —.

온 세계는 나의 껍질로 둔중하게 덮여 있고, 나는 끊임없이 자신 속을 떠돌면서 자기를 향한 시도를 계속할 것이다.

— 이상 〈먼지와 햇빛과〉에서

이상에서 살펴보았듯이 작가 최명희를 대학시절에 놓아주지 않았던 번민은 역시 실존의 문제였고, 생生과 우주宇宙와 자아自我의 문제였다. 그의 글에서 보면 작가는 언제나 '빛'을 갈망하면서 살았다. 그 '빛'은 바로 '자유'였다. 그러나 언제나 그의 주위에는 '어둠', '벽', '사슬', '속박' 등이 득실거리며 그를 놓아주지 않았다.

이 같은 번민은 더욱 심화되어 최명희는 〈내 나이, 나의 키〉라는 제목으로 네 편의 글을 전북대학신문에 게재하게 된다. 첫 번째 글에서는 자신의 정체성을 찾아 나서는 글이다. 밤이 진한 유액처럼 자신을 에워싸고 찰랑이면 스멀스멀 일어서는 '자기 자신에 도달해야 한다.'는 압박이 그에게 편안한 안식을 허용하지 않았다. 오로지 지고至高하고 지순至純한 세계만을 목 아프게 원했던 그때, 오만이, 참으로 드높이 눈을 돌리고 가슴으로 흥건히 눈물 고이던 때, 자신은 얼마나 순純한 아이이고 싶었는가를 뒤돌아보고, 이기利己와 무료와 공간空間과 번뇌를 배워가고, 그것들은 모르는 사이 두껍고 썰렁한 벽을 이루었음을 깨닫게 된다. 그 벽 앞에 서서 죽은 것처럼 끈질긴 집념으로 구멍을 헐어가야 한다는 그의 절규는 당시의 작가의 처지를 잘 나타내 주고 있다.

두 번째 글에서는 자신이 혼자일 뿐인 외로운 존재임을 자각한다. 그러면서 스스로 삶을 개척해 가야 하는 존재임도 알아차린다. 자신의 식탁도 자신이 차려야 하고, 지금은 비록 서툴다 해도 앞으로 점점 요리솜씨도 늘어 훌륭한 요리사가 될 것이라는 기대도 한다. 그러면서도 죽음이 자신의 앞에 찾아오면 자신의 생명이 가득한 그릇을 내놓아 그를 빈손으로 돌아가게 하지는 않겠다며 담담히 받아들일 자세를 갖는다. 하지만 인간은 자신의 삶에 최선을 다하여야 함을 잊지 않는다.

    제발 내게 가르쳐주오.
    빛이 향기처럼 넘치는 세계, 자유가 있는 곳, 아니 자유, 그것을.
    이 지겨운 감각, 벽, 껍질이 꺼지는 그 모든 것을 가르쳐 주오.
    내가 가진 모든 것은 못나고 남루하여 아무에게도 보일 수가 없다. 행여 누구에게 들켜질까봐 두렵고 부끄러운 마음으로 혼자 벽 뒤에 숨어산다.
    그러나 나는 항상 그릇을 곱게 닦아놓고 기다리는 것을 잊지는 않는다.
    어느 날인가 그 그릇에, 빛나는 많은 보옥寶玉을 발견하고 놀라 희열에 넘치는 때가 올 것을 믿는다.

그것은 그냥 오는 것이 아니라, 내 영혼이 토하는 피를 주고 바꾸는 것이다.
끊임없이 돌을 쪼는 석수처럼, 빈 날 없이 자기를 쪼며 다스리며 내 속에서 한 강물이 흐르는 것을 기다리며 살고 있다.
— 〈내 나이, 나의 키②〉에서

세 번째 글에서는 인간은 조금은 곤하고 많이 슬프고 또한 오랜 날을 혼자서 견디며 가야 하는 아픔을 참아내야 하는 존재임을 말하고 있다. 그런데 그 고통은 대개의 경우 자신이 스스로 결박하여 이루어지는 것으로 보고 있다. 그만큼 최명희는 죽음과도 같은 무관심으로 자신을 다스리며 끊임없이 삶의 계단을 오르내린 작가였다.

아 그러나 내가 닿고자 하는 곳, 그 빛나는 곳은 도대체 어디에 있는가.
그것은 자유自由, 내 영혼이 사슬을 끊는 시간이기도 한 것을.
굴욕적이고 비극에 덮인 사슬은 나를 묶고, 나는 내가 늘인 사슬에 매인 한 가여운 노예인 것이다.
이 사슬은 무겁고 견고한 것.
내 스스로 결박한 것.
내 온몸의 진하고 진한 피가 사슬에 엉겨 붙어 끈적이는 데도 그것은 끊어지지 않고, 나는 절그럭거리며 어두운 계단의 이쪽과 저쪽을 미친 듯이 오르내리고 있다.
— 〈내 나이, 나의 키 ③〉에서

마지막 네 번째 글에서는, 언제나 서투르게 자기를 방어하면서 벽을 쌓고 성안에서 사는 자신과 열린 성을 가지고 사는 존재와의 화합의 시도에서 만족하지 못하고, 결국 인간은 순수한 동물의 상태에서 벗어나기 시작하면서 제가 만든 사슬에 노예가 됨을 터득한다.

> 누군가에게 이해를 바라거나 또한 누구를 이해하려는 생각은 얼마나 부질없고 슬픈 일인가.
> 사람은 혼자서 스스로를 다스리고 앓고 살아가는 것임을 내 모르고 있지 않았던 것을.
> 그러니 결국 누구를 탓함 없이 모든 것을 긍정하며 살아야 한다. ……〈중략〉…… 내가 다른 동물의 내면적인 세계에 들어가 본 일이 없기 때문에 쉽사리 단정 짓는 어리석음을 범하고 싶지 않으나 아마 그들의 세계에서는 자기 스스로 자기의 노예가 되어, 그 사슬로 인한 죄 없는 질고와 형극을 받지는 않을 것이다.
> 결국 순수한 동물의 상태에서 벗어나기 시작하면서부터 인간은 자기 사슬의 성실한 노예가 되어버리고 그 쓸쓸하며 가혹한 고리 속에 갇힌 채 쇠고리를 묻는 것이다.
> 누가 나를 이렇게 고단한 죄인으로 만들었는가.
> ― 〈내 나이, 나의 키④〉에서

자신의 정체성을 찾아가는 긴 여정에서 그는 결국 외로운 존재였음을 인정한다. 이는 작가의 진정한 고백이며, 이를 '일기체 수필'이라는 수필형식이 수용하고 있다. 그러면 작가 최명희는 유별나게 일기체 형식의 수필을 쓴 이유는 무엇일까. 이것은 어디까지나 추측에 머무는 생각이지만, 이렇듯 깊은 실존의 사유를 단순한 수필의 형식으로 처리하였을 때는 철학서적에 불과할 위험성이 있다고 판단한 것이 아닐까 한다. 그나마 자신의 솔직한 고백이라는 일기의 형식을 동원함으로써 독자들의 외면을 막을 수 있지 않았을까. 기술의 방법에서도 자신의 내면을 보이기에는 어쩌면 일기 형식이 가장 수월했을지도 모른다. 분명한 것은 며칠간의 일기를 떼어서 조합하여 수필로 만든 것은 결코 아니라는 것이다. 처음부터 의도된 수필작법이었음이 확연히 드러난다.

  이 같이 최명희는 한편의 수필을 씀에 있어서 글의 내용과 주제에 따라 그것에 맞는 합당한 형식을 찾아 나선 작가라고 말할 수 있다. 또 수필문학의 특성을 감안해 볼 때에, 작가 최명희 연구에 소설 〈혼불〉에 의존했던 과거의 연구에서 한 걸음 더 나아가 수필을 통한 연구가 곁들여진다면 좋은 결과를 얻을 수 있지 않을까 한다.

5. 나가면서

  그동안 최명희의 소설의 세계에 대해서는 많은 연구가 되어 왔으나, 이렇게 수필을 조명해 보기는 이번이 처음인 것 같다. 수필의 장르적 특성을 감안하여 본다면 한 소설가의 수필을 조명하는 것은 그 작가의 연구에도 많은 보탬이 되는 일이라고 생각한다.

  일찍이 중·고등학생 시절의 작품은 많은 작품도 아니면서 독자들에게 준 메시지는 크다. 기존 작가들의 흉내를 내거나 진부한 표현을 일삼지 않고 나름대로 꿋꿋하게 자신의 세계를 구축해 간다. 그에게 있어서 세상보기는 어려서부터 '낯설게 보기'였고, 낯섦에서 진정성을 찾아가고 있음이 확연하게 드러난다.

  최명희 수필세계의 진수는 "오늘보다 다른 내일을"에 수록된 것에서 찾아야 할 것이다. 성숙된 주제의식과 일관된 세계가 잘 노정되어 있다. 공교롭게도 그 글들은 〈혼불〉을 집필할 때에 쓴 것이라서 일맥상통함을 알 수 있다. 참고 인내하는 데에 작가의 시선이 머물고 있다. 쉽게 이루는 것보다는 많은 고통을 참아내며 외로움과 역경을 넘어 성취하는 것이 진정한 아름다움임을 강조하는 글의 묶음이다.

대학시절을 전후한 시기는 작가의 정체성 확립에 많은 시간을 할애한 흔적이 드러나는 시기인 것 같다. 밤으로 찾아드는 실존의 문제에 허덕이면서 그는 자신의 고민을 일기체 수필로 풀어냈다. 일반적인 수필의 형식보다는 일기체를 선호한 것은 나름의 내적 고민을 풀어내는 데에는 이것이 적합한 형식이 아니었나 싶기도 하다. 단순한 일기 며칠 분을 가져다 놓고 바라본 것이 아니고 작가 자신이 조합하여 수필로 엮은 것이기에 완전한 수필로 성공하고 있음을 보여준다. 다만 이 시기의 글들은 여대생의 감수성과 사유의 깊이로 하여 독자들에 따라서는 다르게 받아들일 수도 있겠다는 생각을 해 본다. 그러나 한국수필에서 일기체를 활용하여 성공한 예가 그리 많지 않기에 이 작품들이 기여할 바는 크다고 여겨진다. 수필의 영역을 보다 넓게 확대해 준 예라 하겠다.

단명한 소설가가 이만큼 수필을 남기고 갔다는 것도 다행한 일이다. 세상에 풀어낼 이야기가 많았을 텐데, 아쉬움이 남는다. 마지막으로 소설가 고 최명희 선생의 편안한 휴식을 빌며 앞으로 보다 나은 학자들이 더 나와서 그의 작품을 조명해 주기를 기대해 본다.

삶의 그림자 찾기와 그 기법
- 이연희의 수필세계

　이연희의 수필은 여자의 감성에서 시작한다. 그러나 그 감성은 남자보다도 더 절제를 요구한다. 어찌 보면 이해하기 어려울 정도의 어색한 구조를 가지고 있다. 말을 부려 쓰는 패턴이 아주 능숙하면서도 흥분하지 않는다. 아무리 커다란 충격이라 해도 작가 이연희에게 잡히면 그냥 평범한 것으로 먹히고 만다.
　그가 대상을 바라보는 관점은 특이하다. 세세한 부분을 바라보는 시각에는 여성의 예민한 감수가 내재해 있으면서도 사건을 바라보는 눈은 그렇게 밋밋할 수가 없다. 좋지 않게 표현하면 아무리 큰 사건이라도 작가 이연희에게 잡히면 별거 아닌 것이 되고 만다고 할 수 있다. 흥분이 없고 감정이 없는 냉혈에 잡힌 포로 같다. 그래서 그런지 그의 수필 속에는 커다란 사건이 거의 없다. 일상인의 눈에는 흘리기 쉬운 것들이 그의 미늘에는 언제나 걸려든다. 그리고 그것을 한입에 먹어치우는 것이 아니라, 입 안에 물고 삭혀나간다. 작가 이연희는 입 안에 글감을 물고 그것이 가지고 있는 의미를 곱씹어 보며 사색하여 풀어낸다. 어찌 보면 담론에 가까운 점을 내포하고 있다.

이연희 수필의 내용은 생활 주변의 이야기다. 하지만 주변에서 일어난 소소한 것도 제목에 가까운 언급에서 멈추고 있다. 생활 주변의 이야기라 해도 자초지종은 이렇고 저렇고가 아니고, 사건의 제목만 제시하고 그곳에서 출발한다. 삶의 의미를 먼 곳에서 사냥하는 것이 아니라 아주 가까운 곳에서 후벼내고, 특별한 것이 아니라 아주 작고 평범한 것에서 출발하고 있다. 그래서 혹자에게서는 의미의 심층을 파고들지 못하고 주위만 맴돈다는 불평을 들을 가능성도 있다. 정곡을 찌르는 정공법이 아니라 변죽만 울린다는 타박을 들을 공산이 크다. 그러나 과연 이연희의 수필작법은 그런 것일까.

그의 수필 문법은 수사에 뿌리를 둔다. 욕심이 없는 냉정한 면에서 의외의 수사적 문법을 만나게 된다. 아름다운 문장을 만들기 위한 노력은 어제 오늘의 결과가 아니고, 긴 시간의 독서에서 비롯하고, 메모에서 근거하는 듯이 보인다. 그것이 더러는 흠집으로 나타나기도 한다. 지나친 수사와 이중적 수식은 수필에서 피하는 요소이다. 문장이란 짧으면 짧을수록 그 함유하는 의미가 크기에 이 같은 요구가 가능하다. 그것을 아는 작가 이연희는 왜 그런 수필 문법을 들고 나왔을까.

1. 이연희의 수필작법

이연희는 전북 무주에서 태어나 ≪전주일보≫ 신춘문예(1993)와 ≪수필과비평≫ 신인상(1995)을 거쳐서 문단에 나왔다. 그동안 ≪인도人道

가는 길≫(2000)과 ≪풀꽃들과 만나다≫(2006) 등 두 권의 수필집을 낸 작가다. 그의 저서 ≪풀꽃들과 만나다≫에는 〈끝없는 여정 속으로〉라는 글이 나온다. 이 글은 작가 이연희가 살아오면서 관심을 가지고 고민하면서 글쓰기를 해 온 여정이 잘 드러나 있다.

> 특별히 문학수업이라고 이름짓지 못한 내게 가장 큰 재산은 꿈에도 잊지 못할 고향이다. 그물처럼 엉켜 있는 자잘한 추억과 그들을 향한 그리움이다. 외로움과 쓸쓸함, 홀로 지니고 감당해야 할 고독 그리고 기다림이다. ……〈중략〉……
> 진정으로 두려운 것은 작고 사소한 일에 감동할 수 있는 감성과 작은 풀포기에도 멈추어 서던 발걸음이 무뎌질까 하는 일이다. 살아가는 것들과 맺힌 것이 없도록 화해하는 일이며 자꾸만 흐려져 가는 낯빛을 밝게 채색하는 일이다. 배움에 어디 끝이 있던가. 죽는 날까지 겸손하게 배우려고 애쓰면서 사는 일, 살면서 파생되는 작고 큰 일들이 인생 공부이자 문학수업이 아니고 무엇이랴. 삶의 특별한 의미가 별로 멀리 있지 않듯 나의 문학에로의 길도 그러하리라 믿는다.
> 아주 소소한 것들로부터 삶을 배우고 익혀 가듯이 만나고 헤어지는 숱한 사람들과 풀 한 포기, 미세한 바람까지도 내게는 기쁨이고 희망이다. 언제 끊어질지 모르는 목숨 줄일지라도 살아 있는 그날까지 그들을 사랑하고 품에 안고 가야만 하는 것이 숙명처럼 여겨진다.
> ― 〈끝없는 여정 속으로〉에서

위의 글은 이연희의 작품세계에 대한 답을 말해준 부분이다. 이연희는 고향 무주와 아주 작은 것, 소소한 것에 대한 애정이 남다르다. 자신을 있게 한 고향에 대한 애정은 그의 작품 여기저기에 나타난다. 그리고 작은 풀꽃 같은 것에 대한 애정은 이 작가의 특징이라고까지 말할 수 있을 정도로 세심하다. 작은 것에 대한 애정은 비단 들풀에 국한하지 않는다. 사람을 얘기해도 작은 존재, 남들에게 치이거나 뭔가 장애가 있어 자의로 자신의 힘을 쓰지 못하는 존재, 이런 미약한 사람에게 사랑의 시선이 머문다. 그러기에 남들이 다 흘리기 쉬운 것들, 가을 들판에 흘러버린 이삭 같은 존재에 더 관심의 눈이 가 있다. 이러한 시선은 물건을 사도 본래의 물품보다는 '덤'으로 얻는 것에 더 의미를 주게 된다.

그리고 힘이 있는 것의 우쭐함보다는 미약해도 서로 이해하고 화합하는 마음에 가치를 두고 있다. 어쩌면 말수가 적은 작가의 일상처럼 어깨 뼈기고 나서는 것보다는 숨어서 자신의 성숙을 꾀하는 작가의 삶이 그대로 투영되는 작품이라고 말할 수도 있다. 이것은 그녀의 스승인 소설가 최명희의 영향이 아닐까 하는 추측을 어설프게 해본다. '끝없는 여정 속으로'에서 보면 이연희에게 진정한 문학수업은 고등학교 1학년 때에 최명희 선생을 만나 국어시간에 공부한 것이 모두라고 숨김없이 털어놓고 있다. 그 외에는 문학 수업다운 수업을 받지 않았다고 기술하고 있다.

이연희의 작품세계에서 작은 것에 연민의 정을 두는 것은 어쩌면 최명희가 평생 가슴에 안고 토로하고 싶었던 것은 '어둠이 결코 빛보다 어둡지 않다.'였던 것과 무관하지 않다는 생각이 든다. 이렇듯 이연희의 시선은 사물에 대한 애정이 그늘에 덮인 작은 것, 소소한 것에 머물렀던 것이다.

강렬한 힘이 있어 우쭐대는 것보다는 적은 힘이라도 서로 이해하고 보태고 화합하는 데에 더 의미를 두었다. 오히려 힘이 있어 남에게 부담을 주는 것에 대해서는 상당한 거리감을 느끼며 살았다. 그래서 진정으로 두려워한 것은 작고 사소한 일에 감동할 수 있는 감성과 작은 풀포기에도 멈추어 서던 발걸음이 무뎌질까 하는 염려였다. 살아가는 것들과 맺힌 것이 없도록 화해하는 일이며 자꾸만 흐려져 가는 낯빛을 밝게 채색하는 일에 마음을 놓지 않고 작가는 살았다.

 이러한 세계의 표출을 위해서는 어떤 수필작법이 가장 합리적이었을까. 작가는 글의 내용에서 요구하는 가장 합리적인 수필작법을 구하고 있다. 그것이 바로 자신의 내면을 담담히 풀어가는 기술방법이다. 충격요법을 취하지 않고, 있는 듯이 없는 듯이 내면의 의식세계를 조용히 풀어간다. 그러다 보니, 아무리 요란한 사건이라 해도 작가 이연희에게 잡히기만 하면 맥을 못 쓰고 흐물흐물한 존재로 바뀌는 것이다.

 이것은 작가 이연희가 여간하여서는 자신의 감정을 내세우지 않고 객관적인 입장을 고수한다는 말이 되는 것이다. 수필이 다분히 자신의 체험을 토대로 한 고백의 문학이라는 점을 고려해볼 때 자신의 감정에 포로가 되지 않고 기술하고자 하는 바만 적는다는 것은 쉬운 일이 아니다. 이것은 작가만의 의지에서 나온 작법이라 할 수 있다.

 수필은 글감에 맞는 분위기와 통일된 구성이 있어야 한다. 그러한 터전에 문장의 씨앗을 놓아야 좋은 결실을 맺는다. 수필 문장은 간결해야 하고, 지나친 수식을 배제해야 하며, 미문을 쓰려는 욕심을 버려야 온전한 글이 된다. 이러한 것들을 유념한다면 더욱 독자들의 눈빛에 활기가 돋고, 친근감이 생길 것이라 믿는다.

2. 이연희의 수필세계 — 삶의 그림자 찾기

같은 날 같은 시각에 내린 비를 보고도 누구는 가을비라 하고, 또 어떤 이는 겨울비라고 하는 것은 바라보는 시각의 차이에서 오는 것이다. 같은 글감이라도 바라보는 시각에 따라 그 해석이 다르기에 작가는 존재한다. 그 바라본 결과가 남다른 참신함이 있으면 더 바랄 바가 없다. 세월을 보내고 맞이함에도 어떤 시선 어떤 생각이냐에 따라서 결과는 확연히 다른 것이다.

여기서 작가의 정체성이 나타난다. 정체성(identity)이란 어떠한 대상이 그의 고유한 본성을 일관되고, 동일하게, 연속적으로, 반복해서 보여주는 것을 의미한다. 그러므로 수필의 정체성이라 하면 수필 작품 속에 일관되게 내재해 있는 장르적 본질과 고유성을 일컫는다. 수필을 수필답게 만들어주는 객관적이고 보편적인 속성으로, 수필문학의 독자성과 자율성을 견지해 온 장르의 고유한 뿌리와 원형을 지속적으로 보존해 주는 것이 바로 수필의 정체성이다. 이리하여 여타의 장르와 차별화되는 것이다. 한 작가에 있어서도 이와 같이 차별화된 나름의 정체성이 드러나는 것은 당연한 이치다. 한 작가의 작품에 나타나는 본질과 고유성은 그 작가에게 존재 의미를 부여한다.

수필가는 그 어느 장르의 작가보다도 자신의 고향을 잊지 않는다. 자신이 어려서 뛰어놀던 고향의 산천과 들판은 수필의 구석 어디에든 숨어 있기 마련이다. 누구나 다 고향은 간직하고 있어도 수필가만큼 그것이 겉으로 드러나는 경우는 드물다. 왜냐하면 수필이 고백의 문학이라는 범주 때문이다. 자신의 지나온 삶이 글감이 되고, 삶의 환경이 의미를 들고 일어서기에 수필가의 고향은 그만큼 중요하다.

이연희에게서 고향, 무주는 상당한 의미를 가지고 나타난다. 여기서 얘기하는 '고향'이란 산천에 국한하는 말이 아니라 고향에서의 추억 또한 같은 기능을 발휘한다.

> 어머니는 된장 속에 묻어 두었던 콩잎을 밥 위에 얹어 쪄내고, 싱싱한 푸성귀를 버무려 따끈한 점심상을 차려주신다. 입맛이 없거나 심신이 지쳐 있을 때에도 어머니가 지어주신 밥 한 그릇이면 거짓말처럼 기운이 솟던 나에게 엄마 손은 신비한 약손이었다. 한때는 곱디곱던 그 손이 지금은 울퉁불퉁 제멋대로 핏줄이 솟아올라 삶의 연륜과 고단했던 세월의 더께를 말해주는 것 같아 짠하다. ……〈중략〉…… 한바퀴 둘러보고 전주로 향하려는데 마침 오늘이 닷새만에 서는 장날이다. 장터를 가득 메운 시골 풍경에 솔깃해서 시장 여기저기를 기웃거렸다. 깜짝 놀란 일은, 십여 년 전에도 그랬듯이 그 자리에 그대로 앉아 떡을 파는 아주머니며 생선장수 아줌마의 그림 같은 풍경이었다. 장날마다 동료들과 함께 했던 국숫집하며 길씨네 순대국 밥집도 여전히 손님들로 북적댔다. 막걸리 사발만큼이나 투박해 보이는 아저씨들이 텁텁한 웃음을 날리고 있는 술자리에서는 금방이라도 젓가락 장단에 육자배기 가락이 흘러나올 것만 같았다.
>
> – 〈내 마음의 팡세〉에서

눈에 잡히듯 시골집 모습과 장터의 풍경이 그려져 있다. 영원히 잊을 수 없는 어머니의 사랑과 그에 얽힌 추억은 몇 날을 풀어내도 미흡하다. 지금 당장 눈앞에서 일어나는 일처럼 선명히 그릴 수 있는 것은 어머니의 사랑이 따뜻하고 영원하기에 가능하다. 또 시골장터의 풍경은 언제 보아도 정겹다. 하물며 그곳에서 살아본 사람이라면 그 의미는 사뭇 깊어진다. 눈에 잡히는 어느 분이든 남같이 보이지 않고 정겹게 다가온다. 이러한 고향의 추억이 작가 이연희에게서는 깊이 내재해서 나타나고 있다. 고향 무주를 무던히 사랑한 작가이다.

늘 고향의 산천과 들판이 마음에 안주해 있는 작가는 자연 속에서 글감을 취하는 일에 능숙하다. 그러나 그것도 작가의 면면에 따라 차별화될 수 있다. 작가 이연희에게 있어서 자연은 크고 위대한 힘을 가지고 있는 것이 아니라, 오로지 내가 사랑을 베풀어야 할 아주 자잘하고 소소한 것에 국한한다. 지나칠 정도로 소소한 것에 애정을 갖다 보니 이름조차 모르는 작은 들풀에 사랑을 쏟고, 측은지심이 발동하여 그 앞에서 걸음을 멈추게 된다. 세찬 바람에 꽃잎이 찢어지고 꽃대가 부러지는 아픔을 그냥 넘기지 못한다.

그러나 작가 이연희는 피고 지는 들풀을 위해 자신이 사랑을 베푼다고 생각하지 않는다. 그것들에게서 자신의 나른한 삶이 위로받고, 평정을 잃고 방황을 할 때도 그들 앞에서 고해하듯 가슴을 비운다. 가슴을 비우러 찾아간 작가이기에 그들에게서 위안과 용기를 얻게 되는 것이다.

그러나 사실은 그러한 염려보다 더 많게는 외려 그들에게서 위로를 받는 수가 많다. 평정을 잃고 방황할 때 나는 꽃에게로 간다. 그리고 고해하듯 가슴속을 비운다. 입단속을 시키지 않아도 좋은 그들은 "괜찮아. 아무 문제없어, 기운 내!" 하면서 숭숭 구멍 뚫린 속을 감싸준다. 내 엄지손톱보다 작은 풀꽃 한 송이가 사람의 말보다 더 큰 위안과 용기를 갖게 해준다.

— 〈꽃아, 너에게〉에서

흐린 것을 버리면 맑음이 절로 나타나듯, 마음의 눈이 맑아진다면 멀리에서 오는 향기가 맑은 줄 왜 모르랴. 사람과의 대화에는 한계를 느끼지만, 언어를 모르는 자연 속 그들과의 소통이 더 자유로울 수 있음은 행복한 일이다.

— 〈스스로 깊어지는 그 맑음〉에서

 이처럼 자잘한 풀꽃에게서 용기를 얻고, 삶의 이치까지 터득하는 작가는 눈물처럼 지는 꽃잎을 바라보면서 눈물겹게 신뢰가 가는 자연의 섭리를 알아차린다. 매사는 사람의 마음에 따라 변질된다는 지극히 당연한 이치가 그에겐 새롭게 와 닿고, 언어가 없는 자연과 소통하기가 사람보다 더 수월함을 느낄 때 작가는 행복해 한다.
 이러한 작은 것에의 애정이 어이 풀꽃에만 한하랴. 사람의 삶에서도 힘이 있어 어깨를 들먹이는 자보다는 육신의 질고로 고통을 받고 있는 환자. 그중에도 제 몸 간수조차 어려운 어린아이나 노인들에 대해 항시 애정의 눈빛이 머문다. 뿐만 아니라 전철 안에서 장애우의 어려움을 바라보면서 자신의 건강함에 감사하고 행복을 감지한다. 정신지체인 환자가 부모의 걱정도 모르고 제 혼자 만족한 삶을 꾸리는 모습, 불구의 몸에 옆구리까지 올라오는 장화를 신고 구걸에 나선 모습, 육신은 멀쩡한데 언어 장애로 필답으로 길을 묻는 모습 등을 접하면서 작가는 그들에게 애정을 갖는다.

 육신의 질고로 고통 받는 수많은 사람들, 특히 어리거나 젊은 환자를 만날 때가 가장 곤혹스러웠다. 저들은 아직은 밝고 씩씩하게 또래들과 어울려 즐거워야 할 텐데.
 오늘도 예외는 아니었다. 머리카락 한 올 남김 없는 민둥머리 소년의 혈색 없는 얼굴과 아내의 부축을 받으며 힘겹게 걸음을 옮기고 있는 사십대 아저씨, 숨쉬기조차 힘들어하는 고령의 할아버지. 이렇듯 고단한 생명줄을 이어나가는 사람들로 인해 가슴이 아려왔다.

- 〈짧은 하루 긴 생각〉에서

또 돈 많은 자의 허세에 찬 봉사보다는 작은 힘이나마 긁어내어 남을 위해 봉사하는 자들의 삶에 더 많은 가치를 두고 있다. 작은 것에 대한 가치는 물질에 국한하는 것이 아니고, 영혼까지도 조금씩 나누는 것에 관심의 눈이 더 간다. 그러한 것들은 제과점에서 받은 빵의 덤과 같이 사람들의 마음을 흐뭇하게 하기에 족하다. 본래 구매한 물품보다 덤으로 받은 것이 사람의 마음을 더 부여잡듯 작은 '덤'이 사람의 마음을 더 움켜잡는다.

어찌 그뿐이랴. 홀로 사는 노인과 어려운 처지의 청소년들을 위해 앞치마 질끈 동여맨 가정부부들과 자원봉사자들을 비롯한, 세상의 많은 사람들이 알게 모르게 훈훈한 마음과 사랑의 메시지를 전하며 살고 있다. 제과점 여주인이 덤으로 얹어주는 한두 개의 빵과 미소가 고객들에겐 즐거움이다. 이렇듯 주어진 현실에서 물질만이 아닌 영혼을 나누고 다독여주는 일들이, 사람과의 관계에서도 불길처럼 번져나간다면 좋겠다.

- 〈덤의 미학〉에서

작가 이연희는 이와 같이 덤으로 받는 것에 흐뭇한 감정을 숨기지 않는다. 늘 드나드는 단골가게에서 시들삐들한 사과를 선물 받았다. 역시 '덤'으로 받은 즐거움이다. 더러는 썩은 부분이 있으면 도려내고, 성한 것은 얇게 삐져서 사과잼을 고아내며 가족에 대한 사랑을 덤으로 얻는

다. 뿐만 아니라 작가의 생각은 더 깊어 사회의 어두운 그늘을 떠올리며, 인간의 이기와 자기 탐닉을 개탄한다. 이렇게 사람의 정을 나누는 사과상자가 부정한 마음의 탁류에 휩싸인 것을 안쓰러워하던 작가는 썩은 사과 몇 알에 흐뭇해하고 가족애를 나눈 데에 만족하려 한다.

요즘, 세상 돌아가는 게 어수선하기만 하다. 인간이 만들어낸 선과 악의 개념이 불완전한 경우가 허다해서 동전의 양면성을 보는 것 같다. 오늘의 선이 내일의 악이 되기도 하고 또한 그것과 반대가 되기도 하는 일상사에서 추한 것과 아름다운 것에의 갈등은 끝이 없다.
색깔 곱고 말쑥한 사과라 하여 독소가 없으란 법 없고 썩고 병들었다 하여 모두가 나쁘지만은 않을 것이다. 어쩌다 사과상자가 재화의 씨가 되어 수난을 겪고 있는 요즘, 세상 모든 문제에 간단한 해답이란 없는 것 같다. 제 분복대로 자기 몫의 삶을 누리고 가면 그만일 텐데, 이기심과 자기 탐닉이 다수의 사람들에게 실망과 좌절을 안겨 준 지난봄이었다. 하지만 눈에 보이는 숫자에 얽매이는 일도, 외면수새할 일도 없는 나는, 썩은 사과 몇 개로 가족애를 느꼈으니 이만하면 오늘 하루가 남부럽지 않다.

— 〈썩은 사과〉에서

세상의 어느 여인인들 가족의 안위와 평안을 기원하지 않겠는가. 배 아파 아이를 낳아본 여인이라면 자식의 일에는 가릴 바가 없고, 못할 것이 없다. 사력을 다해도 세상사 뜻대로 되지 않는 것이 자식 키우는 일이라며 관심의 맨 앞자리에 내놓고 사는 것이 어머니의 자식사랑이다.
하물며 입시를 목전에 둔 자식을 가진 어미의 심정은 어쩌겠는가. 비엔날레 전시장에 가서도 자식의 좋은 성적을 기원하기 위해 '소한도

消寒圖'를 구입한다. 본래 소한도는 조선시대 선비들이 입동에 여든한 송이 매화가 달린 밑그림을 그려 벽에 붙여놓고, 하루에 한 송이씩 색칠하여 입춘에 만개한 매화를 완상하기 위해 그린 그림이다. 작가는 그 소한도를 구입하여 벽면에 붙여놓고 아들의 좋은 결과를 기원하며 하루에 한 송이씩 색칠해간다. 이때의 어머니는 이 세상에서 가장 정결하고 경건한 여인의 모습이다. 꽃잎 하나하나에 숨결을 가다듬어 호흡까지 맞춘다. 잡생각이 끼어들지 못하게 하고, 가장 낮은 자세로 엎드려 가장 높은 곳에 계신 절대자에게 간구한다. 이런 작가의 모습은 작가 자신의 가족애를 나타내주며, 더 나아가 한국 여인들의 헌신적인 가족 사랑을 대변한다고도 말할 수 있다.

    매화나무에 생명을 불어넣은 지 아흐레째다. 엄지손톱만 한 꽃송이를 채색하는 짧은 시간은 가장 정결하고 경건한 순간이다. 꽃잎 한 잎 한 잎에 숨결을 가다듬어 호흡을 맞춘다. 혹여 잡생각이 끼어들세라 말초신경에까지 철통수비를 명령한다. 오직 아이만을 위한 간절함으로 가장 낮게 엎드려, 가장 높은 곳에 계신 절대자에게 간구한다. 장독대에 정화수를 떠 놓고 빌던 정성과는 비할 바 아니지만, 이렇게나마 나만의 의식을 치를 수 있다는 사실이 위안을 준다.
    아이들의 가슴둘레가 점점 넓어지면서 그들을 이해하고 포용해야 할 일들이 더 많고 다양해지고 있다. 매사가 술술 풀릴 수만은 없으니 더러는 작은 가슴을 부둥켜안고 애태우던 일들이 또렷이 떠올라 콕콕 가슴을 찌른다. 주고 또 주어도 모자라고, 마구 퍼내어도 마르지 않는 샘물 같은 사랑이 어머니 마음인가. 자식을 향한 나의 마음은 늘 짠하고 안쓰럽고 애잔하다. 1% 부족한 산소결핍의 상태라면, 그 1%마저 내 모든 것으로 채워주고 싶어 안달하는 일이 모성본능이라는 것인가. 받는

쪽에서는 오히려 걸림돌처럼 귀찮고 마뜩찮을지도 모르는데 말이다. 그럼에도 불구하고 어머니의 자식사랑 공식은, 영원히 성립될 수 없으면서도 해법이 확실한 고귀함인 것이다.

− 〈'소한도'를 그리며〉에서

이렇게 사람의 삶은 각양각색이고, 그 가치를 바라보는 시각 또한 다양하다. 어떠한 삶을 꾸리든 그것은 한 사람에 있어서 최선임에는 분명하다. 이러한 삶에 작가는 어디에 시선을 두느냐가 문제인 것이다. 그것은 그의 작품세계를 알아내는 데에 긴요한 것이기 때문이다. 세상을 바라보는 시각이 내면의 깊이를 더할 때에 그 작품의 의미는 깊어지게 된다. 같이 더불어 사는 삶이든 이웃과 화해하며 사는 삶이든 그것은 다 가치 있는 것이다. 인고의 삶이든 겉으로 풀어헤치고 사는 삶이든 그것의 가치는 사람마다 다 다르다. 어느 것이 더 가치 있는 것이냐는 각자의 몫이다. 어떠한 형태의 삶이든 그 삶의 진위 여부에 따라 또는 상황 논리에 따라 지혜롭게 사는 삶의 양식이 된다.

우리는 각자 자기 몫의 삶을 꾸리며 산다. 그 삶이 가치 있는 것이길 갈망하면서 산다. 아무리 삶이 고달파도 도중에 차단기를 내릴 일은 아니다. 그러나 일탈은 가능하다. 늘 머물러 있던 곳에서의 일탈은 자신의 모습을 반추해보는 데에는 효과적이다. 자신을 떼어놓고 볼 수 있어서 객관화시킬 수가 있고, 정확히 바라볼 수 있다. 살면서 자신을 되돌아보려는 노력은 가치 있는 일이다. 온 길을 되돌아보는 것은 앞으로 건강하게 살아가기 위한 당연한 몸짓이다.

탈출하지 않으면 못 견딜 것만 같아 또다시 길 위에서 있네.

시시로 엄습하는 쓸쓸함이랄까, 외로움이랄까, 아니면 역마살이라고 해야 할지. 설거지를 하다가도, 수다를 떨다가도, 자동차 핸들을 거머쥐고 달리는 동안에도 불쑥 불쑥 치미는 고약한 병이 도져, 나는 운암호를 지니고 강진을 거슬러 장구목으로 향하는 비탈진 산길을 더듬고 있다네.

어쩌겠는가. 하늘은 높고 바람은 상냥한데 일탈을 꿈꾸지 않는다면 그게 더 슬픈 일 아니겠는가. 그냥 좋은 거고, 밥 먹지 않아도 포만감 그득한 행복을 맛본다면 그만 아닌가, 적어도 이 순간에는.

그래서 또다시 길 위에 서 있다네.

— 〈길 위에 서다〉에서

이상에서 살펴보았듯이 이연희는 세상과 부딪치면서도 자신을 잃지 않으려는 몸부림이 있다. 탁류에 휩쓸리지 않고 순수를 간직하려는 노력의 흔적이다. 이연희의 수필세계는 언제나 차분히 가라앉아 조용히 들여다보는 관조의 눈을 유지한다. 잔잔한 호수에 파문이 일 일도 없고, 작은 옹달샘에 흙탕물을 일으킬 리도 없다. 긴장을 풀고 들여다보기만 하면 된다. 그의 작품이 다분히 관념의 바탕 위에 꽃을 피우는 것도 이러한 데서 기인한다. 그래서 그의 수필세계에는 언제나 정적이 흐르고, 고요하다. 고향이 그리워도 달려가는 것이 아니고, 앉아서 추억한다. 고요 속에 침잠하여 그리워한다. 외로움과 쓸쓸함, 고독, 기다림과 같은 것들이 그의 수필 식탁에는 자주 오른다.

한마디로 이연희의 수필세계는 삶의 그림자 찾기이다. 우쭐하여 나서지 않고 항시 뒤처져서 드리워진 그늘을 즐기고, 그 속에 머무는 것들의 가치를 찾아 나선다. 그러다 보니 언제나 나약한 것에 애정을 쏟는 어머니의 손길 같은 작가의 눈을 견지한다. 작고 소소한 것에 글감이 매어 있는 것도 이러한 범주에서 비롯된 것이다.

3. 나가면서

　흔히 수필은 작가의 체험 속에서 글감을 취하여 그것을 해석해낸 결과물이라고 한다. 그래서 수필은 생득적으로 작가의 삶과 무관할 수가 없다. 어떠한 삶을 견지했느냐에 따라 글의 가치가 가름되기도 한다. 그렇다고 반드시 고급스러운 삶을 유지한 사람만이 수필을 쓸 수 있다는 말은 아니다. 적어도 그런 의식은 가지고 살아야 한다는 것이다.
　이런 면에서는 작가 이연희는 자유롭다. 다른 사람과의 만남에도 부담스러워 겁을 내고, 화합을 먼저 생각하고 임한다. 힘이 있는 것을 추종하는 것이 아니라 소소한 것에 애정을 두려 한다. 아무리 주위에서 번잡한 소요가 일어도 눈을 고쳐 뜨는 법이 없다. 언제나 그 모습으로 사물을 관조한다. 충격의 요법은 가당찮은 일이고, 개인의 감정을 내세워 일을 그르치는 경우가 없다. 이것이 이연희 수필 속에 나타난 작가의 모습이다.
　그의 수필세계에는 언제나 풀꽃이 피어 있고, 향기가 흐른다. 장대한 나무 끝에 피어나는 꽃이 아니고, 관심 없이 지나면 눈에도 뜨이지 않는 풀꽃이다. 그 풀꽃을 그리는데 작가는 관념의 캔버스를 펼치고 있다. 그의 관념의 연못에는 온갖 소소한 것들이 헤엄치고 노닌다. 그러다가 가끔, 정말 가끔 커다란 물고기가 연못 안을 흔들고 지나갈 뿐이다.
　연못 속에는 고향, 추억, 그리움, 외로움, 고독, 기다림, 풀꽃, 덤, 자연, 순환, 사랑, 마음, 얼굴 같은 것들이 헤엄치고 있다. 이렇게 차분한 성향의 것들이 안주하여 있으니, 더러는 태풍급의 바람을 불어넣어 심술이라도 부리고 싶어진다. 명상이나 하듯 관조의 세계에만 머물러 있으면 독자는 더러 따분해 하기도 하기 때문에 이는 심술이다.

  한 작가가 자신의 세계를 가지고 있다는 것은 바람직한 일이다. 그래서 우리는 작가 이연희를 주목하게 된다. 누가 뭐라 하던 자신의 세계를 이만큼 견고히 구축하고 있다는 것은 작가의 능력이다. 앞으로 세상을 관조한 글들로 많은 사람들의 가슴에 남는 글을 남기리라 믿는다. 작가가 전개해 나갈 미래의 수필세계에 지대한 관심을 가지고 지켜볼 것이다.

온고지신溫故知新과 사색思索의 이중주二重奏
- 서경림의 수필집 ≪가시나무 자루≫에 부쳐

1. 들어가면서

우리 민족의 성격 중에는 과거를 중요시하는 면이 있다. 자신보다 선대에 이루어진 경험이나 문헌상의 기록은 불변의 진리가 되어 뒷일을 미루어 생각하는 데에 커다란 힘을 작용한다. 이와 같은 현상은 한정된 부분에 국한되지 않고, 생활 전반에 걸쳐 민족의 행동을 지배해 왔다.

이런 의식은 학문의 자세에도 깊이 내재되어 있다. 우리 민족의 학문하는 자세는 온고지신溫故知新이어서 중국의 사서삼경四書三經과 같은 위대한 저서를 저술한다든가 하는 꿈은 감히 시도하는 일도 없이, 오로지 그것에 주석을 달고 해석하는 데에 만족했던 것이다. 이러한 우리 민족의 성격은 진취적이지 못하여 안전 위주의 사고를 지향하게 되었고, 그로 인하여 늘 뒤처지는 결과를 초래하기도 하였다.

이에 반하여 서양인들의 학문하는 자세는 '사색하다'에서 출발하였다. 그래서 그들은 우리보다 좀 더 진취적이며 행동할 줄 아는 사색인이 되었던 것이다. 그 결과 실용에 입각한 사고로 짧은 시간에 멀리 갈 수도 있었다. 그런 것의 모방으로 오늘날 우리의 학문이 서구형을 지향하고 많이 서구화되어 왔다. 이러한 서구화는 자칫 잘못하면 한단지보 邯鄲之步의 결과를 초래하여 엉거주춤하는 꼴을 보이기 십상이다.

그러나 서경림의 수필을 보면 온고지신을 텃밭으로 하여 그 위에 사색을 가미하지만, 이러한 우려를 말끔히 씻어 준다. 그것은 우리의 것을 정확히 인식하여 내 것으로 만드는 과정이 충실히 이행되었기에 가능하다. 내 것의 특징이 무엇이고, 그것을 우리의 삶 속에 어떻게 녹여 넣을 것인가에 대한 확고한 신념이 있기에 흔들림이 없다. 그것은 어려서부터 받은 가정 안에서의 교육과 지역에 대한 애정으로 힘들이지 않고 견고함을 얻을 수 있었다. 그 견고함에 사색하는 힘이 함께 어우러져 작가 나름의 독자적인 세계를 창조해내고 있는 것이 서경림 수필의 특징이다.

대부분이 고향 제주에 대한 애정이 토대가 되어 그곳에서 있었던 사건들에 작가의 사색이 곁들여져 이루어진 작품들이다. 겨우 제주를 벗어나는 것은 참전했던 월남과 잠시 들른 하와이 등이 고작이다. 모두가 고향 제주에 대한 각별한 애정에서 얻어진 것이라서 독자들에게 쉽게 접근할 수 있고, 현악 이중주처럼 독자들의 가슴에 차분히 젖어든다.

그래서 서경림의 수필에는 유별나게 개척자 정신, 고향, 도덕, 본질, 봉사, 사명감, 생명, 생태학, 성실, 순수, 실천, 용기, 인내, 자립, 자연,

자유, 전통, 지혜, 직업윤리, 책임감, 평화, 헌신, 화합, 환경, 희생 등의 어휘가 자주 동원됨을 알 수 있다. 이 어휘들은 작가가 평소에 가슴에 담고 사는 화두들이다.

이러한 작품을 우리가 더욱 깊이 이해하기 위해 편의상 몇으로 나누어 본다.

2. 전승문화 속에서 찾아낸 삶의 지혜

현전하는 전승문화는 다양해서 전래지명, 세시풍습, 통과의례, 민속, 민요, 설화·전설, 방언 등이다. 서경림의 수필집 ≪가시나무 자루≫에는 이러한 전승문화가 고스란히 담겨 있다. 그만큼 작가가 고향을 사랑한 흔적이 농밀하게 나타나 있는 것이다.

이러한 전승문화에 대한 작가의 태도는 〈오일시장〉에서 잘 나타난다. '우리는 전통문화를 올바르게 계승·발전시켜야 할 의무를 지니고 있다. 오일장도 전통문화의 중요한 요소이다. 그러면서도 천덕꾸러기와 같은 대접을 받고 있다. 오일장의 효용은 사그라져 가는가. 우리보다 경제적으로 앞선 미국에서도 오일시장과 같은 것이 존재하고 있는데, 우리라고 전통적인 이 오일시장이 효용가치가 없다고 할 수 없다.' 비록 오일장에 대한 지적이지만, 다른 전승문화에도 유효하다. 그중에서도 작가가 특히 관심을 가지고 접근하고 있는 것은 입에서 입으로 구전되어온 역사적 사실이나 설화이다.

〈참으로 아름다운 여인〉에서는 김만덕의 애민정신과 출륙금지령 해제의 지혜를 보여주고, 제주신화 속에 나오는 여신 '자청비'의 책임감과 희생정신을 끄집어내어 두 인물의 공통점을 보여주고 있다. 또 〈가믄장아기가 전하는 말〉에서는 직업신이며 운명의 신인 '전상신' 가믄장아기를 통하여 운명에 순응하기보다는 운명을 개척하면서 여성으로서의 삶을 적극적으로 추구하는 여성상을 보여준다.

법학교수인 작가는 우리의 전승문화를 법 지식을 동원하여 해석을 내림으로써 전승문화의 새로운 인식도 꾀하고 있다. 〈심청이와 심학규〉에서 주인공 심학규가 앞도 보지 못하면서 외나무다리를 건넌 것을 질타하고, 물에 빠져 죽음 직전에 있는 상황에서 행해진 계약은 불공정한 법률행위로 계약 무효를 주장할 수 있는데도 한숨만 쉬며 딸 심청이가 몸을 희생하게 한 것은 무책임한 행위임을 지적한다.

뿐만 아니라 법보다는 마을에서 자체적으로 전승되어 오는 의례나 도덕규범을 더 가치 있는 것으로 보려는 작가의 입장이 고집스럽게 나타나 있다. 흔히들 법이면 다라며 아무 데나 적용시키려는 법의식에 경종을 울리는 말이 여기저기에 산재해 있다. 이는 법을 모르는 수필가가 쓴 글이 아니고, 법을 강의하는 교수가 하는 말이기에 더욱 빛이 난다. 〈법의 한계와 시민정신〉에서는 민족과 더불어 장구한 세월을 두고 관행되어온 가정의례에 법이 끼어들어 간섭할 일이 아님을 지적하고, 〈규범문화와 의식개혁〉에서는 '연화친목회'의 사람들이 공경하는 마음으로 어른을 모시고 야유회도 갖고, 대학에 입학한 학생들에게는 장학금도 주는 미풍양속을 소개하고 있다.

이는 혈연과 지연을 무시할 수 없는 풍토 속에서 살아오면서 몸에 익힌 생활방식이다. 이것은 윤리나 이성보다는 정情을 더 중시하는 행동규범으로, 민족의 오랜 역사생활 속에서 생성, 발전해 온 관습 내지 관습법이다. 따라서 이 행동규범은 국법을 능가할 때가 많음을 지적한다.

작가는 여기에 머물지 않고, 법에 따른 판결은 공정해야 함을 주지시킨다. 그 공정성의 유지를 위해 〈숨 막혀 죽은 아기를 위하여〉에서는 선입견이나 편견 또는 불완전한 지식이 나 고정관념에 물든 어른보다는 순진무구한 상태의 어린아이에게 후한 점수를 주고 있다. 그래서 작가는 제주도의 옛사람들이 저승에서의 인간의 죄를 최후로 심판 하는 자를 동자판관으로 믿고 있는 특이한 인식 세계를 소개한다.

어찌 보면 법과 전승문화는 가장 가까우면서도 먼 존재일지 모른다. 남다른 감성을 가진 작가는 법을 연구하는 학자로서 이 전승문화에 깊은 의미를 부여하고 있다. 모든 것을 법으로 해결하려는 경직된 모습보다는 전승되어온 마을의 관습이나 도덕규범에 가치를 두고, 그 전승문화 속에서 삶의 지혜를 얻으려는 작가의 슬기가 돋보인다.

> '너는 인간세상에서 부모로부터 탄생하여 깊은 물에 다리를 놓아 월천공덕越川功德 하였느냐?' '너는 인간에서 배고픈 사람 밥을 주어 급식공덕給食功德 하였느냐?' '너는 인간에서 부모 효심 하였느냐? 일가 친족 화목하고 동내존장洞內尊長 하였느냐?' '너는 인간(세상)에서 함정에 빠진 사람 건져주고 질[路] 막는 사람 질을 터 주었느냐?'
> — 〈국토를 조감하며〉에서

위의 글은 〈三無의 社會〉에서도 언급되는 내용이다. 제주도 무속인 '시왕맞이'에서는 죽어 저승에 가는 사람에게 무당을 시켜서 위와 같은 질문을 하게 하였던 것이다. 결국 사람으로 세상에 태어나 올바르게 살다가는 것을 요구하는 전승문화이다. 작가는 이와 같은 전승문화 속에 묻어 있는 제주인들의 삶의 지혜를 찾아 나서고 있음이 여기저기에서 발견된다. 이는 전승되어온 문화를 깊이 아로새기고 그것이 간직하고 있는 의미를 사려 깊게 찾아 기리려는 작가의 의도가 서려 있음을 말해 준다.

3. 생태의식 속에서 찾아낸 삶의 지혜

서경림의 수필집 ≪가시나무 자루≫에는 자연과 인간이 하나 되는 사고가 많이 보인다. 본래 자연은 인간이 활용해도 되는 대상물이 아니다. 어디까지나 인간과 자연이 함께 공존할 때에만 삶의 질에 만족을 가져올 수 있다. 흔히들 자연은 인간의 소유이고, 마음대로 활용해도 되는 것으로 간주하기에 난개발이 초래되고, 그로 인해 자연의 분노로 인간이 멸하게 되는 결과를 가져오게 된다.

작가의 인식은 건강하게도 생태공경 사상에 가깝다. 뭐든지 함께하고 공존한다는 인식에서 출발한다. 그러기에 글감을 취해도 그 범주에서 크게 벗어나지 않는다. 〈사계四季의 향수享受〉에서는 인간과 자연이 하나가 되어 어우러져 있음을 보여준다. 밭담 너머에서 자연에 묻혀 일하고 있는 여인의 모습을 아름답고 성스럽다 하였다. 또 제주의 자연은 단순히 즐기는 자연이 아니라 삶의 보람을 찾는 생활 속의 자연이라고 규명하고 있다. 〈무진년 새 아침의 기원〉은 비슷한 환경의 하와이와 월남을 비교한 글이다. 하와이는 자연이 인간을 압도하는 곳으로 온갖 것들이 함께 뒹굴며 사는 곳으로 묘사하고 있다. 그에 반하여 월남은 적들이 나의 목숨을 탐내는 지옥으로 묘사된다. 결국 비슷한 환경인데도 이러한 천당과 지옥의 차이는 인간들이 만들었다고 질타한다. 인간들의 탐욕과 아집이 지옥으로 만들고, 공평함과 타협이 천당으로 만들었다며 인간의 죄를 탓하고 있는 것이다.

　우리 조상들은 일찍이 '보살통菩薩桶'이라 하여 잡은 이를 죽이지 않고 대나무 통에 담아 두었다가 깊은 산중에 갖다 버리던 풍습이 있었고, '조문효도'라 하여 부모님이 주무실 방에 미리 들어가 알몸으로 누워 있다가 모기가 피를 실컷 빨고 천장으로 올라가면, 부모님이 들어와 주무시게 하던 풍습도 있었다. 이 같이 자연의 미물과도 공존하려는 배려가 있었던 것이다. 같은 예로 아래 글 〈자연과의 윤리〉에서도 미물인 모기를 위해 모기장 밖으로 팔을 내어주는 이야기가 나온다. 이 같이 자연과 더불어 공존하려는 모습을 보여주고 있다.

> 　　그 고승은 이 세상의 모든 생물은 다 살 권리가 있다고 믿는다. 그래서 모기에게까지 그의 자비심은 미치고 있다. 그 스님도 편안한 잠을 위해서 모기장만은 사용했다. 그렇게 되면 모기들이 굶을 염려가 있었으므로 잠들기 전 얼마 동안 팔뚝을 모기장 밖으로 내밀어 모기들의 식사를 마련했던 것이다. 여기서 우리는 인간과 자연과의 윤리倫理의 극치를 본다. 인간은 이 지구상에 출현한 이래 오늘날까지 자연에 대하여 시종일관 인간중심적인 태도를 취하여 왔다고 해도 과언은 아니다.
> 　　　　　　　　　　　　　　　　　　　　　　　－ 〈자연과의 윤리〉에서

　자연과 공존의 태도는 여기서 머물지 않는다. 자연의 모습을 인간과 동일시하고 같은 개념으로 받아들인 예를 작가는 결코 흘리지 않는다. 제주인들의 자연과 더불어 사는 멋스러움이 전래지명에서도 찾아진다. 이러한 것들을 찾아 작가는 제주인들의 생태의식을 잘 보여주고 있다. 지형의 모습을 보더라도 인체와 결부하여 바라본 그들의 골계가 보인다.

오름들은 젊은 여자의 젖가슴이나 둔부처럼 한없이 부드러운 선을 그리며 누워 있었다. 생전에 느낄 수 없었던 평화가 자연에 가득 차고, 그것은 한 아름 나의 가슴에도 흘러들었다.

잠들고 싶었다. 자연이 주는 평화와 부드러움 속에 포근히 안겨 잠들고 싶었다. 그때 하나의 오름이 불현듯 나의 시야에 들어왔다. 그것은 젖가슴도 둔부의 모습도 아니었다.

나는 지도를 펴서 그 오름의 이름을 찾았다. 거기에는 '보'자와 '자'자로 나와 있었다. 처음에는 당혹스러웠지만, 나도 모르게 웃음이 나왔다. 어허, 자연의 오묘함이란 바로 저기를 두고 이야기하고 있는 게 아닌가. 봉긋한 오름 양쪽의 산자락이 다리를 뻗은 듯 앞으로 펼쳐 있고, 그 사이의 자그만 둔덕에는 상록수들이 모여 작은 숲을 이루고 있었다.
― 〈成佛 오름〉에서

서경림의 생태의식의 복원은 〈뱀과의 동거〉에서 한층 더 확연해진다. 자신이 살고 있는 집이 세월의 흐름에 따라 자연히 복원되고 그 속에서 뱀과의 동거로 완전 자연과 하나가 되어 살아가는 모습을 보여 주고 있다.

서경림의 자연관은 급기야 인간과 자연에 대하여 기본적인 윤리관이 설정되어야 함을 주장하고 나서게 된다. 〈위험한 사회〉에서 지적했듯이 우리가 자연을 이용할 때에도 필요한 최소한도 내에서 그쳐야 한다. 낚시를 할 때에도 주린 배를 채우는 선에서 만족해야지 도락으로 남획해서는 안 된다고 못 박는 것은 자연 친화적인 작가의 태도를 쉽게 감지하게 해 준다.

4. 작품 속에 나타난 제주인의 강렬한 삶

작가 서경림은 권력이 있거나 힘 있는 자에게는 눈을 주는 법이 없다. 언제나 그의 눈은 힘이 없고, 나약한 소시민에게 맞추어져 있다. 그들에게 늘 마음을 빼앗기고, 그들에게서 삶의 예지와 슬기를 배운다. 결국 이런 소시민은 결코 나약한 존재가 아니고, 비록 작지만 힘이 있는 작은 거인이다. 비록 목소리는 낮은 듯해도 그 힘은 강렬하다.

그러다 보니, 작가가 삶의 의미를 두고 추구하는 것은 큰 것이 아닌 작은 것에서 비롯되는 행복이고, 그것이 진정한 행복임을 터득한다. 손자의 모습만 바라봐도 행복하고, 조그마한 수석에서 만물의 조화를 바라보니 행복하다. 작은 것의 아름다움은 수석에만 한정되지 않는다. 소박한 삶을 영위하고자 하는 모든 사람들에게서 발견한다. 작은 것에 만족하여 기쁨을 나누는 자세는 결국 탐욕을 억제하게 하여 우리의 사회에 화합을 마련할 수 있다고 믿기 때문이다. 이처럼 가치를 두고 소망하는 세계는 모두 작은 것에서 비롯되고, 보통사람의 따뜻한 마음속에서 그 면면이 드러난다. 이러한 작가의 소시민적인 생활인의 철학이 작품 곳곳에 산재해 있다.

〈손으로 쓰는 연하장〉에서처럼 연하장 하나를 쓰더라도 발송인의 정성과 사랑이 있어야 함을 강조한다. 수신자 모두에게 획일적으로 보내지는 오만과 편견과 자기 과시의 연하장은 가치가 없다. 받는 이의 처지를 헤아려 손으로 쓴 연하장에는 사랑과 화해, 겸양과 존경, 평화와 염원 등 우리가 지향하는 가치가 스며 있다고 지적하는 것은 그만큼 작가의 눈이 따뜻한 마음을 유지하고 있기 때문이다. 작가의 시선이 언제나 이런 소시민에 대한 애정에 가 있기에 법을 적용하는 데에도 약자 편이어야 한다고 생각한다. 어지간하면 법을 공부하는 사람이라서 '공평'을 외칠 텐데 오히려 약자의 편에 서기를 주저하지 않는다. 〈法曹의 큰 길〉에 나타난 작가의 인식은 그동안 법이 약자를 지배하기 위한 도구로 사용되어 왔으니, 이제는 약자를 보호하기 위한 수단으로 이것이 사용되어야 한다고 소망한다.

이 사회를 이끌어가는 사람은 수재가 아닌 범재이고, 그 보통사람들이 꾸준히 노력할 때에 사회는 발전하게 된다. 인간의 가치는 본인이 타고난 재질에 있는 것이 아니라 얼마나 성실하게 노력했느냐에 따라 가름된다. 부모에 효도하고, 동네 어른 존중하며, 불우한 이웃을 돌봐주는 보통사람들이 대다수를 차지하고 있는 국가의 장래는 어둡지도 않고 흔들리지도 않는다고 지적한 〈보통사람들〉에서 작가가 소망하는 사회를 읽을 수 있다.

직업관에서도 작가의 생각은 확실하다. 흔히 사람들은 하는 일의 종류나 성질에 관심을 두지 않고, 그 사람이 차지하고 있는 지위에 더 관심이 많음을 개탄한다. 투철한 직업관에 따라 성실히 일에 임하는 것이 아닌 지위의 정상을 향해 무던히 갈망하는 인간들에게 작가는 경종을 울리고 있다.

> 아직도 우리나라는 이 산업화된 사회 속에서도 직업을 '일'로 보기보다는 지위로 보는 경향이 짙다. 즉 직업에 대한 일반적인 관심은 어떤 사람이 하는 일의 종류나 성질에 있는 것이 아니라 그 사람이 차지하고 있는 자리에 있는 것이다. 오로지 저 높은 자리 속에 직업의 가치가 부여되는 것이다.
>
> 돈을 벌면 국회의사당에 가고 싶어 한다. 학문을 조금만 해도 정치인

이 되고 싶어 한다. 군인이 별을 달면 국회의사당이 가까워지는 것 같다. 변호사가 되면 한번 국회의원이 되는 꿈을 꾼다.……그러므로 탐욕스런 사람은 직업인으로서의 정치인이 될 수 없다.
― 〈위대한 소시민〉에서

이와 같은 의식은 바로 〈무명씨의 묘비명〉으로 맥이 이어진다. 고관들의 묘에 가 보면 그의 비행은 세월 속에 묻히고, 무덤 앞 비석에는 벼슬 이름만이 남아 빛을 발한다. 그러나 우리들이 전해야 할 것은 고관들의 사회적 지위나 벼슬이 아니라, 할머니들의 입을 통하여 전달되는 무명씨들의 아름다운 이야기인 것이다. 그들은 역사책에 이름 석자 올라 있지 않았어도 참으로 착하고 성실하게 살다간 사람들이다. 국가가 위기에 처했을 때는 먼저 몸을 던져 희생했고, 가난한 이웃을 제 식구처럼 돌봤으며, 불의를 보면 가슴을 치며 통곡하는 뜨거운 마음이 있었다. 이들은 갔어도 선행은 남아 우리의 고달픈 삶에 보람과 활력을 불어넣어준다. 그러니 묘비에다 이들의 선행을 새겨 길이 후손에 전하고 싶다는 작가의 의도는 충분히 독자들에게 설득력을 얻고 있는 것이다.

이런 작가이기에 만리장성에 가서도 그 광대한 장성長城을 보고자 함이 아니었다. 축성술을 보러간 것은 더욱 아니었다. 이 성을 쌓기 위해 흘렸을 백성들의 피땀이었던 것이다. 오로지 듣고 싶은 것은 백성들의 가슴에서 곪아 터져 나오는 고통스런 신음소리였던 것이다.

이상에서 살펴보았듯이 작가 서경림에 있어서 삶의 가치는 보통사람들의 삶에서 얻어지는 진실된 삶의 지혜였다. 뜨거운 가슴이 있는 보통사람들의 삶이 진정한 가치가 있음을 작가는 한순간도 놓지 않고 독자들에게 웅변하고 있는 것이다.

5. 작품 속에 나타난 제주도 여인상

≪가시나무 자루≫에는 제주 여인의 삶이 많이 등장한다. 그 여인들은 언제나 역사 속의 인물이거나 설화 속의 인물들의 도움을 얻으면서 제 자리를 확보한다. 생활환경의 특이함 속에서 여성들의 기능이 남달랐기에 더 등장하는지도 모른다. 바다와 싸우며 삶을 영위해 나가기 때문에 강인한 모습으로 우리 곁에 다가온다.

〈다시 바다로〉에 그려진 제주 여인은 왕성한 책임감과 강인한 개척 정신의 소유자다. 그 모진 자연과 사투하면서도 가족에 대한 사랑은 눈물겹도록 진한 것으로 등장한다. 바다 속에서 흐느적거리는 모자반은 집을 삼고, 연이어 몰려오는 큰 물결을 어머니처럼 안아, 날마다 살아 왔으니, 어느 바다이건 거칠게 없다는 그녀들의 노래에서 강인한 여장부의 기개를 엿볼 수 있다.

그러나 해녀들은 그들의 운명을 슬퍼하고만 있을 여유가 없다. 가정의 생계를 유지해야 한다는 사명감은 바로 동해안을 비롯하여 본토 각 연안에 이르기까지 가지 않은 곳이 없을 정도로 바다 밑을 뒤지고 다녀야 했다. 심지어는 일본, 중국, 러시아에 이르기까지 그들의 행동반경이 되었던 것이다.

해녀들의 이러한 여장부다운 면모는 어디에서 왔을까. 작가는 이것의 근원을 제주도에서 전승되어 오고 있는 설화에서 찾고 있다. ≪가시나무 자루≫에는 전설적인 인물이 셋이 나온다. '자청비', '김만덕', '가믄장아기'가 바로 그들이다. 이 세 사람은 많은 공통점도 가지고 있고, 모두 여장부라는 생각을 지울 수가 없다. 세 사람의 행적을 담은 이야기를 우선 살펴보면 작가가 그리려는 제주 여인의 모습이 선명히 드러남을 알 수 있다.

> 자청비는 제주 도민들의 신화적 상상력이 빚어낸 여성 영웅이며, 가장 아름답고 이상적인 여성상이다. 게다가 강한 책임감과 희생정신이 스며 있다. 자기가 죽인 종을 환생시키고, 그토록 사랑하는 남편을 꽃감관의 딸에게 보내 번갈아서 살게 하고, 멸망꽃으로 적을 섬멸하여 나라를 구한다.
>
> — 〈참으로 아름다운 여인〉에서

제주의 신화 속에 나오는 여신 '자청비'에 비견되는 인물이 실존 인물인 김만덕이다. 조선 정조 때 인물로 본래는 사족 집안의 고명딸이었지만, 열 살에 부모를 여의고, 큰오빠는 머슴으로 떠나고, 작은오빠는 외삼촌 집에 남고, 자신은 퇴기의 수양딸이 되어 기생이 된다. 타고난 미모와 자상하고 활달한 성격, 뛰어난 기예로 많은 유혹을 받게 되나 제 스스로 머리를 얹고, 고선흠의 아내가 되길 자청한다. 끈질긴 하소연으로 기적에서 제적한 그녀는 결혼을 앞두고 돌림병으로 죽은 배필 고선흠의 두 딸들을 길러낸다. 객주가 되어 두 오라비를 자립할 수 있도록 돕고, 재물을 모아 제주도에 흉년이 들었을 때에 그것을 풀어 오 개월 동안 수십만 명의 목숨을 구해낸다.

자청비와 김만덕은 분명 여장부다. 나라에 공을 세우고도 그 공을 제주 백성을 위한 데로 돌린다. 자청비는 오곡의 종자만을 청하여 제주도민의 먹을거리를 해결하였고, 김만덕은 대궐과 금강산 구경을 청하여 제주도 여인들에게 내려진 출륙금지령을 인조 이후에 해제시키는 효과를 가져왔다.

〈가믄장아기가 전하는 말〉에 나오는 가믄장아기는 거지였다가 졸부가 된 부모의 셋째 딸로 태어난다. 두 언니는 '누구의 덕에 먹고 입고 행위발신 하느냐?'는 질문에 하느님, 지하님, 부모님 덕이라 답하는데, 그녀는 '하느님, 지하님, 부모님 덕이기도 하지만, 나 배꼽 아래 선그믓[立線] 덕으로 먹고 입고 행동합니다.'고 답한다. 부모의 노여움을 산 그녀는 쫓겨나는 몸이 되나 어머니는 부모의 정의로 찬밥에 물말이라도 하고 가도록 두 언니에게 시킨다. 하지만 언니들은 재산욕에 눈이 어두워 거꾸로 함으로써 나중에 청지네와 버섯으로 환생하고, 부모는 문설주에 부딪혀 장님이 되고 만다.

집에서 쫓겨난 가믄장아기는 초막에 들어 하룻밤을 지내면서 부모에 효하는 셋째와 결혼하게 된다. 그리고 장님이 된 부모를 찾기 위해 장님잔치를 하고 효도를 하게 된다. 여기서 가믄장아기가 나타내고자 하는 것은 운명에 순응하기보다는 운명에 도전하고 개척하는 여성상임을 알 수 있다. 구습에서 벗어나지 못하는 첫째와 둘째를 선택하지 않고, 셋째를 선택한 것이 바로 개척정신의 발현이다.

이상에서 알 수 있듯 작가가 보여 주려 한 제주의 여인상은 책임감이 강하고, 매사에 적극적이고, 개척정신이 강한 인내하는 여인상인 것이다. 그것은 제주의 열악한 환경을 이겨내며 가족을 책임졌던 그들의 강인한 삶이 형상화된 것이라고 할 수 있다.

6. 작품 속에 나타난 가족애

작가 서경림에 있어서 가족사랑은 남다르다. 어려서부터 가정이란 둥지 안에서 삶의 의미를 새기며 성장하였기에 그런지도 모른다. 그의 성장기에 느꼈던 부모들의 사랑은 어찌 보면 아픈 기억만 있는 듯이 보이지만, 그 속에는 부모의 끈끈한 사랑이 짙게 드리워져 있었던 것이다. 부유하지 못한 가정에서 태어나 외가에 얹혀도 살고, 4·3 사건과 같은 어려운 시대의 변천 속을 헤쳐 나오면서 바라본 부모의 삶이 그에게는 평생 동안 업보처럼 작용하고 있는 것이다. 게다가 결혼하고 얼마 되지 않아 월남전에 파병됨으로써 사랑하는 아내와 떨어져 있어야 했던 기억이 그를 가정이란 굴레에서 늘 편안히 안주하게 했는지도 모른다.

그보다도 그의 가족사랑은 병약한 몸으로도 가정을 일으켜 세웠던 부친의 모습에서 찾아야 할 것 같다. 돌을 다듬는 일에 종사한 아버지의 모습은 그에게 평생 잊을 수 없는 장면일 것이다. 병약한 몸인데도 어려웠던 가정을 돌을 다듬는 일로 다시 일으켜 세운 아버지. 그 아버지가 작가에겐 커다란 존재로 늘 따라다닌다. 그래서 아버지가 쓰던 망치의 가시나무 자루를 손에 쥐어보고 자신의 손과 똑같음을 상기하는 것은 바로 그 아버지의 그 아들이기 때문에 가능하다. 그토록 아버지에 대한 추억을 잊을 수가 없기에 수필집의 표제도 아버지의 그 '가시나무 자루'에서 빌려왔다.

> 지금 내가 잡고 있는 가시나무 자루에 따스한 온기가 돌고 있다. 아버지가 잡았던 자국을 따라 꼭 맞게 잡혀진 이 자루를 보면 아버지의 손과 나의 손이 크기가 꼭 같음을 느낄 수 있다. 가시나무 자루 속에 아버지의 인생이, 온갖 시름이, 자식들에 대한 사랑이 모두 담겨져 있다. 당신은 세상에서 가장 아름다운 자국을 남기셨다. 강하고 질긴 가시나무에 어린 아기의 손보다 더 부드럽고 따스한 자국을 남기셨다. 이 자국을 통하여 당신의 삶의 본을 자식들에게 보이고 있다.
>
> — 〈가시나무 자루〉에서

위 글은 수필집의 표제가 된 〈가시나무 자루〉에서 뽑은 한 대목이다. 이 글만 보아도 작가에게 아버지는 어떠한 존재였는지 쉽게 이해가 간다. 모든 삶에 있어서 버팀목이 돼 주었던 것이다. 부친께서 평생 잡고 일하던 망치 자루를 자신의 손으로 쥐어 보고 꼭 같음을 발견하면서 추억하는 아버지의 삶은, 그 어느 교훈보다도 작가에게 절실하게 다가온다.

자루에 난 아버지의 손자국에 자신의 손을 맞춰보면서, 이어서 어린 아기의 부드럽고 따스한 자국에 비유한 것은 부모의 교훈이 자손들에게까지 내리 이어짐을 나타낸다.

이외에도 가족간의 사랑을 기술한 곳이 많이 있다. 부부애를 그린 〈천생연분〉에서는 신혼 초 월남전에 참전하여 떨어져 있었던 기억을 그냥 넘길 수가 없다. 살아오면서 더러 반년 가까이 떨어져 있었어도 그때를 생각하면 비교가 되지 않는다. 작가가 말하는 부부의 의미는 유별난 것도 아니다. 아주 평범하다. 떨어져 있으면 보고 싶고, 가까이 있으면 편안한 사이인 것이다. 그래서 농일망정 서로 더 살다 오라며 혼자 남아 있는 것은 상상도 하기 싫어한다. 이게 진정 깊이 사랑하는 부부의 표상일 것이다.

가족애란 언제나 풍요로움 속에서만 형성되는 것은 결코 아니다. 오히려 아픈 추억이 더욱 더 가족간의 유대를 깊게 만들어 주기도 한다. 그것이 어린 날의 것이라면 의미는 배가 된다. 마치 전쟁터에서 동고동락한 전우의 정이 깊은 것과도 같은 이치다. 어렵게 지낸 것이 가족애를 키운 경우도 있다. 〈가시나무 자루〉에서 보면, 유년시절 작가에게 아버지는 엄한 존재였다. 일요일만 되면 자갈밭에서 김매기를 강요하신 아버지. 심지어는 일년에 두 번 있는 소풍날에도 공부하지 않으니 밭일을 거들길 요구하신 아버지. 그래서 소풍날을 알리지 않고, 소풍에 참석해야 했던 작가. 다른 사람에게는 그토록 다정다감하면서도 유독 작가에게는 무정했던 아버지를 지금에 와서 추억하는 이유는 무엇일까. 그것은 오늘날 작가의 삶에 힘이 되었음이리라.

끼니를 잇기도 어렵게 지내던 시절, 이 세상을 짧게 살다간 동생을 그리워한다. 〈아가야, 손녀야!〉에서는 동생이 칭얼거린다고 꼬집으며 위협했던 과거 일을 후회한다. 그러나 그 동생은 이미 이 세상에 없으니 더욱 애절한 것이다. 그러나 자신도 모르게 어린아이를 그리면 동생의 얼굴이 그려지는 것은 어찌하랴, 이것이 혈육간의 정인 것을.

작가 서경림에 있어서 가정은 삶의 근본이고, 모든 생의 근원이다. 그러기에 그 안에서 맺은 인연은 결코 소홀히 할 수 없다. 그의 행동의 기저에 가족애가 서려 있는 것도 이 때문이다.

7. 나가면서

수필은 작가의 체험에서 글감을 취해 그것에 의미를 부여한 형상화의 글이다. 그러기에 수필가는 자신이 살고 있는 주거환경을 떠나기를 거부한다. 오히려 그 환경을 아끼고 사랑한다. 수필가 서경림도 예외는 아니다. 자신의 고향, 제주를 무던히 사랑하는 작가다.

육지와 멀리 떨어져 있는 섬에는 나름의 특수한 전승문화가 있는데, 교통 통신의 발달로 이러한 것들이 급속히 소멸되어가는 실정이다. 이것이 작가의 시선에는 안타까운 것이다. 하나라도 더 챙겨두려는 애정이 수필집 ≪가시나무 자루≫에 흘러넘치고 있다.

수필가 서경림은 제주인들만의 삶의 지혜를 찾아 나서는 데에 부지런하다. 또 자연과 더불어 살다보니 생태공경의 사상이 꽃을 피우고 있다. 자연에 대한 올바른 인식이 정립 되지 않은 현실에서 그의 작품은 독자들에게 많은 생각을 요구한다.

뿐만 아니라 작가는 말없이 살아가는 소시민의 삶에 소중한 가치를 두고 있다. 큰 것만이 가치 있는 것이 아니고, 작더라도 나름의 소임을 다하는 자에게 관심의 눈빛을 보내고 있다. 마음에서 우러나오는 정이 서린 인간관계를 중요시한다. 이들이 온전히 대접받는 사회가 이루어질 때 국가는 발전한다고 믿고 있다.

작가가 말하는 제주도의 아름다운 여인은 책임감이 있고, 개척정신이 있으며, 가족을 깊이 사랑하는 적극적인 인물이다. 이는 바다를 배경으로 살아가는 그들의 모습에서 당연히 나타나는 얼굴이리라.

작가의 가족에 대한 사랑은 은근하면서도 깊다. 이는 불편한 몸으로도 가정을 책임졌던 아버지의 모습에서 큰 영향을 받은 것으로 추측된다. 그래서 수필집의 표제가 ≪가시나무 자루≫인 것이 범상치 않은 것이다.

작가의 부친이 돌을 만지는 일을 하였기에, 작가는 그 아버지의 망치 자루에 부자의 손을 맞추어 보면서 체온을 느끼는 것은 당연하다. 부친에 대한 그리움이 수석으로 이어지고, 그 수석들이 수필집의 삽화로 등장하는 까닭은 아버지에 대한 그리움에서 비롯된 것이라는 생각이다.

고향, 제주도를 사랑한 수필가 서경림의 ≪가시나무 자루≫를 읽을 수 있는 기회를 얻은 것은 나에게 큰 기쁨이었다. 섬 지방의 전승문화가 더 사라지기 전에 다음 저서가 나오기를 기대해 본다. 그러면 나는 다시 제주도에 관한 공부로 긴 시간 즐거움에 빠져들 것이다.

비전환적 표현의 빗장 걸기
– 한석근의 ≪봄버들 연가≫에 부쳐서

1. 들어가면서

전통적인 장르론에서는 문학을 서정, 서사, 극으로 삼분하였고, 이것들은 전환적 표현을 토대로 이루어져 왔다. 이러한 문학 장르론은 오래 전에 굳어져서 많은 연구가들에게 사고의 범주를 제한하는 역할을 해온 면도 없지 않다. 다양한 형태로의 문학의 영역 확대에 커다란 가이드라인이 되어온 셈이다. 하지만 최근에는 문학이 전환적 표현만을 수용하는 것이 아니고, 비전환적 표현의 영역을 받아들임으로써 또 다른 가능성의 세계를 열어놓았다.

전통적인 장르론에서 언급되는 세 장르의 영역 밖에 있는 비전환적 표현의 세계를 수용하여 제4장르로 교술을 첨가시키면서, 그 대표적인 것으로 수필을 꼽고 있는 것이다. 즉 그동안 문학은 허구의 세계를 바탕으로 세 장르만을 고집하다가 수필을 제4장르로 받아들이면서 허구를 수용하지 않는 새로운 장르를 인정하게 된 것이다.

수필은 태생적으로 허구의 세계를 용납하지 않는다. 그런데 요즈음에 와서 수필이 문학임에 비추어 정신적 작용이 없이 어찌 가능하겠느냐는 구실을 붙여, 수필에서도 허구를 수용하려는 사람이 증가하는 추세이다. 이러한 문제의 발현은 오래전부터 있어온 것이고, 계속 논란되어 온 것이기도 하다. 물론 본고에서는 이러한 문제를 가타부타하려들지는 않을 것이다. 다만 이 문제를 모두冒頭에 내걸고 나오는 데에는 나름대로 이유가 있다. 작가 한석근의 작품세계에서는 허구를 철저하게 배격하고 빗장을 지르고 있기 때문이다.

수필은 애시 당초 작가의 고백문학이다. 그래서 다분히 사변적이고 개인적인 문제가 글감으로 동원되기 일쑤다. 자신의 삶 속에서 글감을 취하여 나름대로 의미를 부여해가는 것이 수필쓰기이다. 수필쓰기란 선택된 글감에 자신의 삶을 밀어 넣어 그것을 바탕으로 하여 그 글감을 해석해 내는 작업이다. 작가 한석근은 이 해석의 대상인 글감을 실제로 있었던 것에서만 취택하고 있다.

우리가 글감으로 선택하는 사물이나 사건의 기술에 있어서, 허구적 구성을 용납하지 않은 글과 허구를 수용한 글 사이에는 상당한 차이가 있다. 바로 여기에 수필문학이 가지고 있는 한계성이 있는 것이다. 오늘날 많은 수필가들이 허구를 끌어들여 전환적 표현을 하고자 하는 데에는 이에 대한 불만이 깊이 관여했다고 볼 수도 있다.

하지만 한석근의 수필에서는 이 전환적 표현에 대한 욕망을 가차 없이 내치고 있다. 그리하여 다분히 사적私的이긴 해도 비전환적 표현으로 견디는 방법을 제시한다. 그것은 고백문학의 범주 안에서 모색되고 있다. 작가 한석근의 눈에 띄어 동원된 방법은 그의 삶의 테두리 안에서 구해진 것이기에, 그 방법 자체를 알아내는 일도 작가의 작품세계를 읽어가는 지름길이 될 수가 있다.

여하튼 작가 한석근은 철저하게 전환적 표현을 거부하고, 진실을 진실 그대로의 위치에 두어 정시正視하고 추구하려는 방법을 선택한 작가이다. 그러다 보니 허구가 비집고 들어갈 자리가 없이 오로지 사실만을 근거하여 수필을 탐구해 왔다. 이토록 현실의 삶에서 직접 있는 사실만을 사냥하여 그것에 의미를 부여해 온 작가에게는 그만한 노력이 따른다. 확실한 근거 없이 두루뭉술하게 의미를 전달할 수도 있겠지만, 작가는 결코 그러한 방법을 택하지 않는다. 이러한 시도는 작가의 치밀한 계산 아래 얻어진 수법이리라.

2. 사실에 근거한 수필쓰기

수필을 씀에 있어서 사실적 근거만을 신뢰하는 데에는 작가 나름의 수필에 대한 고유한 인식이 있기 때문이다. 또한 타 장르와의 차별화에 민감한 결과이기도 하다. 허구를 동원하다 보면 소설과의 차별화가 모호해지고, 종내에는 소설에 흡수될지도 모른다는 우려를 안고 있기에 그러하다. 아니면 작가가 인간의 생활을 해석하여 작품으로 형상화하는 과정에서 삶을 직시하고 분석하려는 욕망이 문학성이나 예술성보다 한발 앞서 작용한 성급한 결과일 수도 있다.

작가 한석근에 있어서 글감은 반드시 있었던 것이어야 한다. 자신이 걸어온 삶의 현장에서 주워 모은 것이거나 향토사 연구로 인하여 얻어진 것들이 대부분이다. 또한 작가의 생업에서 얻어진 글감이 눈에 띄는 것은 수필문학이 자신의 삶을 독자들에게 고백하는 형식을 취하고 있다는 점과 무관하지 않다. 사실의 동원은 진실성에도 근거하지만, 너무 철저하여 과학적인 수치까지 동원하고 있는 것이 작가 한석근의 작품세계에 나타나는 한 특징이기도 하다.

> 바다같이 넓은 천지는 동서길이 335KM, 남북길이 131KM이고, 가장 깊은 곳이 373M, 평균 깊이 270M이다. 수량은 1분당 60t씩 60년이 흘러도 밑이 보이지 않을 만큼 많은 양이고 아무리 오랜 기간 동안 흘러도 마르지 않는다. 그 원인은 지하수가 솟아오르고 많은 비와눈 녹은 수분이 모여들기 때문이란다.
> － 〈白衣民族의 井華水〉에서

위의 글은 백두산 정상의 천지연에 대한 수치적 기술이다. 확실성을 획득하기 위해 적확한 수치를 동원하고 있다. 이러한 자료의 활용은 작가의 부단한 노력의 결과라고 볼 수 있다. 작가 한석근에 있어서 확실성을 얻기 위한 글감 사냥의 노력은 지대한 것이어서 독자들에게 넓은 지식을 제공해 주기에 충분하다. 그리하여 이 작가의 수필을 읽는 독자는 덤으로 많은 지식까지 얻게 된다. 수치를 동원한 확실성도 있지만, 사물의 이치를 따져 나가는 것을 보면 작가가 얼마나 글감 사냥에 고심하고 있는가를 추측할 수 있다.

> 1급은 학주學酒라 하여 술의 진경을 배우는 사람酒卒이라 했고, 초단은 애주愛酒라 하여 술의 취미를 맛보는 사람酒從, 2단은 기주嗜酒라 하여 술의 진미에 반한 사람酒客, 3단은 탐주耽酒라 하여 술의 진경을 채득한 사람酒豪, 4단은 폭주暴酒라 하여 주도를 수련하는 사람酒狂, 5단은 장

주長酒라 하여 주도 삼매에 든 사람酒仙, 6단은 석주惜酒라 하여 더불어서 유유자적 하는 사람酒聖, 8단은 관주觀酒라 하여 술을 보고 즐거워하되 이미 마실 수 없는 사람酒宗, 9단은 열반주涅槃酒라 하여 술로 하여금 다른 세상으로 떠난 사람酒靈이라 일컫는다. 이쯤 되면 며칠 전 정신없이 허우적거리며 아래위로 토사곽란한 나의 처지나 ≪취해서 50년≫의 집필자 라대곤 선생이나 9단에 속하는 셈이다.

　일찍이 주찬酒讚의 기록은 동서양을 막론하고 시인들의 시에서 많이 전해오고 있다. 이태백의 불괴천인생不愧天人生이란 시를 보면, 천지개애주 애주불괴천이라 했다.

- 〈술〉에서

　한식은 냄비에 육수, 무, 콩나물을 넣어 끓이다가 살이 익기 시작할 무렵 거품이 넘치면 미나리를 넣고 조금 더 끓인다. 소금과 마늘다짐, 고춧가루 양념으로 지리 매운탕 맛을 내는 것이 특징이다. 일식은 콩나물, 미나리를 넣지 않고 다랑어 육수에 배추, 버섯, 무, 두부 등 야채를 넣어 깊은 맛을 우려내는 것이 특징이다.

- 〈특미의 복요리〉에서

　음식에 대한 지식도 해박하다. 음식의 맛에 대해서도 다양하고, 그것을 즐기는 사람들의 유형도 익히 안다. 심지어는 조리법에 이르기까지 전문가의 수준을 넘나든다. 〈술〉에서는 그것을 좋아하는 사람을 단계별로 유형화했음이 재미있다. 물론 이 내용도 본인의 경험과 판단에서 얻어진 것이 아니라 확실한 문헌적 근거를 꺼내어 사용하고 있는 것이다. 이러한 의도는 수필이 사실의 기록이며, 작가의 생각을 고백하는 문학임에 근거한다. 복요리의 기술에서는 가히 전문가답다. 우리의 요리와 일본식의 요리를 차별화하여 독자들 앞에 제시한다. 이처럼 한석근의 수필에는 다양한 글감이 그 속을 드러내고 정확한 정보로 우리에게 다가온다.

> 침향은 쉽게 구할 수도 없으며, 쉽게 만들어지는 것도 아니다. 천년 세월을 땅속에 묻혀 있어야만 비로소 침향이 되며, 그 가치를 인정받게 된다는 것도 진실이 아니다.
> 침향은 아열대지방인 베트남, 태국, 미얀마 등 동남아에서 거목으로 자라는 나무이며, 사철 잎이 푸르다. 이 나무가 성장하면서 상처를 입거나 생태적 변화로 인하여 나무속에 수지樹脂(나무진)가 쌓인다. 다른 나무보다 유별스럽게 쌓이므로 이 나무진을 침향이라 부르게 되었다. 이 침향을 불에 태우면 아주 좋은 향기를 내며, 좋은 약효를 지닌 영약으로 알려지면서 예부터 많은 사람들은 보석같이 진귀하게 사용했다. 이 침향은 물에 가라앉을수록 고급품으로 취급했다. 좋은 침향나무는 그 비중이 0.4에 속하며 질 좋은 침향은 수지의 함량이 25%를 넘어서야 한다고 전문가들은 말하고 있다. 이 침향이 갖는 특색은 색깔이 녹황색으로 진한 것이 좋고 색이 연하거나 까맣게 되면 품질이 나쁜 것으로 취급받았다. 이 침향 자체적으로는 어떤 냄새도 내지 않는데, 다만 불에 태우면 그때 좋은 향내를 뿜어서 맡을 수 있다. 수지의 함량이 많은 침향일수록 불에 탈 때 연기가 적게 나고 독특하고 진한 향내를 피운다. 이 침향은 썩지 않으므로 오랫동안 보존할 수 있으며, 수지는 나무속에 들어 있는 테르펜(terpene)과 플라본(flavone)이란 화합물이 서로 반응함으로써 생겨나는 것이다.
>
> — 〈침향의 신비〉에서

침향에 대한 지식이 상세히 제공된다. 이처럼 작가 한석근은 어떠한 글감이든 확실하게 그 자료를 찾아서 활용한다. 보통의 지식인으로서는 따라잡기 어려운 경지에까지 글감 사냥을 감행한다. 그 글감의 밀림 속을 헤집고 작가는 존귀한 글감을 찾아낸다. 향에 대한 해박한 지식을 우리는 이 수필을 통해 맛볼 수 있다.

> 우리나라 단군신화에 우사雨師, 운사雲師, 풍백風伯, 뇌공雷公이 등장하는데, 자연의 네 신四神을 지칭하는 것이다. 이 자연의 신을 부르는 의례에서 시작한 것이 사물(꽹과리, 장구, 징, 북)놀이이다. 이 사물로 소리를 내어서 신을 부르고 오늘날 한민족의 사물놀이로 전래되어 왔다.
> 사물놀이의 맨 앞에서 울리는 꽹과리는 뇌공이라 하여 천둥소리를 상징하는 것이며, 장구소리는 줄기차게 쏟아지는 소나기를 연상하는 우사雨師라 했다. 이 두 가지 못잖게 중요한 역할을 하는 것은 북과 징인데, 북은 운사雲師라 하여 구름이 하늘 궁전을 이루며 두둥실 떠가는 모습을 소리로 표현한 것이며, 징 울림은 바람소리를 상징하는 은은한 울림이다.
> — 〈한 겨레와 영고제靈鼓祭〉에서

글감의 세계가 참으로 다양하며, 그 깊이 또한 대단하다. 단군신화에서부터 시작하여 사물놀이의 기원까지 추출해내는 작가의 해박한 지식은 읽는 이의 눈을 즐겁게 한다. 신화에 나오는 자연의 네 신을 부르는 악기가 꽹과리, 장구, 징, 북임을 말하고, 그것이 오늘날 우리의 사물놀이 악기의 중추임을 알려주고 있다.

이 뿐만이 아니라 〈히스꽃 만발한 '폭풍의 언덕'〉에서는 〈제인에어〉를 쓴 샬럿과 '폭풍의 언덕'을 쓴 에밀리, 그리고 〈아그네스 그레이〉를 쓴 앤 등, 이들 세 자매에 대한 현지적 자료를 제공해 주고 있다. 세계적인 작가를 바라보아도 그냥 귀동냥하여 넘기는 것이 아니다. 확실한 문헌과 현지의 탐방을 통하여 일반 독자가 알 수 없는 것들을 찾아 제공해 준다. 또 〈韓國佛敎와 古文獻〉에서는 우리와 일본에 불교가 전래된 역사를 자세히 알려주고 있다. 옛 문헌을 뒤지고 전문가들의 의견을 참고하여 글을 구성해가는 것은 작가의 성실하고 부지런한 삶에서 얻어진 것이다.

이처럼 한석근은 수필의 재료가 되는 글감을 확실한 근거를 갖고 있는 사실 속에서 우려내는데, 이는 직접적인 체험이나 문헌상의 자료를 사냥하여 자신의 것으로 녹여서 활용한 것들이다.

우리가 여기서 깊이 있게 짚어볼 것은 작가가 사냥한 글감이 어떻게 활용되고 있느냐에 대한 문제이다. 어떠한 글이든 그 자체의 생명을 보존하려면 다른 사람들의 것과 차별화되어야 하고, 자신의 삶을 글 속에 밀어 넣어 나름대로 해석해내야 한다. 작가가 생활 속에서 구한 글감들에 대해 어떠한 해석을 내렸으며, 또 타인과는 어떻게 차별화했는가 하는 문제는 독자가 수필을 읽으면서 맛보아야 할 것들이다. 다만 독자들에게 오래 남는 글은 작가의 치열한 작가정신에서 비롯된다는 점이다. 그러기 위해서는 '낯설게 하기'의 시작이 요구된다. 늘 보아오던 사물이라도 오늘 처음 보는 것처럼 바라보아야만 추상화되고 단순화되는 경향에서 벗어날 수 있다. 그래야만 글의 생명이 영원할 것이다.

3. 전승문화의 텃밭 뒤지기

작가 한석근은 울산지역에서 향토사를 연구하고 있다. 늘 자신이 사는 곳의 역사를 되짚어보고, 기록으로 남기지 않으면 흘려버리기 쉬운 지역의 역사를 채록하는 일에 자신의 삶의 한 부분을 내어놓은 향토사학자다. 이 일은 아무나 할 수 있는 일은 아니다. 자신이 사는 곳에 대한 뜨거운 애정이 없이는 불가능하다. 이런 일에 종사하는 사람들에게는 조그마한 이야기에서부터 커다란 이야기에 이르기까지 어느 하나 소중하지 않은 것이 없다.

그러기에 작가 한석근에게 있어 향토의 이야기는 글감의 한가운데에 머물러 있고, 다루는 솜씨 또한 그것에서 얻은 바를 십분 활용하고 있음을 알 수 있다. 자신도 모르는 사이에 향토사를 바라보던 시각이 수필 창작과정에도 끼어들게 된 것이다. 이 같은 전승문화의 텃밭 뒤지기는 수필의 심연을 깊게 할 수도 있지만, 자칫 안이함 속으로 추락할 위험성도 내포하고 있다. 한석근에 있어서 이 부분은 다른 사람이 모방하기조차 어렵도록 일가를 이루고 있으며, 자신의 작품세계를 넉넉히 더해주는 기능을 가지고 있다.

> 나라에 전쟁이 난다면 과연 이 시대에 3천 궁녀 같은 여인들이 초개같이 목숨을 버릴 수 있으며, 논개와 계월향같이 나라를 위해 목숨 버릴 수 있을는지! 고고한 절개와 지성과 예술혼을 불태우며 목숨 받혀 일편단심 외로운 길은 뉘라서 이 시대에 걸을 수 있으랴.
> 사대부들의 기계가 하늘을 찌르던 고려와 조선시대에 천민의 초상화를 그려 사당에 걸고 숭모했으며, 마음을 끄는 애절한 암각시를 새겨 기리는 것은 그들의 충절과 예술 혼을 높게 평가했다는 증거이기도 해 사뭇 가슴이 흐뭇하다.
> 　　　　　　　　　　　　　　　　　　- 〈蔚山의 落花岩과 樂妓〉에서

우리가 제사를 자시에 지내는 것도 가장 조용하고 소중한 시간에 제

사를 지냄으로써 신령이 찾아오는 한밤중을 이용해 제를 올린다. 그러나 이즈음은 이렇게 자시가 되도록 기다리는 집안도 적고 과거처럼 엄격하게 제사를 지내지도 않는다. 집안 어른들과 형제들이 모이면 뒷날 직장의 출근 때문에 서둘러 제사를 지내고 파제罷祭 음식을 요기療飢하고 제각기 집으로 돌아가는 현상이다. 그러나 내가 어린 시절에는 천부당만부당한 일이었다. ……〈중략〉…… 파젯날 아침이면 온 마을 사람들을 초청해 십시일반으로 편, 밤, 대추 한조각, 생선 한 토막, 나물 한 접시라도 나눠먹던 인정과 전래풍습이 있었건만 이제 조선의 미풍양속과 전통은 다 어디로 가서 숨어 있는지!

— 〈壬子와 子時〉에서

전승문화를 채록하는 이유는 그 지역에 전래되어 오는 지명, 신화, 전설, 설화, 민담, 세시풍속, 풍속, 민요, 방언 등을 알아보고, 조상들의 슬기와 지혜를 익혀 새로운 문화 창조에 활용한다는 뜻도 있다. 채록하지 않으면 역사 속으로 사라질 무형문화재들에 애정을 가지고 정열을 쏟는 이유도 여기에 있다. 또한 전승문화는 오늘의 우리들의 모습을 반추해 볼 수 있는 좋은 기회를 제공해 주기도 한다. 위에 든 글 두 편에서도 작가는 옛것에 빗대어 오늘의 현실을 질타하는 일을 잊지 않고 있다. 풍전등화 같은 조국의 운명 앞에 제 한 몸 날리어 애국했던 기녀들의 삶을 소개하면서 오늘의 세태를 크게 꾸짖고 있다.

또한 전래되어 온 제사 풍습을 소개하는 과정에서도 제사에 임하는 태도와 조상의 음덕을 기리는 기본 취지가 잘 드러나 있다. 뿐만 아니라 제물의 마련과 진설에 이르기까지 자세히 설명해 줌으로써, 잊혀져 가는 옛 문화를 되살려내는 임무를 톡톡히 하고 있는 것이다. 정확히 자시子時를 기하여 제사를 지내야 하는 내력을 짚으면서 오늘의 세태에 비판의 칼을 들이댄다. 다음날의 출근 준비로 인해 심오한 제사의 의미도 내팽개치고 편의주의로 흘러가고 있는 오늘의 현실을 꼬집는다. 종내에는 우리의 미풍양속과 전통이 사라져 감을 탄식하고 있다.

  우리나라 사람은 옛부터 나무를 신성시해 왔다. 먼길을 떠나거나 잠시 타지를 다녀올 때도 당산나무 앞에서 두 손을 모은 채 무사안일을 기원했다.
  정월 대보름 날 전야에는 밤, 감, 대추, 호도, 복숭아 같은 과목들은 시집을 보내기도 했다. 남성의 성기를 닮은 길쭉한 돌을 V자로 뻗은 쌍간지双幹枝에 꼭 끼워서 성행위를 유감類感시켰다. 이런 풍습은 열매를 많이 달리게 한다는 다산의식多産意識에서 비롯된 특이한 우리 민족만의 문화이다.
  아이를 못 낳거나 생식력을 강화시킬 필요가 있을 때 나무서방을 사타구니에 꼬옥 껴안고 자는 풍습도 있었다. 복숭아나무는 백귀百鬼를 쫓아내고 성력性力을 강화시켜주는 것으로 알았으므로 서방나무로 삼았고, 동쪽으로 뻗은 도동지桃東枝일수록 양기가 크다고 알았다. 그런데 이 나무서방을 삼기 이전에 먼저 치르는 의식은 액귀와 사악함을 쫓아내려고 나무목욕을 시켰다.
               - 〈다시 심고 싶은 민속수〉에서

전승문화 중에서 많이 전해져 온 것은 민담인데 텔레비전의 보급으로 급속히 상실되어 지금은 찾아보기가 어려운 실정이다. 그 민담 속에는 조상들의 의식의 편린을 읽을 수 있는 것도 있어 재미있다. 민담에는 동물이 자주 등장하지만, 개중에는 나무가 등장하기도 한다. 그러면서도 민중들 속에 깊이 내재해 있는 성性이 자연스럽게 녹아 있어 웃음을 자아내기도 한다. 이러한 행위는 당시의 사회상을 말해 주는 것이어서 지난 과거의 삶의 모습을 추측할 수 있게 해 준다. 인간이든 짐승이든 성에 대한 집착은 다를 바가 없는가 보다. 이러한 민담은 성을 숨기려했던 조선시대에 마음을 삭혀 참아내고 인내하게 하는 기능을 가지고 있었던 것은 아닐까.

솔거는 농가출신으로 어릴 때부터 그림에 뛰어났다고 하나 확실한 기록은 없다. 한편 전해오는 이야기로는 '중국의 장승요가 신라로 들어와 단속사斷俗寺, 황용사의 완공기와 백률사柏栗寺의 중수기 가운데 신문왕 때 당인 승요가 신라로 들어와 솔거로 개명하였고, 물物, 생生, 영靈에 극진하여 많은 사람들이 그를 신봉하였으며, 왕은 조서詔書를 내려 솔거로 명하였다.'는 대목이 있다.

― 〈명화 이야기〉에서

향토에서 회자되는 이야기들의 신빙성에는 한계가 있다. 정확한 근거가 있는 것이 아니고 입에서 입으로 구전되어 온 것이다. 세월이 흐르면서 가감이 되어 많이 변하는 경우도 있다. 하지만, 그 속에 들어있는 본래의 뜻은 상실되지 않는다. 비록 신빙할 수 있는 이야기는 아니라도 조상들의 삶의 흔적은 능히 찾을 수 있다.

어느 날 물의 신인 하백의 큰 딸 유화는 동생들은 다리로 냇가로 봄놀이를 나갔다. 마침 봄볕에 피어난 갯버들의 아름다운 모습을 보며 딸의 이름을 유화라 지었다. 유화는 성숙하면서 하느님의 아들인 바람둥이 해모수를 만나서 열정적인 사랑을 나눈다. 이에 실망한 하백은 가슴은 아프지만 바람난 딸을 추방해 버린다. 그러나 전화위복이 되어 동부

여의 금와왕에게 구원되어 유화는 왕궁으로 들어가게 되었다. 유화는 우연하게도 알 하나를 낳게 되고 이 알을 깨고 나온 아이가 훗날 주몽이 된다. 또 다른 자미로운 버들 이야기는 고려시대이다. 왕건이 왕이 되기 전 정주를 지나다가 늙은 버드나무 밑에서 쉬게 되었다. 이때 길옆 시냇가에서 빨래하던 아가씨가 눈웃음을 지었다. 이 아가씨가 바로 유천궁 호족의 딸이었다. 이것이 인연이 되어 딸은 뒷날 신혜왕후가 되었고, 궁예를 몰아내는 모의를 할 때 망설이는 왕건에게 입혀주며 결행하기를 독려했다. 버들 고목 아래서 버들유씨와 만났으니 이 또 큰 인연이다.

— 〈봄버들 연가〉에서

봄버들과 관련된 설화를 동원하고 있다. 고구려 건국 당시에 있었던 주몽의 모친 유화와 고려 건국 때 왕건에게 지대한 영향을 미쳤던 신혜왕후가 버들 유씨였음을 상기시키면서, 봄버들과 연관된 이야기를 끌어내고 있다. 옛 설화를 근거하여 오늘에 되살려서 오늘의 현실에 해석을 내리고 있는 것이다. 작가 한석근에 있어서 이같이 전승문화는 오늘을 보는 잣대의 기능을 가지고 있다. 오늘의 현상을 바라보면서 그때마다 전승문화가 글감으로 올라오는 것은 작가가 평상시에 이 부분에 깊이 들어가 있기에 가능한 일이다.

부적은 크게 나누면 부작符作에 속한 것이다. 부적과 부작은 서로 다른 것이다. 부작은 어떤 물건(뿔, 나무, 돌, 쇠, 대형깊 등)을 이용해 일정한 모양을 만들거나 원형그대로를 사용하는 것이고, 부적은 종이, 나뭇잎, 나무껍질, 헝겊 등에 그림을 그리거나 글을 쓴 것을 말한다. 이런 것들을 몸에 지님으로써 마음에 위안을 받고 무엇인가 '이루어질 수 있다'는 신념과 긍지를 갖게 된다고 한다. ……〈중략〉…… 부작은 유감주술을 위한 도구인데, 유감주술은 임신과 안산安産에 가장 많이 쓰였다. 달걀 껍질을 막대기에 꿰어 방문 위에 꽂아 놓으면 고환을 상징하는 것으로 아들을 낳을 수 있다고 믿었다. 시골에서 물이 흐르는 집 곁의 도랑가에 토란을 심는 것도 아들을 바라는 염원에서이다. 알토란같은 아들을 낳아 달라는 의미이다.

- 〈符籍〉에서

전승문화 중에서 사람들의 마음에 많은 영향력을 끼치고, 행동규범을 통제했던 것은 어쩌면 풍습인지도 모른다. 세시에 따라 이루어지는 세시풍습도 그렇지만, 관혼상제를 비롯한 통과의례에서 지켜야 할 것들은 당연히 지켜야 하는 것으로 알고 있었다. 그것을 지키지 않으면 귀신의 화를 입어 피해를 보는 것으로 인식하였던 것이다. 그래서 통과의례상 지켜야 할 풍습들은 대체적으로 실행되어 왔고, 그의 전수도 견고했던 것이다. 그랬기에 그 어느 분야의 전승문화보다도 확실한 자리매김을 하고 있었다. 우리 민족의 아들 선호사상은 유별난 것이어서 아들을 점지해 주는 신통력이 있는 것들은 더욱 치성을 받았다. 또 우리의 몸에 들어온 질병을 퇴치하기 위해 이루어졌던 풍습 역시 대단한 전승 능력이 있었다. 가장 철저히 지켜진 대표적 풍습은 이 두 경우이다. 그리고 이 경우에는 공히 부적을 사용하기도 했다. 그만큼 부적은 우리의 전승문화와는 떼어놓을 수 없는 위치에서 우리의 의식에 영향을 미쳤던 것이다.

이와 같은 풍습들을 비롯한 전승문화가 작가 한석근에게는 커다란 의미로 부각되어 있다. 이러한 현상은 여러 편의 글 속에 무르녹아 있다. 지면 관계로 일일이 언급할 수는 없지만 많은 글에서 화두가 되어 나타나고 있음은 지적해 둔다. 이처럼 전승문화에서 많은 글감을 찾아내는 일이 작가의 문학세계를 대변하는 것이기도 하다. 물론 글감의 해석이 중요한 문제이지, 글감 그 자체는 별의미가 없다고 말할 수도 있겠으나, 한석근에 있어서는 결코 그렇지 않다. 그의 사고의 기저에는 역사의식이 있고, 과거에 대한 가치평가가 신중하기 때문에 글감의 분석도 나름의 의미를 갖는다. 〈蓬萊山 紀行〉, 〈西歸浦 讚歌〉, 〈아귀찜 特味〉, 〈2차대전과 6·25〉, 〈4백년만의 歸鄕〉, 〈雨中初夏〉, 〈韓國佛敎와 古文獻〉, 〈고탑古塔과 민족정기〉, 〈명화 이야기〉, 〈北朝鮮의 國花〉 등에서도 같은 예를 보이고 있다.

4. 나무와의 교감 속에서 찾아낸 삶의 슬기

작가 한석근의 생업은 조경으로 알려져 있다. 수필이 작가의 고백문학에 둥지를 틀고 있는 것이라면, 작가의 작품세계가 자신의 생활 궤도에서 이탈하기에는 무리가 따른다. 공교롭게도 글감의 범주가 '사실', '전승문화', '나무'에서 벗어나지 않는 점도 그러한 이유에서이다. 철저하게 사실에서만 글감을 취하는 작가는 그 어느 작가보다도 자신의 삶의 현장을 이탈하지 못한다. 바로 한석근의 작품세계가 그런 예이다. 자신의 부족한 부분을 채우기 위해 노력을 해도 그 범주에서 벗어나지 않는다. 문헌을 뒤적거리며 자료를 찾아도 그 범주 안에서만 가능하다. 어쩌면 작가 한석근에 있어서 이 세상에서 가장 편안하게 오래 쉴 수 있는 곳은 전승문화이고, 나무일지도 모른다. 그는 분명 향토사학자이고, 조경 전문가이기 때문이다.

벼슬이 없는 서민의 관도 일반 소나무로 만드는 것을 보면 우리나라 산야에는 소나무가 대표적이라고 할 수 있다. 특히 그 가운데서도 금강소나무는 용비늘을 피부에 두르고 선풍도골仙風道骨로 하늘을 치솟아 목재의 질이 좋고 결이 아름다운 것이 특징이다. 그래서 예부터 금강소나무는 궁궐이나 대찰, 선재船材를 짓는데 많이 사용되었고 나라에서 특별한 보호정책을 만들어서 황장산을 관리하며 도벌을 막았다. 황장산은 강원도, 경상도, 전라도의 32읍 60여 곳을 지정하였다고 한다.

금강소나무는 강송재剛松材로 산지의 이름을 붙여 춘향목이라 불렀는데 곧 그 이름이 황장목으로 금강소나무를 일컫는 말이다. 이 금강소나무는 몇 가지 등급으로 나눠서 사용하였는데 이 나무들에 등급표를 붙였다.

- 〈금강 소나무〉에서

나무의 생태적 특성뿐만 아니라 육림의 방법, 또 자연 속에 있는 것이면 그 분포도까지 그의 지식이 미치지 않는 곳이 없다. 외국에서 귀화한 것이면 그 유래에서부터 현재에 이르기까지의 재배 상황도 일목요연하게 엮어낸다. 육림에서 유의해야 할 지식은 물론이요, 활용도까지 한 줄에 꿴다. 〈금강소나무〉에서는 이 나무의 특성과 용도에 대하여 해박한 지식을 제공해 준다. 그리고 우리가 전혀 알지 못하는 나무의 등급표에 이르기까지 자료를 제공해 주고 있는 것이다.

대나무는 죽순이 새싹으로 첫 자람을 시작한다. 맨 처음 굵기가 3cm라면 1년 후나 10년 뒤라도 굵기가 똑같다. 굵기가 전혀 늘어나지 않는 것은 몸속에 부름켜라는 기관이 없어서다. 어릴 때부터 여러 개의 마디가 나눠져 있고 마디와 마디 사이에 절간節間 분열조직이란 곳이 있어서 이곳에서 각기 자람을 맡아서 수십 일이면 자람이 정지되어버린다. 그 후 몸을 단단하게 하는 기간은 4년 정도 소요된다. 가운데 공간이 비어있어도 원형으로 둘러싼 대살竹肉 때문에 강풍에도 꺾이지 않는 리그닌이란 물질로 강해지는 세포 쌓는 기술을 촉진시킨다.

대나무의 수명은 60~100년으로 본다. 다른 나무에 비해 게으른 일생을 살지만 고고한 지조와 올바른 삶을 살아가다가 어느 순간 미련 없이 주변의 무리들과 일시에 꽃을 피우고 생을 마감해 버리는 것이 대나무의 특성이다.

― 〈오죽烏竹〉에서

〈오죽〉에서도 작가의 다양하고 해박한 지식은 독자를 압도한다. 가히 나무 전문가답다. 단순한 나무의 생태적 특성에 머무르지 않고, 그 생태적 모습이 나타내는 것까지 기술해 주고 있다. 고고히 살던 '오죽'이 생의 마지막 순간에 꽃을 피워 최후의 완성을 도모하고 떠나는 모습은 숙연한 느낌마저 들게 한다. 이처럼 화려하게 최후를 장식할 수 있는 것은 자신을 어떻게 다스려야만 가능할 수 있는 경지인가. 이는 작가가 삶을 꾸리면서 늘 고민해 오는 문제이기도 하다.

함양군수로 부임해 수많은 후학을 가르치고 1475년 정3품 통훈대부로 승진하여 함양을 떠난다. 그러나 발길은 천만근 무겁게 뒤돌아보며 쉽게 이별할 수 없었다. 함양군수의 임기가 끝날 무렵 눈에 넣어도 아프지 않을 애지중지 기른 다섯 살 난 아들이 홍역으로 잃고 얼마 되지 않아서 떠나는 발걸음이 쉽게 떨어질 수 있으랴. 하지만 하늘이 정한 운명을 어찌 하겠는가 못내 아쉬운 발길을 멈추고 눈에 밟히는 천진한 아들의 모습이 아른거려 쉽사리 떠날 수 없어 생각다 못해 죽은 아들의 이름이 목아木兒였으므로 나무와 운명적인 인연으로 천년을 살 수 있는 장수목 느티나무 한 그루를 학사루 뜰에 심었다. 목아란 이름도 자식이 태어나던 때 한결같이 목성木星과 불과분의 관계를 맺고 있어 지은 이름이다. 한 그루 나무를 심어 어찌 짧은 생을 살다간 자식에 대한 아픈 마음을 씻을 수 있었으랴만 그마저 심지 않았더라면 쉽사리 떠나지도 못했으리라.

— 〈학사루 느티나무〉에서

 지금까지 나무의 특성과 용도에만 주어오던 관심을 이번에는 한 발 나아가 사람과 얽혀진 사연에까지 들고 나선다. 나무에다 자신을 얹어 놓거나, 사람들의 삶을 나무에 빗대어 기술하는 경우이다. 그리고 나무와 얽혀진 사연들을 풀어내어 사람들의 인지상정에 호소하고 있다. 자식을 잃고 떠나야 하는 아비의 심정을 느티나무를 심음으로 해서 풀어냈던 함양군수의 이야기는 독자들의 마음을 아리게 한다. 이처럼 작가 한석근은 나무에 대한 다양한 지식을 자신의 속내를 풀어내는 도구로 활용하고 있다. 이 역시 삶의 모습이 겉으로 드러나는 수필문학은 작가가 윤리적인 면에서 소설가처럼 자유롭지 못함을 보여주는 것이라 말할 수 있다.

 일제는 창경궁에 계획적으로 벚나무를 심고 창경궁을 창경원으로 격하시켰다. 시민들에게 공개하여 벚꽃축제 열풍을 일으키며 민족혼을 말살시켰고, 조선왕실의 5백 년 사적마저 짓밟았다. 그러나 역사를 되짚어보면 효종이 북벌 때 벚나무는 궁재弓材로 쓰려고 350수년 전 우이동에 심었다는 기록이 있으니 새삼스럽기도 하다.
 일본의 왕벚나무는 소메이요시노 사쿠라染井吉野櫻라 부르는데, '소메이'는 도쿄 도시마豊島구의 소메이촌染井村이다. '요시노'는 나라의 요시노산吉野山인데 각기 이름을 따서 1900년 식물학자인 후지노藤野가 조합하여 만든 이름이다.

— 〈벚나무 탐미〉에서

나무의 관찰에도 전문적인 지식이 완연하다. 나무의 혈통에서부터 뻗어나가 살고 있는 분포도, 그리고 그 쓰임새까지 이른다. 일본 전역을 뒤덮고 있는 '벚꽃'에 대해 대개는 일본열도가 원산지로 알고 있다. 이것은 제주도 한라산이나 전남 해남의 두륜산, 전북의 대둔산 등에서 자생하는 것들을 그들이 몰래 가져다가 후지산의 것과 교잡시킨 것이라는 지적을 놓치지 않는다. 또 서울의 창경궁에 벚나무를 계획적으로 심고, '창경원'으로 개칭한 일본의 얄팍한 속셈까지도 지적한다. 이처럼 나무에 대해 말할 때조차도 향토사 연구의 흔적이 끼어드는 것은 이 작가의 삶의 편린이고, 수필의 한 특징이기도 하다.

5. 나가면서

이상에서 살펴보았듯이 수필가 한석근은 수필의 비전환적 표현의 속성을 철저히 지킨 작가라 말할 수 있다. 누가 전환적 표현을 갈망하든 전혀 동요함이 없다. 오로지 수필은 허구가 용납되지 않는 비전환적 표현에 근거한다는 것만을 굳게 믿고 글을 쓴 작가이다. 전환적 표현을 용납하는 작가들이 허구의 유리 그릇 너머로 왜곡된 가상假想을 통해서 하나의 진실을 발굴하려는 태도를 보이고 있음에 반하여, 그는 한 치의 흔들림도 없이 빗장을 걸고 있는 것이다.

이런 경우에는 사실의 범주에서 벗어나지 못하고, 읽을 대상을 의식하며 글을 쓴 경우도 더러 있을 수 있다. 그러나 사실의 세계를 추구하는 독자의 소망을 받아들이면서, 생활인의 체험 속에서 진실을 찾는 기회가 될 수도 있는 것이다. 이렇게 비전환적 세계에서 글감을 갈무리하다 보면, 혹자는 수필을 지식의 전시장이나 간지러운 자기선전의 광고판쯤으로 폄훼하기 쉽다. 그것에서의 자유는 작가의 투철한 작가정신이 해결해 줄 문제이다. 수필가 한석근에 있어서 이 문제는 '낯설게 하기'로 해결한다. 늘 보아온 것(환경, 성격, 생활, 인생관)은 추상화되고 단순화되어 오히려 우리의 시야에 들어오지 않기 마련이지만, '낯설게 하기'를 근거로 글감의 의미를 해석해 내기에 한석근의 수필은 형상화가 가능했던 것이다. 그래서 그의 수필은 지식 전달이나 정보 제공의 한계에서 초월을 얻을 수 있었다.

한석근의 수필세계가 방대한 것은 생활의 폭이 넓고, 그로 인하여 얻은 글감의 세계가 넓음을 의미한다. 비전환적 표현을 추구하면서, 사실의 세계에 근거하여 외도를 막기 위해 빗장을 건 것은 수필의 생태적 특성에 충실한 결과이다.

한석근의 수필을 보면서 수필은 역시 작가의 삶이 겉으로 드러나는 고백의 문학임을 절감한다. 끝으로 작가 한석근의 수필세계가 '낯설게 하기'를 근거로 하여 사물에 대한 해석의 노력이 끊임없이 이어지기를 소망한다.

기행수필의 가능성과 새로운 모델 찾기
― 윤석희의 《바람이어라》에 부쳐서

1. 들어가면서

 수필은 작가의 삶 속에서 소재를 선택하여 그것을 해석해내는 작업으로 이루어진다. 그래서 수필 작품 속에는 작가가 들어 있다. 문학의 어느 장르보다도 작가가 두드러지게 드러나는 장르가 수필이다. 이런 까닭에 수필은 다양한 내용을 담을 수 있는 그릇이 되고, 그 그릇의 모양 또한 각양각색이다.
 아무리 각양각색이라 해도 많은 작품이 생산되다 보니, 독자의 눈에는 그게 그거로 인식되는 경우가 허다하다. 더구나 수필가와 독자의 체험 세계가 비슷하다보니 독자의 눈에 새로운 인상을 심어주기에는 여간 노력이 필요한 것이 아니다. 요즈음처럼 많은 수필가들이 활동하는 현실에서는 자신의 삶 속에서 소재를 찾더라도 일반적인 것이면 빛을 보기 어렵다. 그것은 소재에 국한한 이야기가 아니라 해석의 차별화에 더 비중을 둔다. 남들이 전혀 생각하지 못한 나만의 해석일 때에 독자들의 반응은 더 크다.

이런 시대적 요구에 따라 많은 수필가들이 소재 발굴 작업에 나서고 있다. 하지만 그 작업이 소재에 머물러서는 아니 됨을 깊이 인식해야 한다. 좋은 소재가 빛을 보기 위해서는 작가의 혼이 담긴 해석이 따라야 한다. 그것이 작가의 안목이고, 작가의 존재이유이다. 특별한 소재에서는 오히려 보편적인 주제를 찾고, 일상적인 소재에서는 아주 색다른 주제를 발굴하라 하면 지나친 나만의 억설일까.

색다른 소재 찾기는 미지의 세계를 헤매게도 한다. 그래서 요즈음 기행수필이 부쩍 많이 나오고 있는지도 모른다. 하지만 그것도 여러 사람이 시도하다 보니, 여행에서 얻어진 소재도 색다름의 인식에서 열외 되는 처지가 되었다. 기행수필의 소재가 국내여행에서 해외여행으로 변하는 까닭도 여기에 있다. 하지만 이제는 해외여행도 식상한 소재가 되고 말았다. 누구나 미지의 세계에 대한 궁금증을 풀기 위해 해외 나들이를 한두 차례는 하기 때문이다. 거기에다 독자들의 정보 수용 수단이 용이해지면서 여행에 의존한 소재주의에 머문 글에는 시간을 할애하는 독자가 없다는 사실이 수필가들에게 또 하나의 부담으로 작용하고 있다. 전에는 미지의 세계에 대한 궁금증으로 여행에서 얻은 정보나 지식 정도를 알게 된 것으로도 만족하던 독자들이 이제는 그런 범주에서 빠져나와 그 작가만의 특별한 해석을 요구하고 있는 것이다.

그러다 보니, 기존의 기행문처럼 여정에 따른 안이한 기술은 독자에게서 멀어질 수밖에 없다. 이제는 체험에 대한 새로운 인식과 새로운 형태의 기행수필을 독자들은 요구한다. 이러한 문제 해결의 답이 윤석희의 수필집 ≪바람이어라≫에는 고스란히 들어 있다.

2. 기행문과 기행수필의 경계선

흔히 말할 때 기행문의 형식에 따라 적은 수필을 기행수필이라고 한다. 막연히 그렇겠지 하면서도 기행문과 기행수필의 경계선을 어떻게 설정할 것인가에 대해서는 답하기가 그리 수월하지 않다. 더러는 기행문 자체가 기행수필이라고 말하는 이도 있으니 더욱 어려워진다. 수필의 영역 확대가 이루어지고, 그 영역의 경계가 확연해지면서 기존의 기행문을 가지고 수필의 명함을 걸기에는 무리라는 생각이다. 이제는 기행문과 기행수필의 경계를 확실하게 할 필요가 있다고 본다.

기행문은 미지의 세계에 대한 지식과 정보와 작가의 체험을 독자에게 전달하는 것이 그 목적이다. 기행문은 여행의 일정에 따라 순간순간 얻은 정보와 지식을 나열해가기에 장소의 이동에 따라 다른 방향의 목적을 추구하기도 한다. 장소마다 여행자가 보고 들은 것이 다를 수 있고, 느끼는 감정 또한 방향이 바뀔 수 있다. 그러한 것들을 비교적 상세히 기술해 간 것이 기행문이다. 그러기에 독자는 종종 식상한 백과사전적 자료의 열거 앞에 실망을 하게 된다. 알고자 하는 정보가 널려 있는 정보화시대에서 이런 글로 감동받을 독자는 없을 것이다. 똑같은 것을 보더라도 다른 사람과 차별화된 작가의 혼으로 해석해낸 글이 아니면 독자들은 시간을 할애하려 하지 않는다.

하지만 기행수필은 다르다. 기행문처럼 백과사전적인 기술이 아니다. 하나의 주제를 설정하고 그것에서 이탈하여서는 아니 된다. 여러 곳을 여행하면서 보고 듣고 느낀 바가 많아도 하나의 수필에서는 주제를 향한 것으로만 짜여져야 한다. 독자의 단순한 미감을 충족시키기 위해 잡다하게 동원되는 소재로는 수필이라 할 수 없다. 기행문에서는 자신의 체험을 기술하지만, 기행수필은 단순한 체험의 기술이 아니라 그 소재에 대한 작가의 의미화 작업이 반드시 이루어져야 한다. 작가가 독자에게 전달하려는 주제에 연관된 소재를 주제를 향한 처지에서 의미화하고 형상화해야 하는 것이 기행수필이다. 그러기에 기행문처럼 여행에서 얻은 지식과 정보를 모두 담으려하다가는 기행수필은 실패하고 만다.

당연히 기행문과 기행수필의 기술태도도 다르다. 기행문의 경우는 대개가 여행하면서 얻은 자료나 메모를 십분 활용하려 한다. 왜냐하면 미지의 세계에 대한 정보와 지식을 전달하려는 것이 목적이기 때문이다. 이에 반하여, 절대적인 것은 아니라 해도, 기행수필은 그러한 자료나 메모에 의존하지는 않는다. 작가가 느꼈던 것을 쓰기에 그의 기억 속에서 소재를 사냥하여 가슴속에 남아 있는 감흥을 끄집어내어 적는다. 즉, 작가만의 가슴으로 느낀 독창적인 것을 어레미로 걸러내어 써야 하는 것이 수필이다.

어레미에 걸린 것들은 작가의 시각에 따라 확연히 다르다. 예리한 시각을 가진 작가는 그만큼 능력이 있는 작가다. 자신이 사냥한 소재를 해석하여 독자에게 내보임에 있어서 독창적인 시각을 가지고 있다는 것은 그만큼 작가 나름의 사상과 철학을 가지고 삶을 영위해 왔다는 증거이다. 이러한 것이 없이 문학적으로 성공하기는 어렵다.

앞에서도 기술했듯이 이제는 색다른 소재를 발굴하기 위해 해외여행을 한다는 것은 식상한 일이 된 듯하다. 그 동안 해외여행에서 얻은 지식과 정보를 가지고 여정에 따라 백과사전적으로 기술하던 기행문은 독자들에게 치기로 인식되기에 이르렀다. 이제는 아니다. 해외여행이 보편화되어, 여행에서 얻은 소재는 일상에서 얻은 소재와 별반 다름이 없게 되었다. 요즈음의 기행수필은 굳이 일정에 따라 기술해나갈 일도 아니고, 일상생활에서 얻어진 소재처럼 주제와 연관된 것만을 취택하여 작가의 삶을 녹여 해석해낸 것만을 사용하면 된다.

3. 윤석희의 ≪바람이어라≫에 나타난 작품세계

윤석희의 ≪바람이어라≫는 해외여행에서 얻어진 것들이다. 한 번의 여행으로 얻은 것이 아니고, 십수 년에 걸친 반복된 여행에서 얻어진 것들이다. 그러다보니 일정을 무시할 수밖에 없다. 작가에게 있어서 여행은 그의 삶 자체이기에 일상에 지나지 않는다. 윤석희는 여행 중에 만난 소재에서 자신의 삶을 풀어냄으로써 자신을 드러내고, 자신의 병을 치유하고, 그러면서 기쁨과 즐거움을 챙기는 작가이다.

> 아무데라도 낯선 곳으로 움직여보고 싶습니다. 대굴대굴 굴러 보고 싶습니다. 돌덩이를 헤쳐 펴 보이고 싶습니다. 가끔은 거세게 울부짖고 싶지요. 태풍이 몰아쳐야 되겠습니다. 혼자서는 단단한 벽을 부수고 나설 재간이 없답니다. 바람의 도움이 절실합니다. 비까지 몰아쳐도 마다하지 않을 겁니다. 아니 그가 나를 산산조각 내어 가루로 부수어도 상관하지 않겠습니다. 그리하면 그의 숨결 좇아 가볍게 날아갈 수도 있을 테니까요. 정녕 그를 따라 먼 길을 나서렵니다. 종내 나도 바람이고 싶으니까요.

- 〈바람이어라〉에서

윤석희는 여행지에서 얻은 지식과 정보를 전달하려는 작가가 결코 아니다. 해외 무대는 희귀한 글의 소재를 구하는 곳이 아니라, 그에게는 단순한 삶의 현장일 뿐이다. 일상생활 속에서 접하게 되는 소재처럼 그것을 해석해내고 의미를 부여한다. 그의 글마다 작가의 사상과 철학이 배어 나오는 것도 이러한 까닭이다. 수필집의 표제가 된 〈바람이어라〉에서 보면, 작가 윤석희에 있어서 바람이 부는 세상은 작가가 늘 갈망하는 꿈의 세계임을 알 수 있다. 그리움과 열정, 회한과 분노를 가득 품은 세계이기에 그는 몸부림치며 달려가는 것이다. 그가 이같이 여행을 떠나는 이유는 우리의 현실이 너무도 무미하고 단조로우며 황량하고 권태롭기 때문이다. 그냥 머물러 있으면 땅 속으로 빠져들 것 같은 절망감 속에서 찾아낸 삶의 한 방편이 여행인 것이다. 그리하여 작가는 종내에는 자유로운 바람이기를 소망한다.

3-1. 자아 드러내기

작가 윤석희에 있어서 여행은 일상이다. 외국인 여행객의 시각으로 사물을 보는 것이 아니다. 늘 보아온 것을 보듯이 대한다. 그에게서는 새로움에 대한 흥분이나 감격이 전혀 없다. 어떤 사물이나 사건을 대하든 냉정한 눈으로 자신을 성찰하고 반추해낸다. 그리하여 그 것 안에서 자신을 찾아 자신의 존재를 확인한다. 이는 철저한 자아실현의 몸부림이다.

그는 모래바람 속을 말 타고 달려가지만 나는 맨몸으로 굴러보고 싶다. 거추장스럽다. 옷을 벗어 던진다. 셔츠가, 바지가 바람에 날린다. 마지막 속곳까지 내어준다. 알몸이다. 맨살로 모래바닥을 뒹군다. 시원의 이브가 된다. 지평선을 향해 노을 속으로 깊숙이 뒹굴어 간다. 어떤 장애도 구속도 존재치 않는 천상의 낙원으로. ……〈중략〉…… 비로소 알게 되었다. 옹색하게 융통 없이 고집이나 부리고 서 있는 바위가 갑갑하다는 것을. 참고 견디며 응어리진 바위보다 바람 따라 순응하며 가볍게 사는 모래가 한결 낫다는 것을. 미미하고 하잘것없어 남의 눈에 띄지도 않지만 모래는 제 몸 전부도 날릴 수 있는 열정으로 산다는 것을. 넓은 세상으로 자유롭게 넘나드는 모래가 더 부럽다. 바람결 따라 살랑이며 춤추듯 사는 분방함이 편안해 보인다. 나도 단단한 덩어리가 아닌 새털같이 가벼운 모래로 살고 싶다.

- 〈모래처럼〉에서

작가 윤석희의 작품세계를 쉽게 알 수 있도록 해 주는 대목이다. 늘 현실이라는 카테고리에 묶여 살면서 인간은 그 울타리를 벗어나고자 하는 갈망을 추구한다. 늘 옥죄는 현실이라는 옷을 벗어던지고 알몸이 되어 모래 위를 뒹구는 작가는 그래도 대단한 용기의 소유자다. 자신의 몸에 칭칭 감겨 있는 현실의 옷가지를 벗어 던지고 알몸으로 뒹구는 모습은 어찌 보면 통쾌하기까지 하다. 내 몸에 겹겹이 감겨 있는 장애와 구속을 벗어던졌으니 당연히 천상의 낙원이다. 그리하여 작가는 갑갑한 바위이기를 거부하고, 새털같이 가벼운 모래가 되어 제 한 몸 바람에 날려 본질적 자유를 추구하는 열정으로 살기를 갈망한다.

생각해보니 우리 부부의 삶도 이와 다를 게 없다. 농촌에서 사는 것으로 남편을 크게 돕고 있다고 내세웠지만 실은 의존만 하고 있다. 의지하면서 나약하게 살았다. 그를 잡고 매달려 있는 것이다. 남편의 삶에 덤으로 얹혀살고 있다. 부는 바람은 그가 정면에 맞고 그의 등 뒤에서 피하고 있다. 모든 결정도 책임도 떠맡기고 주어진 일만 하면서 편하게 산 것이다. 가계부 한번 적어본 적이 없다. 그저 시장 볼 돈 한두 푼만 주머니에 있으면 걱정 없이 살았다. 고지서 한 장 챙기는 것까지 남편 몫이었다. 그가 섬세하고 치밀할 것도 아니다. 매사에 덤벙거리며 셈도 어두운 사람이다. 그런데도 생활의 모든 역할을 도맡아 왔다. 크게 바라지 않고 욕심 내지 않는 것만으로 그를 편하게 해 준다 여겼다. 그게 아니었다. 현실감이 전혀 없고 수동적인 자세로 따라 가고 있으니 끌고 가는 사람이 얼마나 고달팠을까. 대출금 통장뿐인 세상을 꾸려가기가 혼자서 벅차지 않았겠는가.

 삶의 여로는 스스로 조종해야 함을 문득 절감한다. 자신이 지고 가야 할 짐을 남편에게 얹고 살아온 것이 안쓰럽다. 짐을 부리고 난 안락함 속에 찬바람이 스며든다. 주체가 내가 아닌 삶 속에서 느끼는 고독함이다.
                       – 〈자전거 타기〉에서

 인간은 제 스스로 홀로서기를 하며 삶을 영위해간다. 그러나 작가 윤석희는 인도 여행에서 홀로서기를 못하는 무능한 존재임을 확인한다. 모두가 자전거를 타고 관광하는데 본인만이 남편의 자전거에 짐처럼 실려 이동하며, 지금까지의 삶이 모두 남편에 의지해서 이루어졌음을 자각한다. 자전거 타기라는 아주 소소한 소재에 작가는 지금까지의 자신의 삶을 투영한다. 이렇게 짧은 글에 자신의 생을 모두 실어내기가 그리 쉬운 일은 아니다.
 흔히 기행수필이 벗어나기 어려운 여정에서의 일탈을 과감히 실행한 글이다. 여행에서 얻어진 글이지만, 결코 기행문의 냄새가 나지 않는다. 이와 같이 작가 윤석희는 기행문의 느슨함에서 빠져나와 자신의 삶을 직시하는 데에 게으르지 않다. 어디에 있든 자신의 존재에 대한 물음에 집요하다. 늘 사물이나 사건을 바라봄에도 자신의 존재 파악에 고민하고 있다. 자신이 무능하고 오로지 남편에 의지해 살아왔음을 알았기에 그는 무릎에 피멍이 들더라도 홀로서기를 위한 자전거 타기를 시도하게 된다. 작가 윤석희도 인간의 본질적 자유를 추구하지만, 현실의 삶에서는 자유롭지 못함을 보여준다. 그 대표적인 예가 〈후회〉이다.

> 아무 것도 구애받지 않고 자유로워 보자고 단행했던 모험이 가시 되어 꾹꾹 가슴을 찌르리라고는 상상도 못했다. 어머님이 여전히 권위와 힘의 상징으로 군림하셨다면 내 마음이 과연 이랬을까.
> "어머님, 용렬함이 부끄럽습니다."
> 아무리 소리쳐도 대답이 없다. 어머님의 눈물인 듯 황량한 안데스에 거센 비가 쏟아진다.
>
> — 〈후회〉에서

작가 윤석희가 얼마나 인간의 본질적 자유를 추구하는지를 단적으로 보여주는 작품이다. 그 자유를 찾아 가정주부가 추석 명절을 눈앞에 두고 해외여행을 시도한다. 명절 준비의 대사를 앞에 두고 과감한 탈출을 시도한 것이다. 여기서의 해외여행은 단순한 여행이 아니다. 우리의 가정 현실에 대한 반란이다. 삶의 모든 규제에서 벗어나고자 하는 작가의 계략이 숨어 있다. 아무리 인간의 본질적 자유를 추구한다 해도 현실에서는 시어머님을 모시고 있는 며느리이자 가정주부이다. 집안 대사를 유예시키고 해외 나들이를 하기란 그리 쉬운 일이 아니다.

아무런 구애됨이 없이 자유를 누리기 위해 떠나 왔지만, 시어머님에 대한 죄스러움은 가시가 되어 가슴을 찌른다. 그렇게 자유를 향한 여행을 하여도 자신의 현실은 전혀 늦춰짐이 없이 따라다닌다.
　윤석희에 있어서 자유에 대한 갈망은 단순한 일회성이 아니다. 그것은 어디까지나 근원적인 자아실현의 행위이기에 끝없이 자행된다. 그러면서 그때마다 자신의 존재에 고민하고 있다. 세상 어느 곳에 가든 접하게 되는 물상들 앞에서 자아의 존재를 찾아 나선다.
　〈우유니의 선인장〉에서 그려준 선인장 꽃 한 송이. 비옥한 땅을 다 놔두고 모래만이 깔려 있는 사막에서 피워낸 꽃 한 송이. 그 꽃을 바라보며 작가는 자신의 처지를 떠올린다. 가정이라고 하는 안락한 둥지를 마다하고 이 허허로운 모래벌판을 찾아온 자신. '너는 뭐 하러 이 먼 곳까지 온 거야.' 결국 선인장의 물음에서 작가가 늘 자신의 존재에 대해 무수히 많은 질문을 던지고 있음을 알 수 있다. 세상 어디에 가 있던 자신의 존재를 알기 위해 고민하는 작가. 그러기에 작가가 시도하는 여행은 단순한 여행이 아니다. 본질적 자유를 찾아 나선 여행이고, 자기 자신의 존재를 음미하기 위해 떠나는 고난의 여행인 것이다.

3-2. 자아 풀어내기

　어느 사람이든 자신이 처한 현실은 무거운 짐일 수밖에 없다. 그 현실의 카테고리가 묶어놓은 육신과 정신을 풀어내려면 부단한 노력이 필요하다. 그냥 눈을 감고 참아내기에는 너무도 혹독하다. 그 규제는 더 큰 규제로 다가서고 종내에는 바윗돌처럼 무겁게 어깨를 짓누르게 된다. 이것은 반드시 풀어내야 한다. 그렇지 않으면 사람은 무너지고 말 것이다.
　자신이 처한 가정의 현실이 침낭 속같이 갑갑하고 답답하여 박차버리고 싶을 때가 어디 한두 번이겠는가. 침낭의 지퍼를 내리면 얼굴도 내밀고 세상 밖으로 나올 수도 있겠지만, 순간 차갑게 밀어닥칠 세상바람에 포기하고 마는 것이다. 자유를 갈망하면서도 스스로 포기하고 가정이란 침낭 속의 안락함에 안주해 버리고 마는 것이 바로 가정주부이다.

이런 현실을 윤석희는 견디기 어려워한다. 그래서 그냥 주저앉기를 거부하고 도전을 시도한다. 도전의 슬기에서 얻은 결과가 여행이다.

> 물론 처음부터 짐이 적은 것은 아니었다. 여행을 시작한 초기에는 이 것저것 많이도 지고 다녔다. 어깨가 축 늘어졌다. 무게에 짓눌려서 조금만 걸어도 맥이 빠지고 지쳐 버렸다. 너무 힘들어서 하나씩 버리기로 작정했다. 무거움을 내려놓고 창공을 나는 새가 되고자 현지인들에게 나눠주기 시작했다. 다 필요한 것 같고 없으면 견디지 못할 것 같았지만 아무렇지도 않았다. 받는 이들보다 덜어내는 내가 오히려 즐거웠다. 짐이 가벼워지니 몸이 한결 편해졌다. 마음 또한 넉넉해지고 풍요로워졌다. 물질에 얽매이지 않는 진정한 자유가 거기에 있었다. 삶의 근원에 가까워지고 천착하는 여유까지 생겼다.
> — 〈배낭 하나의 무게로〉에서

자신에게 지워진 현실의 짐은 어찌 보면 욕심에서 생긴 것일 수도 있다. 나 아니면 아니 되고, 그 물건이 없으면 결코 살 수 없을 것 같아 오금이 저리는 것이 인간이다. 그러나 실은 그것이 아니라도 탈 없이 잘 돌아간다. 꼭 필요하여 배낭에 넣었지만, 여행을 하면서 그것의 무게가 힘에 겨워 하나씩 덜어내게 된다. 그래도 지장이 없음을 터득한다. 자신의 욕심을 내려놓음으로써 자신의 삶이 가벼워지고 편안해진다. 비록 여행의 배낭이 화두이지만, 이것은 인간의 삶에 대한 지적이다. 욕심을 내려놓고, 남에게 베풀 때에 훨씬 행복하다. 받는 마음보다

주는 마음이 훨씬 즐거운 것이 이런 소이이다. 편안한 삶을 위해서는 늘 덜어내고, 나누어주는 삶이 준비되어 있어야 한다. 내줌으로써 풍요로워지고 자유로운 삶이 보장된다.

　　흐르는 물처럼 살라고 나도 남도 권한다. 허나 도를 닦듯 자신을 억누르고 살아야만 하나. 순탄함도 평온함도 권태로운 일상의 연속이지 않은가. 분기가 솟구칠 때 문을 여닫으면 소리가 요란하지 않던가. 그릇이라도 닦을라치면 더러 박살도 난다. 힘이 들어가 알 수 없는 에너지가 실린 까닭이다. 마성이 발동하여 강력한 힘이 솟아나기 때문이다. 화가 치밀 때도 마찬가지다. 열이 올라 얼굴은 붉어지고 상상할 수 없던 무서운 힘이 내부에선 분출한다. 이 힘과 에너지를 무한대로 받는다면 삶은 충만해지지 않을까.
　　구십도 수직으로 강하하는 절망을 맞아도 좋다. 바닥으로 떨어져 수렁을 헤어나지 못해도 개의치 않는다. 내 전부를 다해서 소진해 버리는 열정으로 산다면 빛나는 삶의 광휘를 거기서 맛볼 것 같다.
　　　　　　　　　　　　　　　　　　　― 〈이과수에서〉에서

　'배낭 하나의 무게로'에서 욕심의 응어리를 풀어내는 방법은 무조건 내려놓는 것이었지만, 이번에는 좀 다르다. 조금은 거역할 줄 아는 용기를 주문하고 있다. 자신의 욕망을 억누르고 유유히 흐르던 물도 느닷없이 절벽을 만나 구십도 수직으로 강하할 때는 엄청난 힘으로 거역한다. 순탄함과 평온함과 권태로움으로 참고 인내하던 것이 한순간 분노하면 물은 아래로만 흐른다는 진리마저도 거역하고 솟구쳐 오른다. 이 때의 에너지를 받는다면 삶은 충만해질 것이라는 판단이다. 더러는 바닥으로 떨어지고 힘을 다 소진해 버린다 해도 그런 열정으로 살기를 요구한다. 작가 윤석희에 있어서 자신을 풀어내는 또 하나의 방법이다.

얼마나 갔을까. 물끄러미 쳐다보던 이놈이 내 발목을 덥석 물어 버렸다. 기겁해서 들판이 들썩이도록 고함을 쳤다. 가슴이 쿵쾅거린다. 공포심으로 의식이 하얗게 바랜다. 되돌아가서 사무실에 알리고 조치를 취해야 한다는 생각이 스친다. 서로의 믿음은 무너져 버리고 두려움만 커져 갔다. 고함 소리에 놀란 녀석이 숲 속으로 뛰어 들어가 나를 보고 있다. 슬픈 눈빛이다. 호소하고 있다. 소통하려고 용기를 낸 거라고. 누렁이가 고개를 젖히고 하늘을 향한다. 울부짖는다. 처절한 절규다. 오싹하다. 오늘도 함께할 사람이 없다는 것을 알게 된 것이다. 거듭되는 기대와 절망은 외로움만 더할 뿐이란 것도.

– 〈들개〉에서

삶의 응어리는 예기치 않은 경우에 생기기도 한다. 이 쪽에서 전혀 대비하고 있지 않는데, 뒤통수를 치는 경우도 있다. 믿었던 사람이 더 악랄하게 나를 속이고 구렁에 빠뜨리는 경우도 있다. 이때에 느껴야 하는 배신감은 이루 말할 수 없다. 가슴속 깊이 아픈 상처로 남는다. 법으로 처리하고 그만한 대가를 치르도록 하자고 마음의 칼을 가는 경우도 있다. 하지만 숨을 고르고 다시 생각해 보면 그의 행동이 나에 대한 사랑의 표시이고, 배려일 경우도 있다. 그 아픔과 서운함에서 자신을 풀어내려면 먼저 상대를 이해해야 한다. 그러면 그가 그렇게 사랑스러울 수가 없다. 들개가 작가를 물어버린 동작이 처절하게 소통을 원한 몸짓이었음을 알면서 그 행위를 이해하게 되는 까닭도 여기에 있다. 사람을 향한 기대와 절망은 오직 외로움만 더할 뿐이라며 들개를 이해한다.

이와 같이 자신의 응어리 풀어내기는, 참고 인내하며 이불을 뒤집어

쓰는 행위와 저항하듯 현실을 거부해버리는 이불 차버리기 행위의 적절한 조율로 이루어진다. 하지만 이러한 지혜는 일생을 두고 겨우 터득하는 슬기이다. 어차피 인간은 이불 속에 얼굴을 묻고 실컷 눈물을 쏟아내고 고함을 지르면서 견뎌내기도 하지만, 더러는 세상에 대고 거역하며 소리도 지르는 존재이다. 다만 슬기로워지면서 점차 화해와 타협의 방법을 익힐 것이다.

3-3. 자아 치유하기

작가 윤석희는 현실과의 갈등을 어떠한 방법으로 해결하고 마음에 든 병을 치유할까. 이를 알아보는 것도 작가의 작품 세계를 알아내는 데에 긴요하다. 왜냐하면 윤석희에게 있어서 수필쓰기는 자신을 드러내고, 풀어내고, 마음의 병을 치유하고, 즐거움과 기쁨을 얻기 위한 몸부림이기 때문이다. 몸과 마음에 병이 들었을 때, 그것을 치유하려는 욕망은 당연한 생존의 수단이다. 그 절체절명의 상황에서 작가가 제시하는 방법은 어떤 것일까.

> 눈뜨고 살면서도 제대로 보지 못한 것이 어디 한둘이던가. 차를 타고 스치고 지나가듯 건성으로 보고 만 것이다. 욕심과 욕망으로 덧씌워진 탓도 있으리라. 구태여 눈을 씻을 일이 아니다. 모든 사물과 현상을 보이지 않는 것까지도 이제는 눈 감고 읽어내야 한다. 희미해진 시각으로 잡아내지 못한 것들의 이면과 본질까지 마음으로 감지할 일이다. 아니 보고 싶은 것만 볼 것이다. 어지러운 세상사 못 볼 것, 봐서는 안 되는 것 너무 많이 봐버린 탓으로 시력도 약해진 것이다. 눈도 이제 쉬고 싶은가 보다.
>
> — 〈눈 감고 보기〉에서

결국 경륜의 깊이에서 나오는 완숙의 사고와 몸놀림으로 그는 자신의 병을 치유하고 있다. 노안으로 인해 침침해진 눈의 원인에 대해, 봐서는 안 될 것을 너무 많이 봐서 그렇다고 진단한다. 그러면서 굳이 눈 씻기를 거부한다. 욕심과 욕망으로 덧씌워진 눈을 방치하고 이제는 심안으로 사물의 본질을 보고자 한다. 그리하여 보고 싶은 것만 보면서 살아가고자 한다. 세상에서 얻은 병의 치유 방법은 자신의 마음에 따라 다름을 말하고 있는 것이다.

> 거대한 모레노의 빙벽도 무너져 내리지 않는가. 아픈 세월 걷어차고 기꺼이 물이 되지 않는가. 응어리진 옹이를 괴성을 내지르며 풀어내지 않는가. 빙벽이 무너져 내리는 소리를 들으며 남편과 손을 잡는다.
> 내 안에서도 함성이 들린다. 꼬이고 뒤틀리고 어그러진 심사가 휘휘 돌아 요동치며 펴지는 소리가. 그저 다를 뿐이었다. 옳고 그름이 아니고 틀리고 맞음이 아니다. 모자람을 채우려 하지 않아도 되고 야속함을 잊으려 하지 않아도 된다. 서로 다름. 그것만 인정하면 무너질 허술한 빙벽이었다.
> — 〈빙벽 무너져 내리다〉에서

남극의 빙하가 무너져 내리는 모습을 보고, 인간의 마음의 벽을 무너뜨려야 함을 말하고 있다. 아픈 세월을 걷어차고 응어리진 옹이를 풀어내는 빙벽 앞에서 남편의 손을 잡는 작가의 화해의 몸짓은 경건하다. 진즉에 헐어내야 했음을 터득한다. 남편의 손을 잡는 순간 작가는 꼬이고 뒤틀리고 어그러진 심사가 휘휘 돌아 요동치며 펴지는 함성을 듣는다. 옳고 그름을 따지는 것이 아니다. 모자람을 채우려 하지 않고 야속함을 잊으려 할 것도 없다. 서로 다름만을 인정하면 마음의 벽은 무너뜨릴 수 있음을 깨닫는다.

　　이제 알았다. 더 이상 힘이 없음을. 다른 사람까지 책임지고 보호할 에너지는 소진되고 말았다. 우리들이 해결하지 못하는 것을 젊은이는 할 수 있는 것이다. 이미 그들에게 무엇인가를 받고 있었음을 깨닫게 되었다. 자식 세대에게 베풀고 주기만 한다고 여겼다. 품안에 끌어안고 토닥거리기만 했지, 그들의 역할에 대해서는 생각해 보지 않았다. 그러나 그들이 많은 부분을 넘겨받고 있었다. 활력으로 젊음으로 우리 세대를 이미 감당하고 있었다.

- 〈배턴 바꾸기〉에서

　서서히 일선에서 밀려나는 아픔도 지우는 방법이 필요하다. 젊은이들의 차고 오름을 야속하게 여기다가도 이제는 그들에게 배턴을 넘겨줘야 할 시기가 되었음을 깨닫는다. 조금 전까지만 해도 자식들에게 베풀기만 하고, 다른 사람들을 내가 보호한다고 생각했었는데, 이제는 내 자신이 보호받아야 할 위치에 와 있음을 깨닫는다. 젊은이들의 당돌한 다가섬에 황당해 했지만, 이제는 그들의 능력을 인정한다. 그들의 도움을 이미 받고 있다고 마음을 다독이고 나니 편안하기 그지없다. 자신의 내부에서 일어나는 병의 원인을 돌려세우는 처방전이다.

　　살아남기 위해 마지막 방법으로 사람의 체온이 필요했다. 물론 남편도 마찬가지였으리라. 사랑은 꿈도 아니고 열정도 아니고 더 이상 낭만도 아니었다. 처절한 삶 그 자체고 꿈틀거리는 생명체의 움직임 단지 그것뿐이다. 생명의 보다 근원적인 힘, 에너지가 절실했다. 절대적인 필요 속에 잡념이란 있을 수 없었다. 사랑의 본질과 대면한 것이다. 그것은 완전한 합일을 이루는 순수였고 생명의 원천이었다. 또한 유목민이 되어 광막한 산야를 떠돌다가 맞닥뜨린 영혼의 갈구였다. 태초에 사랑의 유형은 이렇게 하나였으리라.

— 〈원초적 본능〉에서

해외여행 중에 겪은 추위가 화두이다. 이집트의 세인트 캐틀린 마을에서 숙소가 여의치 못하여 천막 안에서 자게 되었을 때, 한밤중에 밀어닥친 추위를 이겨내는 모습이 잘 그려져 있다. 가지고 있는 도구를 다 동원하여 추위를 내몰아 보지만, 별 효력이 없다. 종내에는 남편과의 사랑으로 이겨낸다. 모든 숨탄것들은 자신이 처한 환경이 가장 열악할 때에 후손에 대한 열망에 싸이게 된다고 한다. 이와 같이 원초적 본능이 지난至難의 역경을 이겨내는 한 방편이기도 하다. 이렇게 작가 윤석희는 육신과 정신의 병을 경륜에서 터득한 완숙한 처방법을 사용하여 자신을 치유하고 있다.

3-4. 카타르시스의 체험

인간이 문학작품을 창작하는 이유 중에는 즐거움과 기쁨을 얻기 위한 것도 있다. 작가가 체험 속에서 느꼈던 희열을 기록으로 남김으로써 오랜 기간 존속시킬 수 있고, 소재에 의미를 부여하여 해석해냄으로써 새로운 카타르시스를 체험하게 된다. 결국 문학작품을 창작하는 것은 즐거움과 기쁨을 더욱 확대시켜 나가는 작업이다.

사방을 둘러보며 말의 힘을 몸으로 느낀다. 솟구치는 생명력. 말굽소리가 함성이 된다. 나도 소리친다. 그가 호탕하게 웃는다. 웃음소리가 굉음이 되어 온 천지에 부딪친다. 들짐승들의 혼백이 춤을 춘다. 야생화가 지천인 들판을 거침없이 달리고 있다. 굵은 소나기가 쏟아진다. 바람도 빗줄기도 들꽃들도 그리고 그도 나도 다시 살아난다. 비로소 몽골의 향기에 흠뻑 젖었다. 응어리 진 삶의 옹이들이 확 풀려 나간다. 눈물이 흥건하게 광야를 적신다.

- 〈몽골의 후예〉에서

작가 윤석희의 수필에는 자유에 대한 갈망과 자아실현에 대한 욕구가 글 전체에 산재되어 있다. 그만큼 작가정신이 투철한 작가이다. 모든 행동의 근저에는 이 두 항목이 내재되어 있다. 여행 중에 만나는 사건과 사물에서도 이 두 영역을 찾아나서는 것만은 게으르지 않다.

몽골에 가서 처음 말을 타 보면서도 손님에게 양순하고 사근사근한 마부를 원하는 것이 아니라 나름대로 몽골족의 야성적 특징을 가지고 행동하는 사람에 깊은 애정을 가지고 있다. 하루의 결근 후에 보여주는 몽골의 야성적인 모습에 작가는 경탄한다.

몽골족의 기상으로 달릴 때에는 하나가 되어 솟구치는 생명력을 느끼면서 함성까지 지른다. 천지엔 비가 내리고 두 사람의 웃음이 온 산야를 흔들고, 들짐승들의 혼백이 춤을 추고 야생화가 들판을 달린다. 비로소 몽골족의 응어리 진 삶의 옹이가 풀리는 쾌감을 함께 맛보는 것이다.

하늘을 거침없이 떠다닌 탓이다. 구름인 양 바람인 양 가볍고 자유로워졌다. 온전하지 않은 작품도 더러 점지하시는 신이 오늘따라 한결 정겹게 다가온다. 손이라도 마주 잡을 것 같다. 한 시간의 열기구 비행에 방자해진 나는 감히 창조주를 폄하하는 언사도 서슴지 않았다. 조물주

께서는 이 객기를 어리석은 인간의 재롱쯤으로 여기지 않을까 주제넘은 생각까지 해본다.
— 〈별룬 속에서〉에서

터키의 카파도키아의 기암지대를 관광하고 적은 글이다. 비행기가 아닌 열기구를 타고 옛날 기독교인들이 숨어 살던 곳을 돌아본 이야기다. 우주의 별나라 같은 구멍이 뚫린 곳을 넘나들며 적은 감회이다. 즐거움이 과하여 눈앞에 펼쳐진 기묘한 광경을 조물주의 장난기라며, 방자해져 창조주를 폄하하는 무례도 거침없이 저지른다. 하늘을 떠다님으로 구름인 양 바람인 양 자유를 만끽한다. 여기서 삶의 쾌락을 맛보는 것이다.

결국 아득하게 잊었던 기억들이 찾아와 순수에 젖기도 하고 소문난 곳을 찾아다니다 오히려 내 나라 내 땅의 소중함을 상기한다. 낯선 곳 낯선 이들과의 마주침은 설렘과 경이를 낳고 기쁨의 샘도 된다. 단순하고 홀가분하고 거칠 것 없는 자유로움. 삶의 무게를 벗어버린 가벼움을 결코 잊을 수 없고 인이 박혀 헤어나지 못한다. 달리 치료법도 없다. 귀에 걸린 웃음으로 길을 열고 그저 바람처럼 구름처럼 떠도는 것이다. 이렇게 다니다 아무도 없는 사막에서 들짐승처럼 소리 없이 지고 싶다.
— 〈역마살〉에서

다시 말하지만, 작가 윤석희에게 있어서 여행은 일상이다. 그에게 있어서 여행은 색다른 것도 아니어서 자신을 찾아나서는 하나의 수단에 불과하다. 여행 중에 아득히 잊었던 추억을 떠올리기도 하고, 소문난 곳을 찾아갔다가 실망하여 애국심을 느끼기도 한다. 낯선 곳, 낯선 사람과의 만남에서 설렘과 기쁨, 그리고 경이도 느낀다. 그런 중에도 가장 소중하게 느끼는 것은 거칠 것 없는 자유로움이다. 그래서 바람처럼 구름처럼 떠돌아다닌다. 그러다가 아무도 없는 사막에서 들짐승처럼 생을 마감하는 것이 소망인 것이다. 이처럼 자연과 동화되어 자유를 누리고 사는 것을 최고의 즐거움으로 갈망하고 있다.

4. 나가면서

기행문과 기행수필은 차별화되어야 한다. 이제는 여정을 나열하는 기행문으로는 독자를 매혹시킬 수 없다. 또 여행에서 보고 들은 것만으로는 독자의 끝없는 욕구를 만족시키지 못한다. 여행에서 사냥한 소재는 일상생활에서 얻은 소재와 차별화할 일이 아니다. 그러자면 자연히 여정에 따른 기술이 아니라, 여행에서 얻은 사물과 사건을 작가의 삶을 밀어 넣어 해석해 내야 한다. 그것은 하나의 주제에 철저히 집중되어 있어야 한다.

그러므로 기행수필은 여행지에서 얻은 지식과 정보를 전달하는 것이 되어서는 아니 된다. 하나의 주제를 설정하고 사냥한 소재를 작가의 독창적인 시각으로 해석해내는 형상화의 과정이 따라야 하는 것이다.

작가 윤석희는 세계를 누비고 다니면서도 여행지의 풍물을 노래하려 들지 않는다. 수없이 접하게 되는 사건과 사물 속에서 자신의 존재와 본질을 찾아 나선 작가다. 그런데 윤석희는 여기서 여행에 대해 요긴한 지적을 하고 있다. 다시 돌아갈 제 집이 있어야 빛이 난다는 사실이다. 여행이란 현실도피가 아닌, 응어리 진 마음을 풀어놓는 작업이란 것을 강조한 말이다. 그러기에 남이 병이라고 지칭해도 또 나서는 것이 여행이다. 어디까지나 여행은 몸으로 세상을 이해하고 체득하는 과정이란 뜻이다. 그는 여행지에서 어떠한 변을 당하여도 담담히 받아들일 마음의 자세가 되어 있다. 일상 속에서 생을 마감하는 사람처럼 여행지에서 그러한 상황에 처한다 해도 전혀 개의치 않겠다는 심사다. 그만큼 작가에게 있어서 여행은 일상인 것이고 삶의 한 수단일 뿐이다.

수없이 스쳐가는 미지의 풍물 앞에서 전혀 동요하지 않는 작가일지라도 자신의 본질과 얽혀진 것에 대해서는 아주 민감한 반응을 보인다. 사물을 보고 그 위에 자신을 얹어 드러내며, 또 풀어나가기도 하면서 내면의 깊은 병도 치유하고, 마침내는 기쁨과 즐거움을 얻어서 가정으로 되돌아오기에 이른다.

윤석희의 첫 수필집 ≪바람이어라≫는 그 동안 우리가 보아온 기행수필과는 다른 모습을 보여주고 있다. 결코 여정에 묶이는 법이 없다. 여행지에서 보고 들은 것에 대한 의미화 작업에 주력할 뿐이다. 여행에서 얻은 소재에 본질적 자유를 향한 삶의 철학과 사상을 불어 넣어 새로운 해석을 시도하고 있는 것이다.

앞으로도 작가가 자유로움을 향한 끝없는 추구가 지속될 것을 기대하면서 다음 작품집을 기다려도 좋을 것이다. 영원한 자유의 작가이길 기원한다.

순수純粹의 심안心眼으로 세상 들여다보기
― 고금수의 ≪물은 셀프입니다≫에 부쳐서

1. 들어가면서

수필은 그 어느 문학 장르보다도 작가의 삶이 노정되는 문학이다. 그 이유는 작가 자신의 체험 속에서 글감을 취택하여 그것에 작가의 삶을 불어넣어 해석하는 작업으로 이루어지는 문학이기 때문이다. 체험에는 자신이 직접 체험한 것일 때도 있고, 더러는 간접 체험한 것일 때도 있다. 여하튼 작가는 살아온 현실 속에서 글감을 선택한다. 하지만 문학이기에 있었던 현상만을 그대로 적으면 수필로서 성공하지 못한다. 반드시 글감이 가지고 있는 본질을 찾아서 기술해 주어야 수필로서 성공한다.

그 본질은 어떠한 글감이 내포하고 있는 본래의 의미이다. 그리고 그것은 바라보는 사람의 시각에 따라 현저하게 다를 수도 있다. 본질 자체가 변하는 것이 아니라 바라보는 사람의 시각에 따라 그 상이 달라진다. 그 시각은 작가의 그동안 삶에서 추출해낸 엑기스에 의해 결정된다.

  사물을 바라봄에 있어서 똑같이 보더라도 바라보는 시각은 다 다르게 마련이다. 그 시각은 작가의 개성에 따라 현저한 차이가 있다. 바로 여기서 작가의 존재 의미가 있는 것이다. 많은 작가가 나와서 그동안 무수히 많은 사랑의 노래를 불렀어도 그 심원에 있는 본질이 동이 나질 않는다. 앞으로도 무수히 많은 시인은 계속 사랑을 주제로 노래할 것이다. 이같이 끝없는 노래의 가능성은 시인의 바라보는 시각의 차이와 부르는 기법에서 찾을 수 있다.

  이렇게 작가의 개성에서 창조된 세계는 그만이 만들 수 있는 세계이다. 그것은 누구나 다 발견할 수 있는 세계의 기록이 아니라 작가만이 찾아낸 본질의 기록인 것이다. 수필이 고백의 문학임을 유념한다면 자연히 작가가 드러나야 한다. 그만큼 수필은 체험이 기저에 깔려 있다. 독자는 수필을 읽으면서 글 속에서 작가라는 한 인간을 만나기를 소망한다. 은밀한 작가의 세계를 훔쳐보듯이 그것을 보는 재미로 수필을 읽는다. 본인도 모르게 저절로 표출되어 독자에게 전달되는 인간미가 있어야 수필은 성공한다.

  있는 그대로의 인간이면 된다. 가식으로 꾸며진 것이면 이내 실망하고 만다. 가만히 걸어만 가도 저절로 사람됨이 드러나야 한다. 그 작가만이 소유하고 있는 것, 다른 사람의 것을 잠시 끌어다 놓을 수 없는 자신만의 것이어야 한다. 아무리 변조의 기술이 좋아도 끝내는 드러나고야 마는 것이 수필 속에 숨겨진 작가의 모습이다.

그렇다고 하여 수필이 고매한 인품만을 요구하지는 않는다. 물론 그렇다면 좋겠지만, 그보다는 남들 앞에 자신을 숨김없이 드러내는 용기를 더 높이 사고 있다. 이것이 바로 수필에서 요구하는 진실성이다. 수필이 자기 자신에 대한 고백의 문학임을 강조하는 소이가 여기에 있다. 그래서 수필에서는 있었던 일만 기술하기를 고집하게 되는지도 모른다.

  이런 면에서 우리는 수필집 ≪물은 셀프입니다≫에서 고금수라는 한 인간을 만나길 소망하면서 그의 수필을 읽게 되는 것이다.

  수필집 ≪물은 셀프입니다≫에서는 순수한 한 인간을 만나게 된다. 그래서 어린아이와 같이 순수의 시각으로 사물을 관조해내는 그의 시각에 우리는 서서히 빠져들 수밖에 없다. 왜냐하면 그는 자연을 바라보아도 사심이 없이 바라보고, 세상을 바라보아도 또 그렇게 바라본다. 우선 수필가 고금수의 작품세계를 통하여 인간 고금수를 만나보자.

2. 고금수의 작품세계

2-1. 작가의 눈으로 자연 속 들여다보기

  작가에게 있어서 자연은 작품의 근저가 되는 태반과 같은 것일 수도 있다. 모든 인간이 자연과 유리되어서는 존재할 수 없기 때문이기도 하지만, 서로 주고받는 교감이 남다르기에 그것에서 얻는 소득이 만만치 않기 때문이기도 하다. 어쩌면 우리가 삶을 통해서 얻는 진리보다도 자연이 우리에게 베풀어 주는 것이 훨씬 고급스럽다. 이러한 자연을 생태공경의 시각으로 바라보는 경우에는 그의 목소리를 더 들을 수 있지만, 그렇지 않다 하더라도 영향주는 바는 크다.

  수필가 고금수에 있어서는 자연은 우리에게 교훈을 전달해 주고 느순한 마음을 잡아주는 존재이다. 들판의 풀 한 포기에서도 삶의 이치를 터득하고, 길가에 구르는 돌멩이 하나에서도 내포한 의미를 찾아 진중히 음미하려 한다. 자신의 주변을 에워싸고 있는 모든 물상들의 존재 의미와 본질을 찾아 독자들에게 제시함으로써 자신의 가치를 확보한다. 자신이 바라본 자연의 외형을 그려주려는 것이 아니라 자연이 묵언으로 우리에게 던지는 메시지를 알아들으려 노력하고 있음을 알 수 있다.

그런데 요즈음 갈등이 일어나고 있다. 늘 한 가지 색으로 푸르기만 한 소나무가 재미없다는 생각이 고개 들기 시작하는 것이다. 제 딴에는 변함없이 독야청청이라며 자존감과 긍지를 가질 것이다. 나 또한 그렇게 생각해 온 것이 사실이다. 이런 나의 소나무에 대한 인식이 너무 고정되어 있는 것은 아닐까. 다른 나무들에 대한 이해와 지식이 쌓이면서 소나무에 대한 나의 생각이 지나친 고정관념에서 잘못 판단한 결과라는 생각이 나의 내부에서 설득력을 얻기 시작한 것이다.
― 〈나무〉에서

작가 고금수의 삶의 연륜을 느끼게 하는 대목이다. 어려서부터 교육에 의한 것이었든 자연적으로 터득한 것이었든 소나무의 독야청청함에 설복되어 있던 작가가 이제는 그것만이 가치 있는 것이 아님을 터득하는 것이다. 너무 소나무에 경직되어 있던 자신에 대한 반성과 활엽수에 대한 시각의 변화를 기술해 주고 있다. 이것은 연륜에서 비롯된 결과이기가 쉽다. 그리고 이러한 변화의 축에는 작가가 세상을 살아가는 데의 변화를 대변한다. 고집스럽고, 하나밖에 모르던 시각에 변화가 오기 시작한 것이다.

추운 겨울에는 푸른 소나무만이 가치 있는 것으로 인식하던 눈에, 그 화려했던 영화를 버려야 종족 번식이 가능하고, 이러한 몸짓은 다음 세대를 위해 냉혹하게 취해야 하는 슬기임을 발견한다.

　　잎이 돋아난 힘으로 꽃대를 밀어 올리는 것이 자연의 순리이지만, 더러 성급한 녀석은 자연의 질서를 거역하고 잎이 나기 전에 꽃부터 내놓는 놈도 있다. 이른 봄 다른 것들은 질서 앞에 순응하려는 자세로 기다리고 있을 때에 느닷없이 불쑥 기어 나오는 거역의 몸짓. 그것은 산수유이고, 개나리다. 미처 푸른 잎을 마련하기 전이어서 그들은 노란 색을 뒤집어쓰고 나타난다. 조급하였기에 그들은 그 모습을 여러 사람 앞에 오래 두지 못한다.

　　　　　　　　　　　　　　　　　　　 - 〈개나리꽃이 피면〉에서

　자연은 순환의 질서를 정확하게 지켜나간다. 그런데 이른 봄이면 가끔 이것을 거역하는 것들이 있다. 겨우내 새순을 틔우기 위해 추위와 투쟁해 온 것들은 새 순을 내밀고 그것이 어느 정도 성숙하여 탄소동화 작용을 해야 꽃을 피운다. 이러한 질서를 밟아서 성장해 가는 것이 일반적이 순서이다. 그런데 간혹 이런 순환의 질서를 무시하고 성급하게 꽃부터 피게 하는 것이 있다. 산수유이고, 개나리다. 이것들은 공교롭게도 꽃의 색깔이 노란색이다.

　이렇게 순환의 질서를 거역하고 노란색을 뒤집어쓰고 나타나는 경거를 그냥 두질 않는다. 바로 시들어가게 만든다. 태어날 때 조급했듯이 갈 때도 서둘러 떠나게 하는 것이다. 작가는 이러한 자연의 현상을 바라보면서 삶의 지혜를 터득한다. 그냥 흘려보내는 것이 아니라 그곳에서 엄존하는 진리를 찾아내는 것이다.

뿐만 아니라 남들이 다 부정적으로 바라보고 손가락질을 해도 작가는 그것에 애정을 가지고 인내하며 지속적인 관계를 유지하려 한다. 그로 인하여 얻어지는 진리도 독자 앞에 선보이고 있다. 바로 작가는 자신의 주변으로 스쳐가는 모든 물상들에게 애정을 보내어 그것에서 장점을 찾아 독자에게 제공한다. 흔히들 민들레는 홀씨가 퍼져서 번식함으로써 정원이나 뜰을 망가뜨린다 하여 부정적으로 바라보는 꽃이다. 하지만 작가 고금수는 이것의 좋은 점들을 찾아 선보인다. 마치 심성이 좋은 사람이라도 추켜세우듯 하고 있다.

나는 여러 가지 덕목을 가진 민들레를 좋아하고 사랑한다. 뭇사람의 발에 짓밟혀도 굴하지 않고 살아남는 인내심. 뿌리를 많이 다쳐도 다시 살아 어려움을 이겨내는 강인함. 꽃줄기를 상처 낸 즙으로 종기를 치료하는 자비로움. 한꺼번에 꽃을 피우지 않고 꽃줄기 길이에 맞추어 순서대로 개화하는 준법성. 어린 것은 나물과 차로 온 몸을 바치는 헌신성. 제 몸에 있는 꿀을 곤충에게 베푸는 자비성. 뿌리를 약용으로 쓰면 노인의 머리를 검게 하는 효성孝性. 열매가 혼자 멀리 날아가 혼자 살아가는 진취성. 이 모든 특성으로 나를 사로잡는 민들레. 그 민들레를 나는 사랑한다.

— 〈민들레 연가〉에서

가을날 익어가는 감의 성숙을 위한 노력에 작가의 시선이 떨어지지 않는다. 한 점 햇볕이라도 더 받으려 하고, 갈바람에 피부를 매만지는 성찰의 자세에 깊이 가동한다. 그 다음 감은 어떻게 쓰이는지에 대해서는 아무런 관심도 없다. 그것을 새가 취해서 보양하든, 사람이 취하여 곶감을 만들든 전혀 개의치 않는다. 욕심을 부리는 것은 오직 사람의 몫이라 치부해 버리고 마는 것이다.

> 마지막 성숙을 도모하였으면 그 다음 어찌 쓰이든 그것은 관심 밖이다. 익어가는 과정에서 보이는 노력의 여정만이 중요할 뿐이다. 그것을 새가 취해서 보양으로 쓰든, 사람이 취하여 곶감을 만들든 감은 탓하는 바가 없다. 평소에도 제 몸을 다 내놓아 희생하던 터라 후일의 쓰임에는 관심이 없다. 누군가에게 요긴하게 쓰이면 그만인 것이다.
> 감을 깎아서 시설이 앉은 곶감을 만들든, 독에 담아 홍시를 만들든 그것은 사람의 일이다. 욕심 부리기는 사람만한 것이 있을까. 욕심 부리는 것은 오직 사람의 몫이니 넘기고 편히 기다린다. 이것이 감이다.
> ─〈감〉에서

이상에서 살펴보았듯이 수필가 고금수에 있어서 자연은 인간에게 많은 교훈을 제공하는 존재인 것이다. 그 자연은 변질되지 않고 언제나 한 마음으로 인간을 가르친다. 그러니까 이 수필가에 있어서 자연은 없어서는 안 되는 스승인 것이다. 얄팍한 양심이 눈앞의 실리에 흔들릴 때에 그 마음을 잡아주고 올곧게 살아갈 수 있도록 인도하는 계시자인 것이다.

2-2. 작가의 눈으로 인간사 들여다보기

수필가 고금수의 시선에는 언제나 사랑의 정을 찾는 강렬한 눈빛이 내재되어 있다. 어떠한 사연이 있는 상황이든 그것을 바라보고 그곳에서 찾으려 했던 것은 넘치는 사랑과 정이었다. 항시 사물에 들이대는 렌즈는 정의 볼록렌즈였기에 찾아놓은 것들은 여기서 벗어나지 않는 것들이다. 그것도 신뢰와 화합의 속성을 가지고 있는 것이면 놓치는 법이 없었다.

    그 시절 부모님은 뭔가 하나를 가방에 찔러주며 선생님께 먼저 갖다 드리라고 당부하셨다. 선생님은 그 모아진 것들을 일일이 맛만 보고 도시락을 못 싸온 친구들에게 나누어 먹이셨다. 아무리 가난한 집안이라도 이 날만은 자신의 집에서 아끼던 밑반찬과 쌀을 많이 넣은 밥을 싸주셨다. 이 같이 어머니의 사랑과 정성이 듬뿍 담긴 도시락이었다. 집에 오면 아끼다 못 먹고 가지고 온 것은 동생 앞에 펼쳐 놓는다. 모두 동생의 차지였다. 이런 모습을 바라보시는 부모님들의 얼굴에는 살며시 미소가 번지셨다.

― 〈소풍 유감〉에서

  한마디로 정이 흘러넘치고 있음을 보여준다. 가난했던 시절 먹을거리로 정이 쌓이던 때가 있었다. 자신의 마음을 금전으로 표현하는 것이 아니고, 먹을거리로 표현하던 시절에는 그래도 사람들은 정으로 살았다. 소풍의 즐거움보다 주변과의 정을 챙기던 추억을 끌어내는 것은 작가의 삶의 표현이기도 하다. 가장 소중한 것은 스승에게 드리고, 선생님은 그것을 가난한 아이들에게 나누어주는 소풍날 전경이 한눈에 들어온다. 그리고 아까워서 제 입에 털어 넣지 못하고 집으로 가지고 와서 동생을 챙기는 데에서는 정이 물씬 풍기고 있다. 또 그것을 바라보는 부모님의 눈빛에는 든든함과 안도의 눈빛이 완연하다.

  〈문상〉에서는 떠나는 망자에게 정 없이 대하는 미망인에 대한 고발이다. 이 세상에서 가장 불행한 사람은 가까운 사람에게 외면당하는 사람이다. 부부로 한평생 가정을 이루고 살았는데도 한쪽의 떠남 앞에 전혀 슬픔을 느끼지 못한다면 그 부부의 삶은 불행했다고 볼 수 있다.

제 짝의 떨어지는 눈물 한 방울 보지 못하고 저승길로 떠나는 주검은 정말 불행한 삶이었다.

부부는 무엇인가? 옆에 있어 주길 바라고, 외로울 때 함께 하고, 무거운 짐을 같이 들고 가는 것이 부부가 아니던가. 얼마나 아내에게 짐스러운 존재였으면 지아비가 떠나는 순간에 미망인이 저렇게 편안할 수 있을까. 어려서부터 같이 자라서 잘 알고 있던 작가로서는 이 불쌍한 주검 앞에서 겨우 찾아낸 말이 '편히 쉬어, 이제는.' 하고 위로하는 것뿐이었다.

> 우리들은 언제 삶을 마칠지 알 수는 없다. 그러나 나의 주검 앞에서는 적어도 슬픈 표정, 아쉬운 몸짓, 애달픈 눈물이 있기를 바라는 마음이 간절하다. 영원할 것 같은 우리들의 이 시간이 언제 끝날지는 아무도 모르는 일이다. 삶이란 계획한 대로만 되는 것도 아닌데 우린 무엇을 위하여 이렇게 바쁘게 달려온 건지 모르겠다.
>
> — 〈문상〉에서

수필가 고금수에 있어서 정은 가장 가치 있는 것이다. 그래서 작품의 여기저기에 주변 인물들과 정을 나누는 모습이 그려져 있다. 이렇게 정을 찾아 나서기도 하지만, 있어야 할 자리에 증발하여 없는 정에 아쉬워하기도 한다. 뿐만 아니라 자신의 편리만을 추구하는 삶에 경종을 울리기도 한다.

> 난 비가 멈출 때까지만 있자고 했지만, 절대 안 된다고 거절한다. 그이는 말없이 비를 맞으며 터벅터벅 주차장 쪽으로 걸어가고 있었다. 나도 할 수 없이 그이 뒤를 따라 나섰다.

황사의 빗물이 곱게 화장한 얼굴과 그이의 흰 셔츠에 그림을 그렸다. 비를 맞고 자동차에 앉았다. 우린 서로 아무 말도 하지 못하고, 그냥 차창에 흙과 섞여 내리는 비를 바라봤다. 그의 마음도 나의 마음도 차창에 흐르는 빗물처럼 분노와 허탈함에 빠져 있었다. 정말 이제는 나이가 먹으면 갈 곳이 없고 이렇게 되고 마는가? 반문해 보았다. 여전히 흙비는 차창으로 흐르고 있다.

- 〈흙비를 맞고서〉에서

오랜만에 작가 부부는 봄을 즐기려고 길을 나선다. 좀 한가한 곳에 가서 여유를 즐기려던 생각이 무참히 무너지는 이야기다. 찾아간 곳에 들어가 차라도 한잔 하려 했으나 입구에서부터 거절당한다. 젊은이들만의 공간이라 들어가기에는 너무 늙어 있었던 것이다. 비가 쏟아져서 잠시 비나 피하고 가자 해도 거절당한다. 결국 쫓겨나와 흙비 속을 걸어서 승용차로 들어간다. 그 안에 앉아 두 부부는 아무 말도 못한다. 스스로 늙음에 대한 회한에 싸인 까닭일 것이다.

차창으로 흘러내린 흙비를 바라보면서 깊은 상념에 잠긴다. 어쩌면 저 차창으로 흘러내리는 도도한 흙비 줄기는 이 사회에 만연되어 있는 힘 있는 자의 폭력적 현실인지도 모른다. 빠져 나갈 수도 없는 승용차의 좁은 공간 안에서 절감하게 되는 현실은 가슴 아픈 일이다. 강자의 몸짓만이 차창을 두드린다.

〈긴 그림자〉에서는 일시적인 가정의 어려움으로 아이를 시설기관에 맡겼다가 찾아왔는데, 그 아이가 바뀐 이야기다. 뒤늦게 친자식을 찾으려니 외국으로 입양되었고, 지금은 자신의 자식을 찾을 수 없는 처지인 것이다. 일시적 어려움을 참지 못하고 제 피붙이를 버리는 세태를 꼬집고 있다. 현재는 제 자신이 자식을 버렸던 것처럼 버려진 아이를 키우고 있다. 제 자식을 찾지 못하여 소송을 걸고 있는데, 그것을 양육하고 있는 자식이 바라보고 있다. 그 자식의 가슴에는 얼마나 큰 아픔이 둥지를 틀게 될까.

> 버려져 멀리 떠난 자식에 대한 회한 옆에 그동안 길러온 자식이 물끄러미 지키고 서 있다. 저 아이 역시 제 어미가 버리고 간 아픔을 짓씹으며 체념 속에서 참고 사는 일상을 꾸리고 있는 것이다. 제 자식을 버린 어미로서 제 생모를 그리워하며 살고 있는 아이를 지켜봐야 하는 고통이 마음에 깊이 내려앉는다. 이제는 그 자식이라도 친자식처럼 사랑으로 양육하는 길밖에는 아무 것도 없다.
> ― 〈긴 그림자〉에서

작가 고금수는 언제나 정도를 걷기를 요구한다. 순간의 처지를 빌미로 이탈된 행동을 하려는 것은 용서하지 않는다. 그러면서도 삶에 있어서 가장 가치 있는 것은 '정'으로 생각한다. 그래서 언제나 그의 글에 보이는 소망은 정이 있는 사람 세상이다. 이 기준으로 세상을 바라보고 있다. 그런데 정으로 꾸려지는 모습에는 박수를 보내며, 그렇지 못한 경우에는 언제나 비판의 칼날을 세우고 있다. 그러면서도 작가에게 있어서 가장 편안한 자리는 가정이라는 견해를 단단히 움켜잡고 있다. 부모와 자식간의 정, 형제간의 정. 이런 것들이 물씬 풍기는 가정은 행복의 샘터인 것이다.

2-3. 작가의 눈으로 어린이 세계 들여다보기

작가 고금수가 가장 관심을 가지고 글감을 취한 것은 어린이 세계이다. 이것은 작가의 삶과도 무관하지 않다. 수필이 작가의 체험에서 얼어진 글감에 의미를 부여하여 생명력을 얻는 것이라는 점을 유념한다면 당연한 일이다. 평생을 어린아이들과 어울려 살아온 유치원 원장이기 때문이다. 이것은 작가가 자신의 생업에 충실했던 면을 보여주는 것이라고 볼 수도 있고, 체험이 수필에서 얼마나 깊이 작용하고 있는가를 보여준다고도 볼 수 있다. 그런데 고금수의 어린이 세계 바라보는 시각은 세 부분으로 나누어진다. 이러한 현상은 여러 편에 산재해 있어 구분하기에 용이하다.

첫째는 어린이가 스스로 바라보는 자신들의 모습이고, 둘째는 부모의 시각으로 바라본 아이들의 모습이고, 마지막으로는 유치원 원장인 작가 자신의 시각으로 바라본 어린이들의 모습이다.

> 그런 아이들이 있어 나는 늘 가슴 졸이면서도 행복하다. 영열이가 얼굴에 상처를 당한 날, 집으로 돌아가 맨 먼저 한 말을 듣고는 웃음이 터져 나왔다.
> "나 나희와 결혼 안 해."
> 이제 일곱 살 아이가 결혼을 어떻게 생각하는지 알 수 있다. 결혼은 아무나 좋아하면 아버지든 어머니든 동생이든 누구든지 할 수 있는 것이고, 싫어지면 그만 헤어지면 된다고 믿고 있다. 상대는 자기 마음대로 바꾸어도 된다고 생각할 것이다. 그들의 결혼에 대한 인식은 아직은 순수하게 좋아함뿐인 것 같다.
>
> — 〈소꿉 결혼〉에서

어린이는 어른의 스승이다. 우리거가 어떻게 행동해야 하는지를 거울처럼 그대로 그려주고 있다. 결혼에 대한 세태가 변하면서 만남과 헤어짐을 너무 쉽게 선택하는 모습이 그대로 반영되어 있다. 결혼은 아무나 좋아하면 되는 것이어서 부모 형제도 가릴 바 아니고, 싫어지면 이내 헤어지면 되는 것으로 알고 있다. 얼마나 영악스럽게 우리의 결혼 문화가 이지러져 있음을 지적한 말인가.

"뚱뚱한데요. 그런데 날씬했어요."
순간 아이들은 내 표정을 살피는 눈치였다. 몇몇 아이는 아니라고 하면서, 나의 장점을 애써 이야기하는 모습이 친근하게 느껴졌다. 원장실에 모여 있던 아이들이 모두들 교실로 가고 난 뒤 우리 원에서 키가 제일 작은 훈이가 왔다. 훈이도 한마디 거든다.
"언제 갔다 벌써 오셨어요?"
아이를 물끄러미 쳐다본다. 아이는 갑자기 제 가방에서 무엇인가를 꺼내어 주면서 다음부터는 자기가 주는 것만 먹으라고 주문을 하고는 불그레한 얼굴로 교실을 향해 줄달음친다. 훈이가 싸온 것은 과자였다. 날씬하고 기다란 빼빼로라는 과자다. 조금 있다 돌아온 훈이는 이것만 먹으면 날씬해진다는 이야기를 하고 달아난다. 다음에 그곳에 갈 때는 꼭 먹고 가라는 이야기를 하러온 것이다.

— 〈빼빼로 다이어트〉에서

원장인 작가가 텔레비전에 출연한 모습을 보고 아이들이 관심을 보인 장면이다. 우리의 기성세대들이 얼마나 자신의 미모에 관심을 가지고 살고 있는가를 여실히 보여준다. 방송에 출연한 모습을 보고 그들은 날씬한 몸매를 요구한다. 아니 요구만 하는 것이 아니라 처방까지도 내리고 그에 따라 '빼빼로'만을 먹기를 주문한다.
이 얼마나 적극적인 행동인가. 빼빼로를 주고 갔다가도 '이것만 먹으면 날씬해진다.'는 말을 하기 위해 다시 찾아오는 아이의 모습에서

201

어린이가 아닌 성숙한 마음을 읽을 수 있다. 아이들은 보고 들은 것에 의해 판단하는 단세포동물이다. 보면 보는 것으로 족하고, 못 보았으면 끝까지 못 본 것이다. 그리고 그 결과로 본인이 판단한 것에 의해 행동이 바뀌기도 하고, 상대에게 배려하여 그를 이끌어내리고도 한다.

이같이 어린이들은 자기 자신들을 인격이 갖추어진 성숙한 한 존재로 인식하고 있는 것이다. 그러나 어린이를 바라보는 부모의 시각은 전혀 다르다. 언제나 내가 보살펴야 하고, 아껴주어야 하는 내 목숨과 같은 존재인 것이다.

부모는 스스로 한 가지 상황으로 모든 것을 판단하고 결론 내리려하는 마음이 크다. 내 부모가 그래왔고, 나 또한 그런 시행착오를 거치며 양육하였다. 세상의 모든 아이들은 세상을 움직일 여러 가지의 능력을 가지고 열심히 성장하고 있다. 부모는 자신이 하지 못하는 그 무엇을 해 주길 기대하며, 자신의 아이를 천재로 바보로 끊임없이 자리바꿈을 시키며 오류를 범하고 있는 것이다. 천재들이 끝까지 천재로 남아 있을 수 있도록 부모는 아이를 정확하게 사랑하고, 그들이 행복을 느낄 수 있도록 배려하는 슬기가 있어야 한다.

— 〈내 아이는 천재〉에서

아이들은 성장과정을 거치면서 뇌 발달 과정의 한 특징으로 나타나는 현상에 나이답지 않은 행동이 보일 때가 있다. 이런 장면을 바라보는 부모들은 미치게 된다. 아이의 이런 모습을 보는 순간, 우리 부모들은 금시 천재의 어머니나 아버지가 된 것으로 착각한다. 제 자식의 행동을 너무 크게 평가하고 판단하는 데서 오는 어른의 우매한 행동이다.

아이를 바라보는 시각에 혼란이 초래된 것이다. 아무리 천재라 해도 내 아이는 부모인 내 품에서 떨어져서는 안 된다는 사고가 아이를 꼼작도 못하게 묶어 놓는다.

지난밤에 내 아이가 잠들었을까 염려하여 초조하게 기다리던 부모들의 가슴에 그 아이들이 안긴다. 하룻밤 사이 많이 성숙한 자녀들의 모습을 바라보는 부모들의 눈에는 이슬이 뭉쳐 주르르 흘러내린다.
― 〈아기별, 엄마별〉에서

어린이들은 자신이 모든 것을 해결할 수 있다고 믿고, 독립된 한 주체로 나아가려 한다. 스스로 자생할 수 있고, 자신에게 맡겨진 책무를 충실히 수행할 수 있다. 하지만 부모의 시각은 전혀 다르다. 아직 미숙하여 내 품에서 나갔다가는 큰일이 날 정도로 위험에 노출된다고 판단한다. 그러니 내 품에서 떠나보낼 수가 없다. 여기서 과잉보호는 시작되고 그로 인하여 아이들의 성장에 장애가 된다. 그러면 유아 교육의 전문가인 저자는 어떤 시각을 견지하고 있을까.

"선생님! 물은 영어로 셀프입니다."
담임은 금방 이해가 되지 않았지만 웃음을 참기가 어려웠다. 그 아이의 이야기를 담임으로부터 전해 듣고 모두 박장대소를 하며 웃었다. 그 아이는 집에서 한글을 가르쳐 한글을 읽을 수 있다. 한글을 읽으며 스스로 해석한 내용이다. 아직도 단어의 개념도 확실하지 않은 아이의 지식으로 아이 스스로 해석하고 인지한 지식이다. 그 후 식당 같은 곳에 쓰여 있는 글이 우리의 문법에도 맞지 않는 문장을 사용하고 있는 어른들의 잘못을 보며 그 아이가 남겨준 교훈을 떠올리며 교육의 중요함을 다시 한번 생각한다.

— 〈물은 셀프입니다〉에서

저자는 있는 현상을 그대로 인식하려 한다. 어린이는 무조건 어른을 신뢰하고 따르려 한다. 그런데 이들 앞에 선 우리 어른들은 과연 정당하고 현명한가. 작가는 어린아이들의 현상에서 어른들의 이지러진 군상들을 읽고 있는 것이다. 결국 어른의 책무를 지적하는 데에 게으르지 않다. '물은 스스로 떠다가 드세요.'라고 하였으면 이런 엉뚱한 일은 벌어지지 않았을 것이다. 어른을 의심하지 않고 무조건 모방하려는 아이 앞에서 모범이 되어야 할 어른. 교육 전문가는 어른의 올바른 행동이 기본적으로 갖추어져 있어야 함을 강조하고 있다.

그 다음날 아영은 결석하였다. 나는 내심 궁금하고 걱정이 되었다. 연락해 보니, 어제 찾은 조개껍데기를 집에서 물로 씻다가 그중 하나가 세면기로 떠내려갔다는 것이다. 떠내려간 조개껍데기를 찾아달라고 울기도하고 떼도 썼다. 그 아이를 달래던 할머니가 한 말씀하셨단다.
"바다로 가서 엄마 만나니까 괜찮지?"
할머니의 말씀을 들은 아영은 제 손에 있는 나머지 조개껍데기를 한동안 바라보더니, 결심한 듯 손을 펴보였다.
"이것도 엄마 만나게 보내줄 거야."
울음을 그치고 또 다른 한 개 마저 흘려보내 주었다. 아영의 표정은 언제 울었냐는 듯 화사하게 웃고 있었단다. 저녁에 오빠가 아영에게 할머니의 이야기는 사실이 아니고, 캄캄하고 냄새나는 하수도로 떠내려간 거라는 이야기를 들려주었다. 그 말을 들은 아영은 그만 울음을 터트리고 결국 긴 밤 조개와 꿈나라 여행을 하고는 마음의 병을 얻은 것이었다.

— 〈아영이의 사랑〉에서

아영이는 모래 속에서 조개껍데기 한 쌍을 찾아 온전한 것을 만들어 주려 한다. 이것이 어린이의 마음이다. 뭐든지 완전히 갖추고 있어서 생명력을 얻고자 하는 것이다. 그것을 도모하려던 아영이가 세면기에서 껍데기를 닦다가 껍데기 하나가 물에 쓸려 내려간다. 그것을 찾아 달라고 울다가, 바다로 가서 엄마 만나게 될 거라는 소리에 자위하며 나머지도 물에 흘려보낸다. 뒤늦게 하수도로 들어갔다는 말에 밤새워 울다가 병을 얻었다는 이야기다.

아영이의 그늘에 잠긴 얼굴을 펴게 하는 것은 역시 조개껍데기이다. 손에 쥐어주자 환하게 웃으며 제 손에 입맞춤한다. 이것을 바라보는 작가는 행복에 젖게 된다. 그리고 교정에 흐르는 아영이의 사랑을 느끼게 된다.

우리 어른들도 아이들처럼 순수하면 얼마나 좋을까. 모두 제 위치에서 온전해야 하고, 그것이 부족하면 그렇게 되도록 해 주려는 마음은 순수 바로 그것이다. 그것을 어른들은 이해타산으로 바라보지만 아이들은 절대 그렇지 않다.

이상에서 살펴보았듯이 수필가 고금수에 있어서 어린이는 순수 그 자체이다. 단순히 판단하고 그로 인해 모든 것을 결정하는 아이들에게는 숨겨두고 판단하는 일이 없다. 그대로 느낀 대로 본 대로 행동할 뿐이다. 그들 앞에 우리가 숙연해지는 것은 바로 이 순진성과 솔직함 때문일 것이다. 어찌 보면 그들 옆에서 뛰고 숨쉬는 것마저도 행복이다. 이들의 먼 미래를 위해 어른들은 본보기가 될 행동을 해야 한다.

그리고 그들을 하나의 독립된 주체로 인정하고 먼발치에서 지켜봐 주어야 하는 인내가 필요하다. 너무 어리게만 판단하여 장애가 되는 간섭은 삼가야 한다. 순진무구한 그들을 바라보며 많은 것을 배우는 작가의 눈에 사랑이 늘 함유되어 있어서 좋다.

3. 나가면서

고금수의 수필집 ≪물은 셀프입니다≫에서 우리는 어린아이와 같은 작가를 만날 수 있다. 어느 하나 글감을 바라보는 데에 순수를 덜어낸 곳이 없다. 때 묻지 않은 순수로 시작하여 역시 깨끗함을 유지하면서 우리를 맞아들인다.

고금수의 자연은 인간과 공존하는 자연이다. 같이 있으면 유익한 자연이다. 늘 우리에게 메시지를 던지고 있으나 우리의 게으름이 그것을 알아듣지를 못하여 안타까울 뿐이다. 늘 삶의 이치를 가르쳐 주고 우리가 어떻게 행동하는 것이 옳은 길인지를 말해 주고 있다. 서두름은 순환의 거역임으로 바로 도태되고, 자연의 물상 어느 것이든지 나름의 의미를 간직하고 있음을 터득한다.

세상을 바라보는 시각도 매한가지다. 정과 사랑이 충만한 세상을 갈망한다. 즉 순수한 인간이 되어 사랑과 정을 유지하기를 원한다. 그 속에서 가장 챙겨야 할 곳은 가정이다. 가족의 구성원 사이에 갖는 정과 사랑은 가장 커다란 힘이 되어 준다. 그러기에 아내의 버림을 받은 주검은 가장 불쌍한 삶으로 명명하기에 주저하지 않는다. 또 먹고 살기가 어렵다 하여 제 핏줄을 버리는 행위에 경종을 울린다.

서로의 신뢰가 무너진 사회는 살기 어려운 사회이다. 자신들만의 추구를 위하여 밀쳐지는 삶에 깊이 우수가 깔린다. 으레 그들은 강력한 힘을 가지고 제 나름의 통제를 시도하기 때문이다. 이런 것에 과감히 대처하기보다는 참고 인내하는 삶을 유지한다.

수필가 고금수의 작품에 가장 의미 부여가 이루지는 곳은 어린이의 세계이다. 이는 그의 생업과도 무관하지 않다. 이는 수필이 작가의 체험 속에서 글감을 취택하여 그것에 자신의 삶을 풀어 넣어 해석하기 때문에 생득적으로 그렇게 되도록 되어 있다.

고금수에 있어서 '어린이'는 순수 그 자체이다. 그러면서도 어른들의 세계에 민감하여 늘 모방을 추구하는 존재이다. 이들의 먼 미래를 위해 어른들은 본보기가 될 행동을 해야 한다. 본 대로 느낀 대로 행동하기 때문이다. 그들 앞에 우리가 숙연해지는 것은 바로 이 순진성과 솔직함 때문이다. 그들을 하나의 독립된 주체로 인정하고 먼발치에서 지켜봐 주어야 하는 인내가 필요하다. 너무 어리게만 판단하여 장애가 되는 간섭은 삼가야 한다. 순진무구한 그들을 바라보며 많은 것을 배우는 작가의 눈에 사랑이 늘 함유되어 있어서 다행이다.

어린이 옆에서 뛰고 숨쉬는 것마저도 행복이다.

한마디로 말한다면 수필가 고금수는 순수함을 추구하는 작가다. 그래서 평가는 그의 나이에서 오십 년은 지우고 바라보면 정확할 것이라 말하고 싶다.

그림 그리기와 끝없는 과거로의 회귀
- 김윤재의 수필세계

1. 들어가면서

    문학의 갈래 중에서 수필이 작가의 삶을 표현하는 대표적인 장르라는 것은 누구나 다 아는 사실이다. 너무나 지당한 말이어서 입에 올리면 혹시 다른 해석이나 나오는 것이 아닐까 하고 기대하지만, 전혀 새로울 것도 없다. 그런데도 이 말을 놓지 못하는 것은 수필의 생득적 특징이기 때문이기도 하다.
    이러한 특징은 자연스럽게 작가의 삶의 체험을 도마에 올리게 하고, 언제나 기회만 되면 과거로의 회귀를 시도하게 만든다. 과거로의 회귀도 현재의 일상에서 감각이 부딪쳐 돌아서는 경우도 있지만, 아예 과거에서부터 눈을 크게 뜨고 글감을 취택하는 경우도 있다. 김윤재는 대부분의 경우 과거의 늪에서 빠져나오지 않으면서 늘 그곳에 상주하는 형태를 취하고 있다.

 그렇다고 하여 아무렇게나 자신의 삶을 멋대로 곱씹어도 되는 것으로 인식해서는 안 된다. 논리성을 유지해야 하는데, 그렇지 못할 경우에는 산만하여 주제가 살아나지 못한다. 수필을 형성하는 글감과 글감의 결합이 원만해야 하고, 거기에 논리성이 가미되어야 주제는 견고해진다. 단순한 감정만을 앞세우면 글은 어정쩡한 뒷맛을 남기게 되고, 독자에게 사랑받을 수 없는 글이 되고 만다.

 흔히 수필이 작가의 삶을 표현한다는 데에 힘을 실어, 개인적인 사소한 감정을 기술해 놓고 수필이라 한다면, 그것은 수필에 대한 모독이다. 글감을 통한 상상력이 반드시 겸비되어 있어야 한다. 그래야 문학이다. 어찌 문학이 정신적인 작용이 없이 있는 사실의 기록으로만 가능하겠는가. 적어도 수필이 생명을 얻기 위해서는 사실과 상상력의 조화가 끈끈한 관계를 유지해야 한다. 문학적 상상력은 현실의 체험 속에서 취택한 글감을 가지고 정신작용에 채찍을 가할 때에만 가능한 것이다.

 수필은 작가가 드러나는 문학이다. 아무리 상상력의 장치를 동원한다 해도 작가가 겉으로 드러나기에는 매일반이다. 수필은 태생적으로 독자와 약속한 것이 있다. 비전환적 표현이라는 것이다. 그래서 더러 허구를 동원한다 해도 소설에서 동원하는 허구와는 전혀 다르다. 소설의 허구와는 달리 자신을 드러내기 위해 동원되는 허구이다. 소설의 허구가 얼굴에 있는 점을 감추기 위해 두텁게 바르는 화장술이라면, 수필의 허구는 그 점을 매력 포인트로 활용하는 화장술이다.

 우리 수필 문단에서 자신의 얼굴에 박힌 점을 매력 포인트로 화장한 사람 중에서 김윤재 만큼 성공한 사람이 또 있을까. 아무리 그 점을 활용한다 해도 대개의 경우는 작게 드러나도록 하면서 주위와의 조화를 시도하기 마련이다. 하지만 김윤재에 있어서는 다르다. 주위와의 조화보다는 확대경을 들이댐으로써 주위의 여건이 눈에 들어오지 못하도록 하는 기법을 쓰고 있다. 확대경 속에 보이는 물상이 너무 커서 주위를 거들떠 볼 여력이 없게 만드는 것이다.

그리하여 문맥의 시제나 문장의 흐름에 순조롭지 못한 부분이 있어도 독자는 확대경 속에 정신이 팔리어 그냥 지나간다. 이런 것들의 불편함 쯤이야 인내하며 확대경 속으로 빠져든다. 작가 김윤재가 확대경으로 비추는 그림은 언제나 두 종류의 유화이다. 이 두 그림의 소재는 작가에게 있어서는 떠날 수 없는 것들이다. 그 하나는 부모의 삶 모습이고, 또 하나는 첫사랑의 추억이다. 이 같이 두 개의 패턴으로 나타나게 된 것은 일찍이 그의 어린 시절의 기록인 〈그, 돌아갈 수 없는〉에서 엿볼 수 있다.

하기야 사람이 인생을 꾸리면서 이 두 그림보다 더 긴요한 것이 있을까. 세상에 태어나서 부모가 내주는 사랑을 먹고 자라고, 어느 정도 성장하면 제 스스로 사랑을 찾아내어 그것을 먹고 쑥쑥 자라는 것이 인간이 아닐까. 이 두 소재는 누구에게나 긴요한 것이었지만, 사람마다 다루는 시각이 달랐고, 실토하는 방법이 달랐을 뿐이다. 독자들이 김윤재의 글을 보면서 속시원해하는 것은 다른 사람이 갖지 않은 솔직 대담이라는 확대경을 소지하고 있었기 때문이다.

작가 김윤재는 유별나게 이 두 그림의 화폭에서 벗어나지 못한 면이 있다. 그 이유는 무엇이었을까. 그것은 작가에게 있어서 이 두 폭의 그림은 너무도 커다란 의미를 가지고 있었기 때문일 것이다. 그냥 저냥 흘러가다가 스쳐지나간 장면이 아니라 두 눈을 똑바로 뜨고 진행되는 과정을 지켜보며 음미했던 것들이다. 애당초 체험할 때부터 의식하고 바라보며 계산하고 있었기에 머리 속에 오래 각인되어 남아있는 것이다. 그러므로 기술하는 태도가 수동적으로 끌려가며 자신의 처지를 부끄러워하는 것이 아니라, 오히려 바라보며 상대를 관찰이나 하듯 기술하고 있다. 이것으로 하여 작가 김윤재는 수필문법이 주관적 고백으로 추락하여 어정쩡한 위치에 놓이게 되는 위험성을 극복하고 있다.

2. 혈연의 화폭과 과거로의 회귀

수필이 과거의 체험 속에서 벗어나지 못하는 것은 숙명일지도 모른다. 비록 벗어나지 못한다 해도 모든 것에서 묶이는 것이 아니라 작가에 따라 묶이는 부분과 특성이 있다. 작가 김윤재는 부모의 삶이 지대한 영향을 주었기에 언제나 그 보금자리에서 이탈을 겁내고 있고, 젊은 날에 가졌던 사랑의 추억에서 언제나 부자유스럽다. 젊은 날의 사랑의 추억에 묶이고 있다는 것은 본인 스스로 그 사랑을 간직하지 못한 것에 대한 부담을 안고 살고 있기 때문이다. 그런 단면이 아주 어린 시절의 추억에서도 내재되어 있음을 본다.

> 나는 어른들 눈을 피해가며 한 상자에서 서너 개씩 복숭아를 빼내 뒤뜰 울타리 아래 숨겨두었다. 그리고 저녁나절 파지복숭아 속에 숨겨 그의 집으로 향했다. 나는 그가 나를 다르게 생각할 것을 생각하며 가슴을 쑥 내밀고 우아하게 걸었다.
> 사단은 이튿날 아침 일어났다.
> 서울상인과 값을 흥정하다 복숭아가 부족한 것을 확인한 아버지는

이성을 잃으신 듯했다. 집안 식구들을 차례로 불러가며 복숭아의 행방을 물었지만 아는 이가 없었다. 복숭아 창고는 순식간에 얼음장처럼 변했다. ……〈중략〉…… 아버지의 역정보다 그가 우리 집을 향해 귀 기울이고 있을 것을 생각하니 끔찍스러웠다. 나보다 더 죄스러워하며 복숭아를 들고 나타날 것 같아 가슴이 조여들었다.

지금 생각해보면 아버지의 분노 속에는 복숭아의 不在보다 자신을 속인 딸의 대한 분노가 더하셨던 것 같다. 농부의 딸은 흠이 없어야 한다고 여기셨던 모양이다. 선홍빛 복숭아처럼 곱게 키워 좋은 남자에게 시집보내는 일이 아버지의 소원이셨던 것을 나는 알지 못했다.

— 〈그, 돌아갈 수 없는〉에서

위의 분위기는 작가 김윤재의 작품세계를 암시하기에 충분하다. 이성에 대한 동경과 부모의 사랑이 언제나 짙게 드리워져 있다. 이성에 대한 동경은 어떠한 사람이든 깊이 사랑한다는 것을 알 수 있고, 그것은 부모의 삶이 진실함에서 유래했음을 짐작게 한다. 이성을 향한 배려가 극진함은 거짓 사랑을 하지 않았다는 것이다. 진실하게 자신의 모두를 가지고 사랑에 임했고, 최선을 다했음을 보여준다.

그리고 그의 작품의 여기저기에는 아버지의 사랑에 노예가 되어 있는 모습이 보인다. 그것은 자식에 대한 끝없는 사랑이 작가로 하여금 평생 동안 행동의 지침이 되게 하였던 것이다. 그것을 당시에는 터득하지 못하고 있다가 겨우 어른이 되어서야 알아차린다.

작가 김윤재에게 있어서 부모의 모습을 그린 유화는 확실한 이미지를 확보한다. 어제 본 듯이 선명한 영상을 가지고 나타나는 이유도 바로 그분들의 사랑이 내재해 있기 때문이다. 대부분 아버지의 사랑을 그리고 있지만, 어머니와 시어머니에 대한 혈연의 화폭도 보여주고 있다.

〈유화 한 점〉에서는 어머니의 삶이 너무도 선명하게 그려져 있다. 그것은 작가가 열 살 때에 바라본 그림이다. 작가는 신이 나서 달려가는 외가의 나들이였지만, 어머니는 돈을 구하러 가는, 차마 발길이 떨어지지 않는 친정 나들이였던 것이다. 결혼하여 자식까지 낳아 가정을 이루고 살면서, 살림이 어려워 친정집으로 돈을 구하러가는 무거운 발걸음은 어린 작가의 신나는 행동과 대비되어 더욱 확연히 드러난다. 일제 식민지 시대를 지내고 한국전쟁에 뒤이은 경제개발 등 격변의 세월을 살아가면서 가장의 의무를 다하지 못하는 지아비의 몫까지 감당해야 했던 어머니. 늦은 밤 외투 가득 추위를 담아오는 가장을 위해 명탯국을 끓여야 했던 어머니의 모습에서 한국 여인의 고달픈 삶이 엿보인다.

이 삶은 나의 어머니의 삶이 아니다. 철저하게 자신을 배제하고 관찰자의 입장에서 그려줌으로써 객관성을 획득한다. 그리하여 여기에 나타난 여인은 단순한 내 어머니에 그치지 않고, 인고의 세월을 살아낸 한국 여인네의 모습으로 환치된다.

> 내가 마당으로 뛰어들어 외할머니를 부르고, 그때까지 느티나무 아래에서 서성이던 어머니가 할머니의 손에 이끌려 안으로 들어가던 모습은 내 가슴에 유화 한 점으로 그려져 있다.
> 나는 지금까지 수많은 그림을 보았다. 슬프고 정겹고 아름다운 그림을 숱하게 보았지만 느티나무 아래에서 서성이던 한 중년여인을 그린 유화보다 깊은 울림을 준 그림을 만나지 못했다.
> — 〈유화 한 점〉에서

그리고 40년이 지난 오늘, 어머니는 남의 손에 들어간 고향집을 방문하게 된다. 지금 이 순간 주인이 바뀌어 식당이 되어 있는 옛집 앞에서 어머니는 40년 전의 모습으로 서성인다. 그런 어머니의 모습을 바라보면서 자신이 어린 시절부터 지금껏 어머니의 저 망설이는 모습을 가슴에 담고 살아왔다는 사실을 깨닫는다. 작가는 이미 그 시절의 어머니와 같은 중년이 되었고, 어머니는 외할머니의 모습이 되어 있는데, 그 모습을 생생하게 기억하는 것은 모계를 따라 대물림되고 있는 여인의 상을 암시한다.

> 그런데 지금 또 그 모습이다. 오래전 주인이 바뀌어 다른 사람이 식당으로 꾸며 살고 있는 고향집 안으로 들어서기를 망설이신다.
> 나는 차 안에서 마른침을 삼켰다.
> "어서 들어가. 엄마 괜찮아요. 어서."를 몇 번이고 뇌이면서,
> 어머니는 옛날처럼 끝내 안으로 들어서지 못하고 느티나무 아래로 천천히 걸어가셨다. 작고 마른 그림자가 주인을 따라나섰다. 꼭 동네 어귀에 서서 지나가는 사람들을 하릴없이 바라보던 무심하고도 정적인 모습이다.
>
> — 〈유화 한 점〉에서

이와 같이 작가 김윤재는 어린 날 바라본 부모들의 삶의 모습을 선명하게 기억하고 있다. 그것은 어쩌다 지나치며 바라본 것이 아니고, 철저하게 제 삼자의 입장에서 바라보았기에 객관적 고백을 유지하고 있다. 이러한 현상은 아버지에 있어서는 선명도를 더해주는 결과를 가져온다. 어머니에 비해 아버지의 사랑을 그려준 예는 다양하다. 수필집 ≪하늘 밭 열 평≫의 여기저기에 산재해 있는 아버지의 사랑, 역시 단순한 작가의 부친에 머물지 않는다. 이 땅에서 숨 쉬고 있는 아버지들

의 묵직한 사랑을 대변해 주고 있다. 고난의 역사를 살면서 짓눌린 무거운 어깨지만 아버지들은 결코 무너지지 않고 견뎌낸다. 그것은 자식에 대한 사랑과 의무에서 힘을 얻었기 때문이다. 아버지의 사랑을 그려도 철저하게 객관화하여 표현함으로써 공감의 터전에 당도한다.

갖은 고통도 자식을 위한 것이어서 참아냈던 아버지. 자신이 하고 싶은 것도 과감히 전지하며 오직 가장으로서의 삶을 사신 아버지. 그런 아버지이기에 자식들은 아버지의 주막집 아주머니와의 연사에도 편안할 수 있는 것이다. 이러한 삶이 바로 우리네 아버지들의 삶인 것이다. 오로지 내리사랑에만 몰두하다가 어느 날 찾아든 풋사랑에도 넘어가고, 그리고는 바로 제 위치로 돌아오는 아버지들. 그런 모습은 이 시대의 아버지들의 한 많은 얼굴의 모습이다. 자식들에 대한 사랑과 스스로의 삶의 가치를 알기에 아버지들은 언제나 전지를 하는지도 모른다.

> 그 힘겨운 꽃을 피울 때마다 그의 정맥에 새로운 힘을 공급해 준 것은 무엇이었을까.
> 구정이 지나고 나면 어김없이 물오르는 복숭아나무 새순이 아니었을까. 추위도 가시지 않은 벌판에서 전지를 하며 어쩌면 자신의 삶을 전지했을 아버지, 마음먹은 대로 살아지지 않은 인생살이를 잘라내고, 남들과 비교하며 채워지지 않는 욕심을 잘라냈으리라. ……〈중략〉……
> 새순을 잘라내야 많은 열매를 맺고, 그 열매를 솎아내야 더 실한 과일이 되는 것처럼, 날마다 세상을 덜어내는 아버지의 얼굴빛은 밝고 마음은 아이처럼 순수해지신다.
> 방금 전 잠드신 모습이 참으로 평화로워 보인다.
> 지금은 꿈속에서 무엇을 잘라내고 계실까. 세상에 대한 그리움, 아내의 애틋한 보살핌, 주막집아주머니와의 풋사랑을 잘라내시고 계실까.

어디선가 귀에 익은 전지 소리가 들리는 것 같다. 싹둑싹둑.
아버지는 지금 연분홍빛 몸살을 앓고 계시다.

— 〈가지치기〉에서

〈분꽃이 피면〉은 시어머니에 대한 그리움을 적은 글이다. 어쩌다 모시려 해도 효도는 먼저 할머니께 하라던 시어머님은 자식들에게 효도할 기회를 주지 않고 떠나셨다. 좋은 것은 우선 어른에게 올리고 다음 차지를 원했던 것은 우리 여인들의 길이었다. 여기서 보이는 시어머님의 삶의 철학은 한 여인의 것이 아니라, 우리 한국여인들의 삶의 길이었다.

그 삶이 얼마나 값진 것인지를 알기에 아들은 생전에 어머니가 좋아하시던 분꽃을 제사상에 올린다. 그리고 어머니의 조그마한 사진을 지갑 속에 넣고 다니며, 그것을 꺼내 들여다본다. 그래도 이 어머니는 행복한 여인이다. 삶이 고달픈 자식이 가로등 밑에서 지갑을 열고 어머니의 사진을 바라보며 한 말씀 일러달라고 요청하니. 이 어찌 행복한 어머니가 아니겠는가.

이와 같이 작가 김윤재에 있어서는 부모들의 사랑이 숙명처럼 따라다니면서 그의 행동에 깊이 간섭한다. 늙고 노쇠했거나 죽었다 하여 자식과 결별하는 존재가 아니다. 영원히 자식들의 곁에 있으면서 그들의 정신적인 지주가 되는 것이 부모의 삶이다.

3. 사랑의 화폭과 과거로의 회귀

일찍부터 작가 김윤재는 이성의 문제에 몰입한다. 어려서는 타인들의 선망의 대상이었던 이웃 모범생에 가슴 졸이며 자신의 사랑을 키워 간다. 그는 나중에 사관생도가 되고 대령으로 예편하게 된다. 작가는 그때까지도 마음에서 떠나보내지 못한 채, 가슴에 안고 산다. 그러나 그것은 어디까지나 짝사랑에 불과한 것이다. 어느 정도 나이가 들어서는 장결핵을 앓고 있는 남자와 공감의 세계를 키워간다. 그러나 그와 결혼하지 못하고 헤어지게 된다. 작가 김윤재에 있어서는 그 환자를 매정하게 돌려세운 것에 대한 죄책감이 늘 붙어 다니고 있다. 그와의 추억을 너무도 생생히 기억하는 것은 첫사랑이었다는 점도 있겠지만, 작가 나름 인간적인 죄책감을 가지고 있기에 그에게서 자유롭지 못한 것이다.

> 느닷없이 내 볼에 입을 대던 그의 입술의 촉감이 그랬었다. 볼을 훔쳐놓고도 나보다 더 놀라 어쩔 줄 몰라 하던 그의 가슴처럼 강물은 쿵쾅거리며 발밑으로 지나간다.
> 오늘은 그 여울 속에 나의 죄를 벗어 놓으려 한다. 그것을 싣고 어디까지 흘러갈지 모르지만 결코 역류할 수 없는 것이 인생이듯, 강물 또한 그것을 싣고 되돌아오지는 않을 것이다.
> 지금까지 많은 잘못을 하고 살아왔지만, 그중에서도 첫사랑 친구에게 모질게 했던 일은 오래도록 마음을 괴롭혔다. 왜 그렇게 헤어져야만 했었는지, 이 나이가 되어 생각해 보아도 비 내리는 강가에 그를 남겨두고 돌아선 나는 독하고 모질었다. ……〈중략〉…… 내가 가꾸며 살아가는 텃밭이 있음에 감사하면서도 가끔 새벽의 강이 그리워지곤 한다. 그것은 인생의 여행길에서 잠시 머물렀던 젊음이었기에 더욱 더 그리운 것이 아닐까.
>
> ― 〈강가에서〉에서

이처럼 작가 김윤재는 첫사랑을 보낸 것에 대한 죄책을 평생 짊어지고 산다. 결혼하여 가정을 꾸리고서도 옛 추억의 현장인 금강을 가슴에 안고 살고, 그 찻집의 추억을 내려놓지 못한다. 결국 그 짐을 부리기 위해 금강을 찾아가 흐르는 강물을 바라보면서 모질었던 과거의 자신에 회한을 느낀다. 그러나 자신이 내려놓은 짐을 싣고 흐르는 강물이 역류할 수 없음을 깨닫는다. 그러면서 자신이 가꾸고 있는 가정이 있음에 감사하면서도 새벽 금강을 그리워한다. 역시 작가 김윤재도 인간이기에 어쩔 수 없다.

첫사랑 남자와의 추억은 여기저기에서 고개를 들고 일어선다. 자신이 모질게 한 것에 대한 후회를 해도 지나간 과거인 것이다. 이제는 작가 자신도 그 멍에에서 벗어나기를 시도하는 것은 당연하다. 지금쯤은 삶을 들여다보는 지혜도 많이 고여 있을 테니까.

하지만 작가 김윤재는 첫 키스에 대한 추억보다 더 무게중심을 두는 곳이 있다. 그것은 첫경험이다. 이 부분에 와서는 작가가 여자임에서 이탈하지 못하고 있다. 흔히들 여류작가가 이토록 자신의 성을 표현하기는 어려운데 용기를 내었다고 칭찬에 입이 마른다. 물론 그렇다. 수필이 자신의 고백문학임에서 이탈할 수 없기에 성을 소재로 한 작품은 여간해서는 나타나지 않는다. 그런 측면에서 보면 작가 김윤재는 용기 있는 여자다. 아니, 그 분야의 글로서는 하나의 획을 그었다고 말할 수 있다.

그러나 글을 꼼꼼히 읽다 보면 작가가 이중적 증언을 하고 있음을 알게 된다. 성 문제는 복잡한 것이어서 상황에 따라 달리 해석이 가능한 것일까. 같은 사건을 가지고 쓴 두 편의 글에서 보면 해석을 달리 하게 만드는 부분이 있다. 외연도에서의 사건의 해석이 〈역사의 수레바퀴〉

에서와 〈석류〉에서는 상당한 차이를 보여준다. 우선 예문을 보자.

　그는 혼인식을 서두르며 여행을 제안했고 우린 사이좋은 연인들처럼 바다를 향했다. 하루길이면 된다던 대천 외연도는 저녁이 되자 젊은 연인을 가두고 빗장을 닫았다. 매가 암탉을 낚아채가듯 나는 그의 민첩하고 계획적인 수법에 걸려들고 말았던 것이다.
　매는 처절하리만치 고통스러운 외침으로 바다에 누운 햇병아리를 오도독 오도독 소리 나도록 잡아먹었다.
　나는 여자였다. 이쯤에서 마침표를 찍고 싶었다. 3년 여 줄다리기 해온 이념적 갈등은 알몸으로 각서를 쓰면 사라지는 줄 알았다.
　　　　　　　　　　　　　　　ㅡ 〈역사의 수레바퀴〉에서

　여기서 보면 남자의 계획적인 수법에 말려들어 자신의 성을 빼앗긴 것으로 처리하고 있다. 그것도 계엄 하에 시달리던 민초들의 아픔을 대변이나 하듯이 적었다. 가해자 앞에서 산산이 부서지는 자존심을 매 앞의 암탉에 비유한 것이다. 뿐만 아니라 그 처절함을 나타내기 위해 섬뜩한 용어를 동원했다. 매는 처절하리만치 고통스러운 외침으로 바다에 누운 햇병아리를 오도독 오도독 소리 나도록 잡아먹었다고까지 하였다. 여기서는 독재 하에서의 민초들의 처절한 삶을 나타낸 것이 아닐까 한다. 아무리 처절하다 해도 수필에서 이처럼 강렬한 표현이 가능한 것인지 깊이 고민하는 노력이 있어야 할 것이다.
　그에 반해 〈석류〉에서는 같은 사건을 가지고 해석이 판이하게 다르다. 여기서는 순리대로 부드럽게 풀어가고 있다. 〈석류〉 전편에 흐르고 있는 성에 대한 표현은 가히 파격적이다. 그러나 가해자에게 짓이겨지는 성이 아니라 어찌 보면 가벼운 형식상의 거절 후에는 즐기는 것처럼 보이기까지 한다. 같은 사건을 두고 두 작품에서 이렇게 판이한 해석이 가능한 것은 문학이 갖는 상상력 때문일지도 모른다. 분명 작가는 두 작품에서 판이한 해석을 동원하고 있다.

역시 성에 대해서는 어쩔 수 없이 넘지 못하는 최소한도의 선이 있는 것 같다. 기왕 용기를 내었으면 확실하게 기술해 줄 필요가 있다. 그래야 진정한 용기로 파악될 것이다.

> 약혼자와 대천 바닷가에 갔다가 외연도에 들른 적이 있었다. 험하고 먼 뱃길을 두 시간 달려간 곳엔 꿈처럼 아름다운 모래와 아담한 초등학교가 있었다. 약혼자의 친구의 안내로 교정을 돌아보다 두 그루 석류나무 앞에서 발길을 멈추었다. 늙은 나무에는 두 개의 석류가 달려 있었다. 붉다 못해 온몸이 터져 빨간 속내를 훤히 드러낸 채 석양을 받고 있는 모습은 퍽 인상적이었다. 친구는 석류를 먹으면 부부의 연이 오래 간다면서 높게 매달린 석류를 반쪽으로 갈라 한쪽씩 갈라주었다.
>
> — 〈석류〉에서

어찌 보면 작가 김윤재의 수필 〈석류〉를 비롯한 일련의 작품들에서 섹슈얼리티를 통한 예술적 표현에 대해 깊이 있게 고찰할 필요도 있다. 왜냐하면 이 작품만큼 섹슈얼리트에 합당한 예가 드물기 때문이다. 또 나름 그 쪽으로 조명해 보면 획기적인 작품임에는 틀림없다. 하지만, 그 묘사의 장면이 한정되어 있고, 몇 편에 멈추고 있기에 종합적인 조명이 합리적이라는 판단이다. 오히려 혈연의 의미를 되새기게 하는 작품이 훨씬 우위를 점하고 있었다.

4. 나가면서

　김윤재는 2003년 10월에 ≪하늘 밭 열 평≫이라는 수필집을 상재한 적이 있다. 그리고 그 이후에도 경향 각지의 잡지에 많은 수필을 발표해 왔다. 본고에서는 수필집에 들어 있는 것도 자료로 삼았지만, 그 이후에 여기저기에 발표한 글들도 자료로 삼아 같이 살펴보았다. 김윤재의 작품세계를 크게 대별하면 둘로 구분할 수 있다. 자신의 삶에 지대한 영향을 끼쳤던 부모들의 삶에 대한 글이 많았고, 그 외에는 작가의 체험 속에서 건져 올린 첫사랑에 대한 추억이었다.

　작가 김윤재의 지향점은 과거로의 회귀이다. 그것도 현실에서 자극된 바에 따라 과거로 옮겨가는 것이 아니라, 아예 과거의 늪에서 빠져 나오지 않고, 그곳에 상주하면서 지난 세월을 재음미하는 태도를 취하고 있다. 그러다 보니, 과거의 체험 중에서 선택되는 글감이라기보다 글감에서 출발하여 그것에 의미를 부여한 형태를 취하고 있다. 대개의 경우 수필이 주관적 고백의 입장을 고수하는 데 반해 작가 김윤재는 철저하게 객관적 입장을 견지함으로써 독자들로부터 공감을 얻어내고 있다.

　그럼으로써 이 두 글감들은 작가의 사적인 체험에 머무르지 않고 의미를 확대해 나가게 된다. 작품에 등장하는 아버지는 작가의 아버지에 멈추지 않고, 이 시대의 아버지로서 자식을 극진히 사랑하는 부정을 가지고 있는 아버지인 것이고, 또 졸부인 아버지로서 주막집 아낙을 건들기도 하는 것이다. 어머니나 시어머니 역시 이 시대의 여인들의 삶을 대변하게 된다. 어려운 역경 속에서 가족을 위해 쭈뼛쭈뼛 걸어가는 모습이 처량하지만 든든하기 그지없는 우리네 어머니인 것이다.

사랑의 추억에서는 작가가 기술한 과거가 상황에 따라 의미의 변화를 초래한 것도 있다. 그것은 그만큼 수필에서 자신의 성을 이야기한다는 것이 부담으로 작용할 수 있기 때문에 빚어진 결과러니 한다. 하지만, 그 부끄럽고 입에 담기 어려운 것을 과감히 확대경에 비추어 본 작가의 용기는 높이 사 주고 싶다. 다만 앞에서도 지적했듯이 하나의 사건이 한 작가에게서 완전 판이한 의미로 해석되었다면 독자는 작가를 신뢰할 수 있을까 하는 두려움을 숨길 수가 없다. 김윤재의 수필세계를 〈석류〉에 근거하여 모두 섹슈얼리티로 보려는 견해는 위험하다. 각 작품이 가지고 있는 세계에 충실해 줄 필요가 있다.

여하튼 작가 김윤재는 나름의 독자적인 작품세계를 형성하고 있다. 앞으로 이 두 글감에서 자유로워져서 다양한 수필문학의 세계를 구축하게 된다면 작가의 정체성이 확실하게 드러나리라 믿는다.

끝없는 자유에의 갈망과 삶 따라잡기
– 윤석희의 수필집 ≪찌륵소≫의 경우

1. 들어가면서

≪찌륵소≫는 작가 윤석희의 두 번째 수필집이다. ≪수필과비평≫ 2002년 5·6월호에 신인으로 데뷔한 이후 왕성한 창작활동을 이어오다가 지난 해 여름 첫 수필집 ≪바람이어라≫를 상재하기도 했다. 그러나 같은 작가의 두 수필집이라 해도 그 내용은 상당한 차이를 갖는다. ≪바람이어라≫가 흔히 접할 수 없는 기행수필의 백미를 보여준 수필집이라면, 이번에 출간한 ≪찌륵소≫는 대부분 일상의 생활에서 취택한 글감으로 작성된 수필들이다.

매년 외국으로 여행을 떠나도 한 번 나가면 3개월 이상을 체류하다 돌아오는 작가이다 보니, 대부분 그의 작품은 기행수필이기가 쉽다. 그리고 그가 형상화해 내는 수필들은 여행의 일정 같은 비문학적 요소가 끼어드는 바가 없다. 그에게 있어서 여행은 일상이기에 삶 속에서 건져 올린 글감처럼 깊은 고뇌의 끝에서 얻어낸 수필이다. 세계 속 어디에 가 있든지 그의 작가정신은 치열하게 빛난다. 수필 한 편 한 편마다 그의 삶이 녹아 있어 깊은 울림을 전하고 있다.

그러나 그의 수필이 여행에서 얻어진 기행수필만 있는 것은 아니다. ≪바람이어라≫에서 기행수필만을 모아 놓았기에 그렇게 속단할 수도 있다. 이번에 출간한 ≪찌륵소≫는 다양한 얼굴을 하고 독자들 앞에 나서고 있다. 4부로 나누어진 이 책은 그 나름대로 자신의 작품 세계를 친절하게 분류해 준 것이라고 볼 수 있다. 역시 1부는 기행수필이고, 2부는 작가 자신이 누구인가를 찾아나서는 글이고, 3부는 자신의 주위에 있는 사랑하는 사람들의 이야기이고, 4부는 일상 속에서 작가의 눈이 머물렀던 것들을 그려주고 있다.

그 동안 ≪바람이어라≫에서는 작가의 일상 중에서 한 부분만을 보여 주었다면, 이번에 출간한 ≪찌륵소≫는 작가 윤석희를 살펴보는 데에 종합적인 정보를 제공받을 수 있을 것이다. 한 작가가 자신의 영역을 구축하고 전문적인 수필을 엮어낸다는 것은 바람직한 일이다. 하지만 그렇다고 하여 여타의 글은 피한다면 그것 역시 잘못된 일이다. 많은 독자들을 자신의 삶의 현장으로 안내해서 자신의 모두를 내보이는 것도 작가에게 주어진 의무이다.

2. 기행수필에 나타난 자유인 윤석희

이미 ≪바람이어라≫에서 작가는 기행수필의 백미를 보여 주었다. 기행수필이 기행문과의 차별화는 어떻게 해야 하나에 대한 답도 내려준 셈이다. 첫 수필집을 내고 두 번째 수필집 ≪찌륵소≫를 낼 때까지 한 해 동안 여행에서 얻은 글들을 이곳에 10편 묶어 놓았다. 역시 윤석희의 기행수필은 여타의 것들과는 차별화를 이룬다. 늘 여행이 일상이었기에 글의 묶음에다 그는 '여전히 길 위에서'라는 명찰을 달아 주었다. 기왕에 써 온 기행수필과 다름이 없음을 미리 고백한 것이다.

    그들 대부분이 왕이나 왕족, 그리고 당대의 귀족들이나 무명씨의 주검보다 비통해 보인다. 후손들은 그들을 지켜주지 않았다. 부장품에 가는 호기심과 탐욕으로 피라미드는 도굴되고 파헤쳐져 무덤 속은 만신창이다. 이제는 가관으로 박물관에 옮겨져 수많은 사람들의 구경거리가 되었다. 한 생을 살다간 주검으로서의 존엄성을 상실하고 만 것이다.
    부활을 믿었을까. 부귀영화를 죽어서도 누리려했던 욕망의 소산이다. 영원히 살고 싶은 욕망이 영혼의 자유까지 억압하고 있다. 권력이나 재력의 힘을 빌려 스스로 선택한 사후의 삶이라면 더욱 아이러니다. 엄청난 재물과 생사람들까지 대동하고 화려한 죽음에 나선 권력자들은 참담함을 맛보았을 것이다. 흐름이 멈춰버린 시간 속에 육신을 털어내지 못한 비애가 전신을 타고 흐른다. 파라오들의 미라는 분명 회한의 눈물을 흘리고 있을 게다. 당당해 보이는 미라지만 속으로 울고 있다. 몸을 감싸고 있는 천들이 눈물자국으로 얼룩져 있지 않은가.
                                                                   - 〈미라의 눈물〉에서

카이로의 이집트 국립박물관에서 바라본 미라의 눈물이다. 이것은 작가 윤석희의 심안心眼이 찾아낸 것이다. 여행을 하며 눈에 비친 대상을 그리는 것은 관광여행객이나 하는 일이다. 적어도 글을 쓰는 사람이라면 대상을 심안으로 바라볼 줄 알아야 한다. 박물관에 끌려나온 미라를 보면서 자승자박의 삶을 읽어낸다. 차라리 무명씨로 조용히 살다가 세상을 버렸다면 이 꼴은 당하지 않았을 것이다. 권세를 누리다 못해 부귀영화를 죽어서도 누리려했던 욕망이, 영원히 살고 싶은 그 욕망이 영혼의 자유까지 억압당하게 하는 결과를 초래했다. 여기서 작가는 아이러니를 체험한다. 권력이나 재력의 힘을 빌려 스스로 선택한 사후의 영원한 삶이 이토록 처절하게 눈물을 흘리고 있기 때문이다.

하지만 평민으로 살다간 작가의 어머니의 묘소를 이장하다 보니, 그렇게 편안할 수가 없다. 유골만 남아 있는 어머니의 시신을 수습하며, 작가는 어머니의 자애로운 미소를 발견한다. 그러기에 가만히 불러도 본다. 그리고 홀로 있는 어둠 속이 싫지 않느냐, 짐승들과 벌레들이 무섭지 않느냐, 가슴이 내려앉아 성별을 구분할 수 없다고 농도 건네고, 휑하게 뚫린 눈 부위가 애잔하여 문질러도 본다. 이 얼마나 파라오의 미라보다 편안한 안식인가.

이처럼 여행 중에 만나게 되는 유물들이 작가의 눈을 거쳐서 새로운 의미를 함유하게 된다. 이것은 철저하게 작가의 삶의 찌꺼기가 엉기어 생성된 사상에 의해서만 가능한 것이다. 그 사상은 일상을 살아내다가도 불현듯 고개를 들어 개성으로 나타난다. 같은 글감을 바라보아도 사람마다 다르게 인식하는 것은 바로 여기에서 기인한다고 볼 수 있다. 작가 윤석희는 언제나 자유인이기를 고집한다. 그러기에 파라오의 미라를 바라보아도 몸을 감싸고 있는 천들이 눈물자국으로 얼룩져 있음을 발견하게 되는 것이다.

꼴찌의 삶은 고달프고 초라한 줄만 알았다. 벗어나려 안간힘을 써도 헤어날 수없는 패배의 늪이라 여겼다. 꼴찌는 스스로를 책임지지 않는 비겁함으로 꿈마저 접은 자라 추측했다. 일상이 무기력과 나태의 구렁으로 내몰린 불쌍한 사람이라 짐작했다.

　상상 밖의 횡재를 한 것이다. 꼴찌 자리는 경쟁 밖으로 밀려난 열외자의 슬픈 지대만은 아니었다. 타인의 시선에서 벗어나 얽매임도 없고 안락하기만 했다. 나를 응시할 수 있어 졸지에 내 삶의 주역이 되는 기분도 만끽했다. 치열함이 사라진 느긋한 곳이다. 해방감도 누려 볼 수 있다. 거기에 호방함과 낭만조차 추가된다. 쫓기지 않고 주위를 관망하여 조급증도 편협함도 사라진다. 한 발짝 뒤로 물러서자 신산했던 삶이 여유롭고 넉넉해진다. 뒤처짐의 미학이라면 어떨까. 그것이 자발적인 선택이라면 더욱 기쁨이 될 것이다. 어디 그 뿐인가. 누구도 탐을 내지 않아 두고두고 내 차지가 될 터이다. 남은 세월 맨 뒤에서 꼴찌의 노래나 불러보면 어떨까.

— 〈꼴찌의 노래〉에서

　〈꼴찌의 노래〉는 인도의 타르 사막이 배경이다. 모래벌판을 낙타를 타고 여행한다. 맨 앞에서 갈 때에는 왠지 마음이 불안하고 곤혹스럽다. 가시선인장도 피해야 하고, 길도 내야 한다. 하지만 뒤에 서니 그런 부담이 없어졌다. 오히려 호젓하다. 어린 날의 꿈속을 유영하기도 하고, 조급함이 없이 여유롭다. 긴장이 풀리고, 두려움도 가신다. 몸을 칭칭 감고 있던 긴장도 풀리고 오히려 날아갈 것 같다. 저절로 콧노래가 나온다. 이처럼 순서만 바뀌었는데 느끼는 감정은 판이하게 다르다.

　여기서 작가는 삶의 본질을 깨닫는다. 기존의 자신의 생각이 얼마나 잘못되었는지를 터득한다. 꼴찌의 삶은 고달프고 초라한 줄만 알았고, 벗어나려 안간힘을 써도 헤어날 수 없는 패배의 늪이라 여겼다. 그리고 꼴찌는 스스로를 책임지지 않는 비겁함으로 꿈마저 접은 자이고, 일상이 무기력과 나태의 구렁으로 내몰린 불쌍한 사람이라 짐작했었다. 그러나 뒤에 서서 가다 보니 그게 아니다. 그렇게 편안하고 자유스러울 수가 없다. 꼴찌라는 자리는 경쟁 밖으로 밀려난 열외자의 슬픈 지대만은 아니었다. 타인의 시선에서 벗어나 얽매임도 없고 안락하기만 했던 것이다.

주막은 문짝도 없는 그의 골방이고 일터고 감옥이고 고해소며 사막이다. 눈비와 바람, 슬픔마저 자유롭게 드나드는 곳이다. 그의 삶이 사막이라 산을 그리며 사는지도 모를 일이다. 가지런히 개켜진 담요 한 장에 눈물이 고여 있다. 고독한 밤을 질식시키려 뒤집어 쓸 요량이나 어림없을 외로움이 아닌가. 자책과 후회와 그리움으로 범벅된 시멘트 바닥은 온통 멍석으로 덮여 있다. 날마다 밤마다 스스로 멍석말이 할 게다. 자신을 게으름에 방치한 죄. 사랑하는 사람들을 버리고 돌아선 죄. 외로움 하나 이기지 못하는 나약한 죄. 역마를 풀어내지 못하고 이 국땅을 떠도는 죄. 구십 노모 차마 눈감지 못하고 피눈물 나게 하는 죄, 삶에 걸린 죄목이야 다 나열할 수조차 없다. 안을 향한 매질로 피명 들고 으깨진 육신이랑 훌훌 히말라야에 벗어주고 싶을 게다. 그러나 속죄받지 못해 나락에 떨어지지도 못하는 고통이 가슴을 벼리고 벼려 날이 서고 있는 게다. 락시 (네팔에서 수수 등 잡곡으로 빚은 막걸리 같은 술) 한 사발 걸치곤 배호고 이미자고 닥치는 대로 불러들인다.
― 〈히말라야의 솟대〉에서

작가 윤석희에게 있어서 가장 힘든 것은 자유를 빼앗긴 속박이다. 죗값으로 어떠한 고통도 받아들이고 참아낼 수 있어도 속박에 의한 억압은 참아내지 못한다.

자유를 갈망하여 히말라야 기슭, 네팔로 도피한 한국인을 만난다. 히말라야 솟대처럼 처연히 살아가는 그에게 깊은 연민을 느낀다. 젊어서 부모 형제 등지고 고향 산골 떠난 사람. 아물지 않는 상처로 사십 년 방랑길, 바람 같은 인생. 다섯 해 남짓 인도의 히말라야 기슭에 둥지를 틀었던 사람. 객지 바람이 너무도 매워 사람의 체온이 그리웠던 사람. 냉기 이기지 못한 탓에 속수무책으로 아낙과 자식도 품었던 사람. 그를 작가는 이해하려 한다. 속 따신 사람이나 이국에서 뿌리박고 사는 게 그리 만만했을까. 너무 벅차 가족이고 뭐고 다 놓아버렸을 것이라며 자신의 여행비를 털어주고 만다.

　그러나 그가 거처하는 주막을 바라보며 작가는 스스로 속박을 택한 모습에 가슴 아파한다. 자책과 후회와 그리움으로 범벅된 시멘트 바닥은 온통 멍석으로 덮여 있다. 그 멍석을 바라보며 날마다 밤마다 스스로 멍석말이 할 그의 속박의 세월을 아파한다. 자신을 게으름에 방치한 죄. 사랑하는 사람들을 버리고 돌아선 죄. 외로움 하나 이기지 못하는 나약한 죄. 역마를 풀어내지 못하고 이국땅을 떠도는 죄. 구십 노모 차마 눈감지 못하고 피눈물 나게 하는 죄, 그 많은 죄로 피멍 들고 으깨진 육신이랑 훌훌 벗어 히말라야에 던져주고, 락시 한 사발에 배호고 이미자고 불러들이는 그가 애처롭다.

　이처럼 윤석희에 있어서 사물을 바라보는 눈의 기저에는 자유에 대한 갈망이 서려 있다. 여행 자체도 바람처럼 흘러 다니는 일상의 자유스러움에서 비롯된다.

3. 윤석희의 자의식 따라잡기

누구나 작가라면 맨 먼저 나서는 일은 자신의 정체성 찾기일 것이다. '도대체 나란 누구인가?' 작가 윤석희 역시 이 문제에서 자유로울 수 없다. 수필이 작가의 고백문학임을 강조하지 않더라도, 스스로 겉으로 드러나는 작가의 모습에서 독자는 한 인간을 만나게 된다. 작가가 심혈을 기울여 써 놓은 글에서 독자는 작품을 만나는 것이 아니라 작가라는 한 인간을 만나게 된다.

그 인간은 어떤 유형의 인물인가. 무엇에 대해서 관심을 가지고 있고, 하나의 사건을 접함에 있어 어떻게 대처하고 해결하는가에 따라 그 사람의 사상을 독자는 읽을 수 있다. 뿐만 아니라 그 사상에 곁들여 새로운 삶의 모습을 보고 싶어 한다.

수필집 ≪찌륵소≫ 속에서 독자는 어떤 인간형을 만날 수 있을까. 책의 표제가 된 작품 〈찌륵소〉에서 보면 작가는 자신의 모습을 어머니의 입을 빌어 말하고 있다. 미욱한 놈, 고집불통인 놈, 요령부득인 놈, 융통성 없이 꽉 막힌 놈. 그것이 작가 윤석희인 것이다. 어머니의 이러한 지적에 대해 작가는 굳이 부정하려 들지 않는다. 오히려 한 귀로 듣고, 한 귀로 흘려보내는 이야기에 불과하다. 관심을 나타내지 않는다.

정말 작가 윤석희는 '찌륵소'다. 어머니의 불편한 심기에도 무반응으로 대처하고 자신의 길을 걸어간다. 그 이유는 자기 자신이 어머니의 품에 기대기만 하면 한순간에 무너져 내릴 것임을 잘 알기 때문이다. 그렇게 견디었기에 임종을 맞으면서도 어머니는 딸의 존재를 인정하게 된다. 그토록 말없이 견뎌내어 목표지점에 도달하는 것이 작가 윤석희다.

찌륵소가 소인 것만은 확실해졌다. 짐작건대 소 중에서도 그중 미욱한 놈. 고집불통인 놈. 죽어라 일만 하고 요령부득인 놈. 융통성 없이 꽉 막힌 놈을 두고 지칭하는 말 같다. ……〈중략〉…… 당신 품에 기대기만 하면 한순간에 무너져 내릴 것만 같아 스스로 다잡고 단속하였던 거다.

어머니가 내 손을 움켜잡은 채 숨을 거두었다. 마지막 말을 토해내면서,

"이 미련한 것아. 너니까 해냈다. 너니까 그렇게 살아냈어. 찌륵소 고집이 너희 집안을 지켜낸 거여."

— 〈찌륵소〉에서

흔히 재담을 즐기는 사람들은 한국의 중년 부인들의 아픔을 입에 올린다. 결혼하여 아이 낳아 기르고, 남편 뒷바라지에 세월 가는 줄 모르고 산다. 그러다 보면 남편은 사회적으로 어느 정도 위치를 확보하고, 아이들은 중고등학생이 되어 야간 자율학습에 묶이면, 저녁마다 혼자 찬밥덩이 치워야 하는 신세가 되고 만다. 그때 한국의 여인들은 공황에 빠지게 된다. 나는 지금껏 가족을 위해 살았는데 왜 가족들은 나에 대해 전혀 관심과 배려가 없을까 하고 서운해 한다. 막막하여 외출하려 거울 앞에 서니 주름살이 깊게 팬 아주머니 한 사람이 그 안에 있다.

이런 한국 여인들의 아픔을 차단하기 위해 작가 윤석희는 독립을 선언한다. 그것이 〈2000년 8월 8일〉이다. 홀로 서기를 시도하는 것이다. 진학하여 비어 있는 딸아이의 방을 꾸미면서 독립을 꾀하는 것이다. 남편과의 동거로부터의 분리 독립, 안방에서의 탈출, 그리고 이제는 자신의 이름으로, 자신을 위해 오지게 살아볼 계획을 세운다. 그 골방에서

새로운 삶을 기획하고 설계한다. 그리고 게으르지 않고 용기를 내어 실천에 옮길 결심을 한다.

> 여기선 그저 내 생각만 하고 내가 하고 싶은 것만 하리라 다짐했다. 자잘한 일상사도 끌어들이지 않을 작정이다. 세간 또한 단출하다. 창고에서 잠자고 있던 낡은 책상과 의자를 손보아 들였다. 새로 마련한 전기스탠드, 미니오디오세트, 컴퓨터와 프린터가 전부다.
> 그렇다고 이곳에서 뭐 그리 대단한 일을 하는 것은 아니다. 모차르트를 은밀히 만나며 책을 보고 큰소리로 외국어를 익혀도 어색할 일이 없고 서툰 솜씨나마 자판을 두드리며 글쓰기를 한다. 마음껏 고독에 빠질 수 있고 남편을 그리워할 수 있어 새롭다. 혼자 상상하고 혼자 꿈을 꿀 수 있는 공간이니 비좁은 골방이지만 방해받지 않는 자유와 평화가 있다.
> — 〈2000년 8월 8일〉에서

아무리 명예와 권력을 움켜잡았다 해도 흐르는 세월을 돌려놓을 수는 없다. 이것은 어쩌면 남자보다 여자에게 민감하게 와 닿는 문제일지도 모른다. 거울에 비춰진 얼굴에 절망한 여인은 점차 몸에 나타나는 여성성의 상실에 낙담하지만 어찌하는 방법이 없다. 아예 그대로 받아들이고 순응하는 것이 오히려 마음이 편할지도 모른다.

작가 윤석희는 '이게 어디 섭섭할 일인가'하고 자위하지만, 그 그늘은 너무도 짙다. 오히려 축하할 일이라고 자신을 설득한다. 이제 생리도 끝이 나고 여성으로서 역할도 다한 셈이라며, 자신을 내세운다. 한 남자와 인연을 맺고 어미가 되었고, 아이들도 탈 없이 장성하였으니 이제는 내 몫을 챙겨도 될 계절이 왔다고 생각한다. 그간 여자라는 이름으로 감수해야 했던 사회적인 편견이나 구속, 가정에서 씌워졌던 굴레를 벗게 되어 참으로 반갑고 홀가분하다고 생각한다. 의무의 양이 축소되고 운신의 폭이 넓어졌다며 자유로움을 갈구한다.

그리고 자기 자신에게 설득한다. 주저하지 말고 자신에게 몰입할 일이다. 주어진 시간과 자유를 나를 위해 다시 구성하고 실행해야 할 책임과 권한을 가졌다. 어둡지 않을 노년의 불을 서서히 밝혀야 하지 않을까. 구차하게 자식들을 해바라기 하지 않으며, 무기력하게 사회에 기대지 않으며, 비겁하게 배우자에게 매달리지 않는 자유인으로서의 삶을 실행해야겠다고 다짐한다.

여자를 지탱하는 두 축. 여성성과 모성. 이것이 나를 지켜준 것이기도 했으나 족쇄였음을 부인할 수 없다. 쭈그러든 가슴과 오그라든 자궁이 나의 여성이 소멸됨을 말해주니 이제 기꺼이 족쇄를 풀고 일어설 일이다. 그러나 모성은 참으로 질긴 본능이어서 더 집착하고 견고해지는 것은 아닐까 두렵다. 그래. 내게 갱년기는 여성성의 소멸을 알리는 시기가 아니고 모성을 둔화시키는 시점으로 인식하련다. 아이들이 내 품에서 진즉 떠나갔듯 내 마음속에서도 놓아버리자. 그들의 보다 자주적인 삶을 위해서, 보다 자유로운 나의 노년을 위해서.

— 〈나는 여자가 아니다〉에서

수필집 ≪찌륵소≫에 나타나는 인간상은 자신의 자유를 찾아나서는 인간형이다. 갖은 고통 속에서도 부모에 의지하지 않았던 것은 먼 미래의 자신의 자유로운 독립을 위한 포석이었다. 부모에게 의지했다가는 무너져 내릴 것 같은 자신을 구출하기 위한 최선의 선택이었던 것이다. 그 의지력이 있었기에 남편과의 동거에서 분리 독립이 가능했고,

자녀로부터도 자유로울 수 있었던 것이다. 결국 작가 윤석희는 외국 여행을 하든, 국내에 머물러 있든 자기 자신의 분리 독립을 위해, 즉 자신의 자유를 위해 부단히 노력하고 있음을 보여준다.

4. ≪찌륵소≫에 나타난 윤석희의 가족애

수필작가에게 있어서 가족 내지 가정사를 글감에서 제외시키기는 그리 쉬운 일이 아니다. 어찌 보면 수필을 쓰는 작가가 자신의 가족이나 가정의 이야기를 전혀 쓰지 않는다면 그 사람은 멋없는 작가라고 아니할 수 없다. 수필은 어느 장르의 문학보다도 사람의 냄새를 그리워하는 문학 장르임에는 틀림없다. 작품의 생산에 안이함을 책하기 위해 가족 이야기를 터부시할 수는 있어도 아예 금지한다는 것은 또한 문제가 된다. 작가가 체험한 이야기를 쓰고, 자신의 삶에서 얻어진 본질을 적어야 하는 것이 수필이기 때문에 그렇다. 작가의 삶을 모두 베일에 가려놓고 자신의 모습을 내놓았다 한다면 그것도 모순이다.

작가 윤석희에게 있어서 가족은 자신의 삶에 장애가 되지 않는 한도 안에서 사랑의 대상이 되고 있다. 비록 외국으로 돌아다녀 가정을 장기간 비워도 그는 여자이기를 놓지 않는다. 한국의 전통적인 여인상을 그리고 있다. 물론 자유의 한계 안에서 그런 일은 지속되고 있다.

한국의 전통적인 여인상은 장독대를 빛이 나도록 관리하는 여인이다. 기뻐도 장독을 닦고, 슬퍼도 장독을 닦았으니, 그 빛이 어련하겠는가. 장독이 도시계획으로 헐리자 건강이 나빠질 정도로 한국 여인에게는 장독이 자신의 존재 의미에까지 닿아 있었다. 뿐만 아니라 집안에서 아낙의 살림 솜씨는 장독대를 어떻게 관리하느냐에 의해 평가되었다.

그러나 시대가 변하고 대부분의 가정에서 장을 담그지 않고 구매해서 먹다 보니 장독은 애물단지가 되어 버렸다. 평상시에는 사용하지 않아 그냥 방치했다가도 어머니의 기일에는 그분을 추억하며 독을 매만지는 여인으로 그려져 있다. 완전히 과거를 거부하는 것도 아니고, 어쩔 수 없이 현실에 적응하며 살면서도 어른의 뜻은 거역하지 않으려는 여인으로 그려져 있다.

> 도시계획으로 장독대가 헐려나간 후 어머니는 빠르게 쇠약해져 갔다. 마음 붙일 데를 잃은 상실감이 상처가 되었나보다. 어쩔 수 없이 항아리들이 나에게 왔다. 게으르기만 한 나는 일거리나 주는 장독대가 마땅찮았고 그것들을 엉망으로 버려두었다. 새 주인 탓에 빈 항아리들은 까칠하고 볼품없었다. 어쩌다 옛 정인이라도 찾아와야 말끔하게 단장하고 속도 채워졌다. 어머니는 일일이 뚜껑 열어 햇볕을 쪼이고 먹지 못하게 된 것은 가려내었다. 식구들을 위한 것인데 소홀히 간수한다며 장독대에 서서 호되게 나를 꾸중하셨다. 이제 당신마저 아니 계시니 장독대는 폐허가 되었다. 독들은 깨져 없어지고 더러워진 몸체는 바람 따라 뒹굴며 외롭다. 몇 개 남지 않은 단지나마 깨끗하게 닦아 안을 채워야겠다. 이번 기일엔 장독대에 어머니가 꼭 나타나실 것만 같다.
> "애야, 너도 이제 여기가 편하냐."
> 대답을 준비해 둘 일이다.
>
> — 〈어머니의 장독대〉에서

그러면 부부관계에서는 남편에겐 어떤 여인의 모습이었을까. 작가 윤석희는 사랑하던 사람을 가족들의 반대에 부딪혀 포기하고 돌려세울 결심을 한다. 남자가 농부가 될 거라는 것이 이유였다. 그러나 남녀의 문제가 그렇게 단순한 것은 아니다.

　몇 년이 지난 후 우연찮게 남자의 농장에 들르게 된다. 자신이 일구어 놓은 농장을 한번만 보아달라는 청을 거절할 수가 없었다. 비록 돌려세웠어도 안부가 궁금했던 것이다. 일단 주인도 없는 방을 방문하고 나니 그의 초라하게 사는 모습이 가슴에 와 박힌다. 연민이다. 그 가난한 삶의 모습이 작가의 마음을 휘어잡는다. 모질게 마음먹고 종이쪽지에 메모만 써 놓고 나오려니, 서랍 속의 편지들이 놔 주질 않는다. 자신이 보낸 편지들이다. 결국 작가는 눈물을 쏟고, 주저앉고 만다.

　그렇게 자유로움 앞에 거칠 것이 없었고, 자신이 결정한 것에는 두려움이 없었던 여인도 가녀린 삶의 모습에는 더 어찌하는 도리가 없었던 것이다. 그래 맺어진 것이 부부이다.

　　　발길이 떨어지질 않는다. 운명처럼 그 종이쪽이 내 가슴에 와 닿는다. 칼끝인 양 예리하게 파고든다. 그를 외면할 수 없다는 감정과 돌아서야한다는 자각이 치열한 공방을 벌인다. 그의 열정과 내 냉정이 불꽃을 튀기며 사투를 벌인다. 함께 나눈 시간들이 지나가고 나를 만나기 위해 군 병원을 탈출해 나왔던 그의 모습이 떠오른다. 결국 낡은 종이 한 장을 쥐고 기다리고 만다.

　　　그를 외면하고도 잘 살 거라 장담했는데 결심이 순간에 무너져 내렸다. 망설임과 두려움의 장막이 걷히고 한꺼번에 그리움이 밀려든다. 석양을 등에 지고 다가오는 그의 눈동자가 호두알만 하다. 그의 검정 고무신도 노을에 붉게 탄다. 벅찬 무엇이 말이 되어 나오질 않는가 보다. 품에 안고 들어서던 새끼돼지가 놓여난다. 이 상황을 눈치챈 것일까. 곰이는 우리 가운데서 낑낑거린다. 둘이는 하염없이 노을만 바라본다.

　　　　　　　　　　　　　　　　　　　－〈책상 속의 낡은 편지〉에서

자식들에게는 어떤 어머니였을까. 자취하는 아들의 집에 갔다가 여자 머리띠를 발견하고는 궁금증에 싸이게 된다. 방을 깔끔히 정리해 놓았기에 분명 여자가 드나들고 있다고 판단한다. 직접 말은 못 하고 어떤 낌새라도 알기 위해 필요 없는 전화도 걸고 하나 결국은 아들이 그렇지 않다는 확증을 얻게 된다. 딸이 오빠에게 주었다는 것을 알고는 박장대소하는 이야기다. 결국 아들을 깊이 믿지 못하였기에 생긴 일임을 깨닫는다.

대개의 어머니들에게서 있을 수 있는 일이다. 아무리 아이들이 자신들이 알아서 해 주기를 기대하며, 자유롭게 성장하도록 둔다 해도 자식에 대한 노파심은 누구나 갖는 것이다. 지나친 염려로 하여 일을 그르치는 경우가 흔히 있다. 작은 의혹이 불신으로 자라고, 그것이 사람 관계에 신뢰를 무너뜨리는 경우도 허다하다.

    믿음의 벽이 지극히 사소한 데서 무너져 내렸던 거다. 얼마나 허술한 믿음이었는지 확인된 것이다. 작은 의혹이 자라 불신의 담을 쌓을 수 있다는 게 놀라웠다. 가족들에게, 주변 사람들에게 불신의 씨앗을 키우고 있는지 돌아볼 일이다. 믿어지지 않는 것까지도 믿어주며 기다리는 미욱함으로 살고 싶다.
    방학이 되어 집에 온 딸아이가 제 오라비 사진을 보더니,
    "남자 망신은 다 시키고 있구만. 책 볼 때 앞머리가 신경 쓰인다고 고무줄로 묶고 있길래, 거금 들여 산 머리띠 적선해 줬더니 아주 사진까지 박으셨네."
    딸아이와 태풍이 지나가듯 웃었다. 사진 속에서 아들 녀석이 한 수 더 뜬다.
    "남자도 여자 머리띠를 한다."

                                                   — 〈머리띠 이야기〉에서

≪찌륵소≫에 나타난 여인상은 작은 것에 감동하고 작은 것에도 민감한 한국의 여인상이 그대로 그려져 있다. 이 작은 감동은 더러 커다란 힘을 가지고 일을 해결하기도 한다. 한 순간의 작은 감동이 그 사람의 일생을 좌우하기도 하는 것이 사람의 일이다.

5. 일상에서 주운 삶의 진정성

윤석희의 수필집 ≪찌륵소≫에는 삶의 진정성을 찾아 작가가 얼마나 헤매는가를 독자들에게 여실히 보여준다. 하나의 작품을 완성하기까지 최선을 다하는 작가의 모습이 건강하다. 이러한 정열을 쏟아 얻어지는 결과물은 새로운 생명을 부여받기나 하듯 긴긴 세월 동안 빛이 난다. 〈시설枾雪〉에서 보면 감으로서의 생명을 다하고 다시 곶감으로 태어나서 또 다른 삶을 이어가는 모습을 그려주고 있다. 이러한 생명의 연장은 최선을 다해 익은 감에게만 시설이 피는 것과도 같다. 작가는 제대로 익지 않은 감으로 만든 곶감에는 시설이 앉지 않는다고 결론을 내리고 있다. 만드는 과정에서 소홀해도 마찬가지라고 한다. 좋은 곶감을 얻으려면, 흠집이 없어야 하고 바람과 햇볕이 마땅해야 한다. 적정한 온도와 습도에서 숙성의 기다림을 견뎌야 한다. 떫음이 가시고 단맛이 나면 고진감래가 시설로 드러난다.

이 같이 완성을 향해 최선을 다하는 삶을 그려주고 있다. 이것은 곶감에 한한 이야기가 아니다. 사람의 경우도 같음을 끌어내어 의미의 확산을 꾀하고 있다.

상했거나 제대로 익지 않은 감이면 시설은 앉지 않는다. 곶감을 만드는 과정에서 소홀함이 있어도 마찬가지다. 흠집이 없어야 하고 바람과 햇볕이 마땅해야 한다. 적정한 온도와 습도에 숙성의 기다림이 더해진다. 떫음이 가시고 단맛이 나면 고진감래가 시설로 드러난다. 사람도 마찬가지다. 설익으면 떫고 오랜 시간 묵히고 삭혀야 변하지 않는다. 감은 오래가지 못하지만 시설 앉은 곶감의 수명은 길다. 감으로 이미 한 생을 살아내고도 또 다른 삶을 이어가는 꼴이다. 마지막 보시를 준비하는 성자의 모습으로 말이다.

하얀 분은 내 머리에도 앉았다. 그러나 아무것도 이룬 것이 없고 아직 내 앞가림조차 못하는 처지다.

— 〈시설柿雪〉에서

〈인간 재생공장〉은 인간이 기계에 의존하여 인간성이 상실되어 가는 것을 안타까워하는 글이다. 남편이 위암에 걸려 수술을 하게 된다. 전국에서 유명하다는 병원, 중증 환자들이 치료를 위해 입원실도 없이 콘크리트 바닥에서 기다린다는 병원. 그곳에서 남편은 수술을 했다. 수술 후 엘리베이터 안에서 주치의를 만난다. 반가움에 인사를 하지만 그는 이 쪽을 알아보지 못한다. 얼마 전까지만 해도 남편의 질병에 대해 자세히 설명하던 주치의. 그러나 그가 환자를 알아보지 못함에는 당연한 이유가 있다.

어린 날 배를 쓸어주던 할머니의 약손이 그리운 것도 그 이유다. 의사가 와서 체온을 재고 이마를 만져주며 치료하질 않는다. 모든 것은 기계가 알아서 해 준다. 그리고 의사는 환자를 보고 이야기하는 것이 아니라, 어디까지나 컴퓨터에 입력되어 있는 수치만을 신뢰하며 진료하고 있다. 환자의 얼굴을 기억할 수 없는 것은 당연하다. 그러니 따뜻한 사랑이 있는 병원이 아니고 인간 재생공장인 것이다.

그분은 남편의 담당 의사다. 위胃부문에선 국내 최고의 권위자라고 소문이 자자하다. 병문안 온 손님을 배웅하던 참에 마주친 것이다. 이미 한 달 전에 그분에게 초진을 받았다. 며칠 후에는 검사 결과를 소상히 말해주었다. 어디 그뿐인가. 입원 날도 정해 주고 수술 스케줄도 직접 설명했다. 수술 역시 그 분의 몫이었다.

무려 다섯 시간이 걸렸다. 암세포를 제거하기 위한 위 절제 수술이다. 사그라지는 생명의 불을 다시 지피기 위해 사투를 벌이지 않았을까. 남편의 배를 가르고 살펴보고 만지고 한 분이 아니던가. 피투성이 속에서 썩은 조직을 잘라 내고 다른 장기로의 전이 상태를 확인했으리라. 적어도 그 시간만큼은 남편과 오롯이 생사를 같이한 것이다. 궁금하다. 봉합을 끝내고 피 묻은 손을 씻으며 무슨 생각을 했을까.

수술 당일부터 매일 회진도 이어졌다. 수술을 잘 견뎌냈다고 남편을 칭찬했다. 의료진의 주문대로 따르고 운동을 열심히 하라 했다. 빠른 속도로 회복된다고 격려도 했다. 체온과 신진대사의 변동 상태를 면밀히 점검했다. 상처부위도 염증 없이 아무는지 소상하게 물어 온 분이다.

― 〈인간 재생공장〉에서

잡초와 풀의 한계는 무엇일까. 인간이 필요로 하는 것 이외의 것은 다 잡초인 것이다. 농작물 속에 끼어든 풀은 당연히 잡초이다. 하지만 잔디밭에 난 콩도 잡초인 것이다. 인간의 필요에 따라 재배하고 그 외의 것은 모두 잡초로 제거당해야 한다. 〈풀을 뽑으며〉는 잔디밭에서 무릎걸음을 하며 잡초를 뽑는 글이다. 태양이 강렬하게 내려쬐는 잔디밭에서 그런 대로 그 일을 견뎌낼 수 있는 것은 자기 자신에 침잠할 수 있는 자유가 있기 때문이다. 땀 흘리는 작업을 통하여 일상을 여과시키고 있는 것이다. 그러기에 자신의 몸에 뿌리내리고 무성하게 자라고 있는 사념을 뽑아내게 된다. 부질없이 매달려가는 집착과 헛된 욕망을 뽑아낸다.

　이렇게 마음속 잡초를 뽑아내고 이삼 일이 지나면 다시 무성하게 돋아나는 잡념을 그냥 둘 수가 없다. 이것을 그냥 두면 주객이 전도되기 때문이다. 그래서 전쟁이나 하듯 다시 풀을 뽑아낸다. 언젠가는 깨끗한 마음의 뜰이 될 것을 믿으면서 말이다. 자신의 수양을 위한 끝없는 노력을 아니 할 수가 없다. 이런 각고의 노력이 있어야 장대비로 내리는 하늘의 수액을 받아 마실 수 있다. 대지에 누운 채로 가슴을 열고 팔을 벌리고 흠씬 자유의 시간을 누릴 수 있다.

　　　허리가 결리고 손목도 욱신욱신하다. 팔다리를 쭉 펴고 잔디에 누워 하늘을 올려다본다. 갑자기 장대 같은 소나기가 쏟아진다. 퍼붓는 빗줄기가 땅을 치고 탄력 있게 퉁겨져 오른다. 얼굴을 마구 때리는 굵은 빗줄기가 장쾌함을 더한다. 누운 채로 가슴을 열고 팔을 크게 벌려 하늘의 수액을 한껏 받아 마신다. 흠뻑 빗속에 묻혀 하늘과 대지와 미물인 나조차 거대한 자연 속에 하나가 된다.
　　비가 그치고 뿌리에 달린 물의 무게로 작업은 힘겨워도 계속된다. 한기에 몸은 떨리지만 육신의 더러움이 다 씻겨나간 것 같아 한결 싱그럽다.
　　　　　　　　　　　　　　　　　　　　　　－〈풀을 뽑으며〉에서

6. 나가면서

　윤석희의 두 번째 수필집 《찌륵소》는 그의 첫 수필집 《바람이어라》와는 다른 얼굴을 하고 독자 앞에 나타났다. 전의 것은 기행수필로 한정했었는데, 이번에는 그렇지 않다. 일단 기행수필의 영역에서 크게 한 획을 더했던 여세로 독자들에게 기쁨을 주는 수필집이다. 이번에는 대부분 작가 자신의 정체성을 찾아 나선 글들이 많았다.

　수필이 삶의 진정성을 찾는 일에 전념해야 한다는 점에서 기대되는 바가 컸다. 그리고 작가는 그 기대에 부응했다. 확연한 주제의식을 가지고 한 편 한 편 완성해 놓은 글이 주옥 같이 빛난다. 작가의 사유의 세계가 극명하게 드러나서 독자들의 가슴에 커다란 획을 긋고도 남는다.

　여기서 평자는 그토록 자유인이고자 하는 작가가 앞으로 어디로 붓의 방향을 잡아갈지 기대하며 다음 편을 기다리련다. 여행의 일정을 따라잡을 수 없이 세계를 휘젓고 다니는 작가의 자유가 이번에는 문학 세계에서 어떤 항해를 할지 기대되는 바 크다.

출분의 기능과 환승역의 의미
– 김양희의 수필세계

1. 들어가면서

  수필문학은 작가의 삶이 소재가 된다는 것은 두말 할 필요가 없다. 작가가 자신의 삶에서 취택한 소재에 의미를 부여하고, 얻어진 의미를 해석하여 그것을 형상화하는 것이 수필이기 때문이다. 이러기에 작가가 어떠한 삶을 살아냈느냐가 수필의 깊이에 지대한 영향을 미치게 된다. 늘 새로운 소재를 찾아나서야 하는데, 작가가 특이한 삶을 살았다면 그만큼 글쓰기의 자산을 가지고 있는 셈이 될 것이다. 비단 다른 사람과 차별화된 삶은 아닐지라도 하루하루 삶의 의미를 찾으면서 반추하는 생활을 지속해 왔다면 나름의 작품세계를 견지하는 데에 도움이 되었을 것은 당연한 일이다.

  글의 생명력이 새로운 소재, 새로운 해석, 새로운 형상화에 연결되어 있기에 작가의 삶은 그래서 커다란 의미를 갖게 된다. 수필이 함유하게 되는 주제는 사람이든 사건이든 사물이든 그 소재에 대해 본질을 찾아 의미를 부여하는 작업에서 얻어진다. 이를 학자들은 '낯설게 하기'로 정의한다. 늘 보아온 사물이나 사건이라도 오늘 처음 대하는 것처럼 인식하고 다가갈 때, 그 의미는 확연히 다르게 나타나기에 '낯설게 하기'를 요구하는 것이다. 반복된 일상은 추상화되고, 단순화되기 쉽기 때문에 그렇다. 이러한 과정을 거쳐서 새로운 형상화가 이루어지면 작품은 나름대로 존재의미를 함유하게 되는 것이다.

1999년 ≪수필과비평≫으로 문단에 나온 김양희 작가는 이미 데뷔하기 전에 여행을 기록한 ≪순례의 여정≫을 출판하였고, 데뷔 후에 수필집으로 ≪홀로 우는 바람소리≫(2003), ≪사랑에 죽다≫(2007) 등 두 권의 수필집을 상재한 바 있다.

수필집에 나타난 김양희 작가의 삶은 과연 어떠한 것이었을까. 몇몇 작품을 통하여 한 작가의 삶을 헤아려 본다는 것은 무리가 따를 수 있지만, 그 중에서도 어렵지 않게 유형화된 모습이 나타난다면 그것은 그의 삶의 한 모델로 간주할 수 있다. 왜냐하면 작가의 눈은 관심이 많은 분야의 것에 대해서는 민감하게 반응하기 때문이다. 그리고 그것이 작가의 정신적 작용을 거쳐 작품으로 형상화되기 마련이다.

우선 그런 측면에서 판단의 잣대를 대고 김양희의 수필세계를 살펴보면 몇 가지 유형이 나타난다. 철저한 가톨릭신자라는 점, 여행을 즐기는 작가라는 점, 그리고 그 여행도 계획된 여행보다는 삶의 무게를 내려놓는 수단이라는 점, 또 예사로운 일상 속에서 커다란 의미를 찾아 나선다는 점, 문장 속에 심오한 의미를 끼워 넣는다는 점, 더러는 세상에 대고 할 말이 많아 목청을 돋우는 경우도 있다는 점 등으로 요약할 수 있다.

2. 김양희의 수필세계

2-1. 종교적 삶의 그림자 — 가톨릭

작가에게 있어서 어떠한 사고로 사물을 인식하느냐 하는 문제는 매우 중대하다. 그 인식의 기저에는 사상이 존재한다. 사상이 없는 글은 생명력이 약하고, 끌고 나가는 이야기가 방향을 상실하여 주장에 흔들림을 초래하기도 한다. 확고한 사상의 지원을 받은 글은 그래서 명쾌하게 독자에게 다가선다. 작품 속에 내재한 사상은 작가의 삶 속에서 저절로 형성된다. 물론 의도적으로 배려하여 사상을 얻는 경우도 있겠으나, 대개의 경우는 생활 속 체험에서 형성되기 마련이다. 가령 어려서부터 가톨릭교를 믿는 집안에서 성장한 아이는 가톨릭사상에 저절로 젖게 되는 이치와 흡사하다. 이렇게 형성된 사상은 하나의 사건을 만났을 때에 해석하고 해결하는 방법에 있어서 가톨릭적인 방법을 택하게 되는 것이다.

작가가 가지고 있는 사상이 종교적인 힘이 바탕이 되면 더욱 견고하고 흔들림이 없다. 하나의 사건이나 사물을 접해도 종교적인 측면에서 이탈하지 않고, 바라보고 사고하고 판단하고 선택한다. 뿐만 아니라 작가는 이러한 소재들을 소홀히 흘려버리는 법이 없다. 관심이 많기 때문에 그냥 스치지 않는다. 작가는 일상 체험 중에서 자신이 가장 관심 많은 분야의 소재를 취택한다.

작가 김양희의 일상은 가톨릭의 율법에서 벗어남이 없다. 비단 사제의 헌신적인 봉사에 대한 이야기지만, 어느새 작가 김양희도 깊이 그곳에 가서 마음하고 있는 것이다. 단순한 사제의 삶에 대한 정보가 아니라 자신이 그 일에 동참한 듯이 사고하고 감탄하고 감사한다. 한 사제의 거룩한 삶을 통하여 아름답고 영원한 삶의 가치를 받아들이며, 자신의 삶을 반추하고 있는 것이다.

이는 그의 사상이 되기도 하고, 모든 일의 판단 기준이 되기도 한다. 자신의 일생을 종교에 귀의하여 사랑을 베푸는 신부나 수녀들의 삶이 작가의 눈에 자주 포착되는 것도 이런 까닭이다. 모든 것이 열악한 아프리카에 가서 지극한 사랑과 헌신적인 봉사로 하느님의 말씀을 전하는 신부의 삶은 그래서 작가 김양희에게는 커다란 자극으로 나타난다.

> 단지 가장 보잘 것 없는 사람에게 베풀라는 예수님의 말씀과, 아프리카 원주민들과 함께 평생을 헌신한 슈바이처박사, 그리고 자식을 위해 헌신적인 모범을 보여준 어머님의 고귀한 삶이 그를 거기 있게 한 스승들이었다. ……〈중략〉……
> 한 사제의 거룩한 삶을 통해 역동적으로 역사하시는 하느님의 모습을 느껴볼 때, 먼 나라에서 일어난 일들은 바로 우리들의 이야기로 다가오게 된다. 육신이란 바람에 흘러가는 누더기에 불과한 것, 영혼은 태어나지도 죽지도 않으리니 끝나는 일도 결코 없으리. 영혼의 주인에게 돌아갈 때 이 빈손에 무엇을 들고 갈 것인가. 삶의 진정한 가치를 추구하는 젊은 사제의 모습이 진정 아름답기만 하다.
> ― 〈빈손〉에서

종교적으로 깊이 안주해 있는 작가와 그렇지 않은 작가 사이에는 커다란 차이가 있다. 종교에 깊은 관심을 갖고 있는 작가는 모든 사고의 근저에 종교의 힘이 상존한다. 작가에게 있어서 가톨릭이라는 테두리는 삶의 울타리이고 보호막이 되는 셈이다.

2-2. 일상에서의 출분 — 여행

김양희는 여행을 즐기는 작가다. 그리고 그 여행을 헛되게 흘려보내지 않고 반드시 글로 풀어낸다. 어쩌면 문단에 나오기 전에 한 권의 기행문집을 갖고 있었다는 것도 같은 맥락에서 이해해야 할 것이다.

특수한 작가에게 있어서는 여행이 일상인 경우도 있다. 그래서 여행하는 것이 뭐 그리 대수냐 하는 식으로 일상으로 받아들이기도 한다. 이런 경우 쓰는 수필은 여정에 대한 기록이 그리 중요하지 않다. 그냥 여행 중에 얻은 정보로 일상에서 소재를 선택하듯 수필을 써 내리게 된다.

하지만 대부분의 작가에게 있어서 여행은 일상이 되지 못한다. 특이한 삶의 기회일 뿐이다. 여행은 글의 소재가 특이하여 독자들을 움켜잡을 수 있는 힘을 이미 확보한 것이나 다름없다. 수필이 새로운 소재, 새로운 해석, 새로운 형상화를 요구한다면, 우선 새로운 소재로 독자들의 관심을 끌 수 있다. 그러다 보니 기행수필의 영역에서 이탈하지 않는다. 여행을 하게 된 동기에서부터 시작하여 여정은 물론 보고 들은 것을 욕심껏 나열한다. 그러기에 여행의 동기가 중요한 의미를 갖고 작품에도 크게 작용한다. 동기에 따라 어떠한 일이든 커다란 의미의 차이가 나타나기 때문이다.

흔히 여행은 계획을 세우고 그 계획에 따라 움직이게 되는데, 작가 김양희의 경우는 대개가 힘든 현실에서의 잠시 갖는 외출이고 쉼이다. 이 외출에서 작가는 자신은 물론 주위에 포진한 것들의 현상을 되돌아보고 관조하며 하나의 위안을 획득한다. 이러한 관조를 통해 얻는 것이 수필이다. 수필이 관조의 문학임을 십분 활용하고 있는 것이다.

시간의 길 위에서 더러는 느긋한 여행을 꿈꾼다. 여행이야말로 삶이 한 박자 쉬어가는 자리. 나를 드러내며 남을 보기도 하는 그 속에서 미처 몰랐던 자아의 현주소를 찾기도 하기에 누구나 여행을 추구하는지도 모른다. 쉼표가 새겨지는 삶의 자리, 마음은 언제나 어디서든 떠나고 싶어 한다.

- 〈쉼표〉에서

이러한 작가의 의식은 〈방랑과 자유〉에서 확연히 드러난다. 힘겨운 현실생활에서 출분의 상념을 싣고 떠나는 것, 그것이 여행이다. 잠시 현실에서 잠적하여 쉼을 찾는 것이 여행인 것이다. 모든 일상을 내려놓고, 미지의 한 곳을 향해 떠나면 개운해지고 심연이 맑아지리라 믿는다. 그러나 그게 아니다. 현실을 떠나 자유의 바다에 와 있어도 영원히 자유로울 수는 없는 것, 언제나 그렇듯 사념은 따라다니고, 털털거리는 고물 미싱이 나를 현실에 맞대고 박음질하고 있는 것이다.

하지만 그 속에서 작가는 삶의 지혜를 터득한다. 여행 중에 부딪친 모든 것들이 그에게 삶의 지혜를 일러준다. 어부, 매표원, 수녀 어느 하나 스승이 아닌 사람이 없다. 삶의 현장에서 주어진 배역에 최선을 다하는 것. 그것만이 단순하고도 지극한 아름다움이라는 그 진부한 깨달음이 협량狹量의 틀에서만 뒤척이던 작가에게 소중한 체험으로, 또 수확으로 다가온다. 결국 자신의 삶은 그 누구도 대신해 줄 수 없는, 자신이 끌어안아야 할 몫이라는 것을 깨닫는다. 그래서 작가는 출분의 깃발을 접고 다시 일상으로 회전하여 돌아올 수 있는 것이다. 다행인 것은 그 후 작가는 세파의 파도 앞에 다시 당당히 나설 수 있다는 점이다.

해안도로를 따라 옹기종기 펼쳐지는 작은 어촌마을을 지나 S읍으로 가는 버스는 가파른 숨을 내뿜는다. 일상의 탈피를 위한 내 출분의 암울한 상념을 싣고서…….

　　부서지는 파도가 가슴에 와 안겼다가 가라앉은 회한을 걷어가고는 또 다른 사념의 꼬리를 몰고 온다. 생애 처음으로 낸 일단의 용기를 조롱하는 양 노을 속에서 바다는 밀려오고 밀려간다. 내면의 심층 내부에서 비로소 일탈을 구가하는 자유의 바다, 눈이 시리도록 푸르른 채 범람하는 석양의 파도자락은 내 안의 또 다른 나를 행해 조소인 양 동정인 양 손을 흔들고 있다. 어서 빨리 오라고 철썩, 어서 빨리 가라고 쓰르르쏴아. ……〈중략〉……

　　어느 날, 손 안에 쥐고 있던 모든 것을 놓고 싶었다. 미지를 향해 한 번쯤 떠나가라. 그리하면 네 의식의 심연深淵이 창포물에 머리를 헹구듯 맑아지리라. 나는 그 영혼의 울림에 충실히 응답했고 집에는 메모 한 장을 남긴 채 달랑 여행가방을 집어 들었다. 어디로 갈 것인가. ……〈중략〉…… 돌아오는 길에 얻은 소박한 진리는 결코 먼 데 있지 않았다. 해변에서 어망을 손질하던 어부의 손길, 터미널에서 무심히 버스표를 나눠주던 매표원, 평생 보이지 않는 신을 섬기며 세상의 구도를 몸짓으로 사는 수녀님들, 그들이 바로 나의 스승이었다.

　　　　　　　　　　　　　　　　　　　　　　－ 〈방랑과 자유〉에서

　이와 같이 작가 김양희에게 있어서 여행은 일상이 아니라 현실에서 짊어진 짐이 힘에 겨우면 잠시 선택하는 출분의 수단이고, 쉼의 선택인 것이다.

2-3. 대립된 두 세계의 다리 — 쉼표, 문, 환승역

　작가 김양희에게 있어서 대립되는 두 세계의 연결지점에는 반드시 장치가 되어 있다. 그것이 다리인 것이다. 다리는 강물과 같은 장애로 둘로 갈라진 지역을 연결시키는 기능을 가지고 있다. 또 위와 아래로 갈라진 경우에는 '사닥다리'가 그 임무를 맡는다. 사람과 사람 사이에는 무수하고도 다양한 장애로 화합하지 못하고 겉도는 경우가 허다하다. 여기에도 두 사람의 떨어진 마음을 관계하게 하는 다리가 필요하다.

문장도 사람살이와 비슷하다. 부드럽게 흘러가야 한다. 우리의 사고를 문장으로 풀어낼 때에는 논리에 맞아야 하고, 정확해야 하고 연결이 부드러워야 한다. 이때에 글쓴이는 정확한 문장부호를 사용해야 명쾌한 문장을 완성할 수 있다. 마침표는 끝을 내기 위해 사용하지만, 쉼표는 또 다른 것과의 연결을 위해 숨을 고르는 경우에 사용한다. 쉼표는 말을 하다가 잠시 멈추고 사고의 창고에 이야기꺼리를 재충전하는 표시로 말하기와 듣기의 슬기로운 연결고리가 되기도 한다.

인생도 십년 주기로 쉼의 자리가 찾아들었다. 그것은 고난의 다른 이름이었다. 승승장구만 한다면 고개 숙이는 일을 모를까봐 주기적으로 신의 망치가 톡톡 이마를 치고는 달아났다. 맞을 때는 그것이 천애 낭떠러지인 줄 알았는데 돌아서면 또 다른 길이 보이곤 했다. 마침표는 끝을 내는 일이지만 쉼표는 또 다른 것과의 연결을 위해 잠시 숨을 고르는 일이었다.

대화의 중간에도 적당히 쉬는 일은 생각의 깊이를 더해준다. 혼자서 말하기만 한다면, 또 말없이 듣기만 한다면 무슨 의사소통이 될 것인가. 내가 말할 때, 상대방이 말할 때를 지혜롭게 가린다는 것은 쉬운 듯하지만 어려운 일이다. 많이 말한다고 해서 많이 아는 것은 아닌데도 착각하고 사는 이가 얼마나 많던가. 대화 중에 불쑥 끼어드는 일보다는 충분히 들은 후 여유를 갖고 하는 말은 언중의 깊이를 더해줄 뿐만 아니라 인품마저 돋보이게 할 것이다.

— 〈쉼표〉에서

'문'은 두 세계의 통로이다. 삶과 죽음의 통로에도 문이 있다. 그 문의 안에 있느냐 밖에 있느냐에 따라 그 존재의 생명은 좌우된다. 이 문을 어떻게 관리하느냐에 따라 존재의 의미는 상반된다. 그래서 문은 열림과 닫힘으로 그 기능을 확연히 구분한다. 열림은 오는 것이요, 닫힘은 가는 것이다.

새로운 세계를 향할 때는 문은 시작이 된다. 이 문은 확연히 다른 두 세계의 연결고리이기도 하다. 여기서 작가는 문을 어떻게 하느냐에 따라 자신의 삶의 궤적이 달라짐을 귀띔한다. 희망인 열린 문과 절망인 닫힌 문 중 어느 것을 택할 것인가는 순전히 자신에게 달려 있는 문제다. 마음의 손잡이는 안에만 달려 있어서 남은 열어 줄 수 없고, 자신만이 열 수 있기에 모든 문제는 자신이 해결해야 한다.

문門을 열어보니 어머니는 잠들어 있었다. 그게 이승과의 마지막이었다. 세상과의 연을 문하나 사이로 마감한 것이다. 숨지기 전 자식들이 저 문을 열어주기를 엄마는 얼마나 애타게 기다렸을까. 문은 세상과의 소통이요 자신을 열어 보이는 통로였다. 열림은 오는 것이요, 닫힘은 가는 것이다. 열린 문은 닫히게 마련이듯이 온 사람 또한 반드시 가게 마련이다. 그러기에 문은 인생이요 작별이요 또 다른 세상과의 만남이기도 하다.

그러나 문은 마지막이 아니요 시작이다. 더러는 입시의 문을 통해 청운을 꿈꾸기도 하고, 인과의 연을 통해 배필을 만나기도 하기 때문이다. 일찍이 짝을 만나 생활의 이삭들을 빨리 거두는 이가 있는가 하면

학문이나 환경, 운명 때문에 늦게서야 가정을 꾸리는 이들도 있다.
― 〈문〉에서

우리는 새로운 세계 앞에서 멈칫하며 고민한다. 그 세계가 원만한 곳이라면 덜하겠으나, 그렇지 않고 죽음의 공포가 상존하는 절체절명의 상황이라면 더욱 고통스러운 일이다. 어느 세계로 자신이 향할 것인가도 중요하지만, 어떤 방법으로 새로운 세계에 접근할 것인가도 고민거리다. 그래서 우리는 환승역에서 내리고 다시 옮겨 타기 위해 많은 고민을 하게 되는 것이다.

〈마라강과 가브강〉에서는 맹수의 표적이 되지 않기 위해 누 떼들이 질주한다. 한발만 늦춰져도 맹수의 표적이 되기에 사력을 다해 낙오되지 않으려 한다. 맹수들이 노리는 영역의 끄트머리에서 마라강은 앞을 가로막고 다가온다. 그 강에는 누를 잡아먹겠다고 악어가 입을 벌리고 기다리고 있다. 함께 하던 새끼가 악어에 잡혀 핏물로 사라져가도 앞만 보고 가야하는 처지인 누 떼들. 여기서 고뇌에 빠지는 것은 당연하다. 선택의 여지도 없는 현실에서 어쩔 수 없이 강물로 뛰어들어야 하는 누 떼들의 절박한 처지는 바라보기에도 처절하다. 그러나 마라강을 건너면 푸른 초원이 기다리고 있다. 여기서 마라강은 누 떼들에게 환승역임이 분명하다.

이에 반하여 피레네 산맥에서 발원한 가브강은 세상의 아무런 불목이나 불화도 모르는 채 조용히 흐르고 있다. 세계 각지에서 몰려든 환자들의 휠체어 물결들과 함께 드넓은 초원을 잔잔히 흐르며 평화의 그림을 그리고 있다.

여기서 작가 김양희는 이 두 강물의 교차점 앞에서 자신의 삶을 돌이켜 본다. 자신이 이 교차점에서 그리 오랜 세월 속에 머무르지 않았음을 감지한다. 그리고 자신의 삶이 멈추지 말고, 당당히 흘러야 하는 현재진행형의 철새임을 깨닫는다.

 작가 김양희에게 있어서 '다리', '쉼표', '문', '환승역'은 두 세계에 대한 가름의 지점이 되기도 하고, 연결의 지점이 되기도 한다. 바로 이 지점에서 어떠한 선택을 하느냐에 따라 그의 삶의 가치는 확연히 달라진다.

2-4. 빠뜨릴 수 없는 영원한 테마 — 사랑

 사랑의 테마는 영원하다. 고정된 것이 있을 수 없고, 유형화하기조차 어렵다. 그만큼 다양한 형태를 가지고 있는 것이 사랑이다. 기왕에 나온 유형에 머물지 않고, 앞으로 무수히 다양한 형태로 나타날 수 있는 것이 사랑이다.

 작가 김양희는 어떠한 사랑에 가치를 주었을까. 작가의 심층에 흐르고 있는 사랑의 형태는 순수의 사랑에 줄을 대고 있다. 타산적인 것이 아닌 오로지 순수한 사랑으로 짜여진 것에 깊은 의미를 두고 있다.

 부부간의 사랑은 절실한 아픔을 동반한 것이 아름답다고 보고 있다. 마른 갈잎이 타는 절절한 통증의 사랑은 긴 세월이 흐른 후에 바라보면 아름답기 그지없다는 것이다. 그 사랑은 결코 닿을 수 없는 포구였기에 멀리서 바라보며 목이 타는 갈증으로 가슴에 와 닿는다.

 경북 안동의 조선시대 무덤에서 발견된 지편紙片, '원이 엄마의 편지'에 작가의 시선이 머무는 것도 그래서 당연하다. 짧은 기간 부부로 같이 하고 홀연히 떠난 남편을 그리워하는 애달픈 이 편지는 작가의 사랑관을 말하기에 너무도 충분하다. 진정한 부부간의 사랑에는 이 같이 절절한 통증을 요구하는 것인지도 모를 일이다.

작가 김양희의 사랑관을 나타내주는 글이 또 하나 〈종시 이것뿐이로다〉에 나타난다. 이 글은 오래전 세상을 떠들썩하게 했던 청마와 정운의 사랑이 화두이다. 여기에서도 이루어질 수 없는 사랑 앞에 슬픔과 고독을 감내해야 했던 두 사람의 사랑에 귀 기울이고 있다. 이러한 슬픔과 고독이 반드시 아름다운 사랑을 익게 하는 데에 관계하고 있다고 보는 것이 작가 김양희의 시각이다. 한발 더 나아가 작가는 애석함에 드러냄표를 보태고 있다. '길고 긴 청마의 연보에는 어디에고 정운의 이름이 없다.' 바로 이것이 김양희 작가의 사랑에 임하는 태도이다.

> 사랑에 죽다. 혹은 사랑에 살다. 사람들은 그렇게 사랑 때문에 죽기도 하고 살기도 한다. 남을 기쁘게 해주고 싶어 안달이 난 사람이 아니더라도 사랑에 빠진 사람은 즉물적으로 운명의 사슬에 걸려 죽고 살고 하게 된다. 사백 년 전 여늬의 사랑이 그랬고, 아바나 카탈리나 로사의 사랑이 그랬다. 미라를 통해 다시 태어난 사랑, '우리는 헤어지지 않았습니다.'
>
> － 〈우리는 헤어지지 않았습니다〉에서

> 하나의 아름다움이 익어가기 위해서는 반드시 하나의 슬픔과 하나의 고독도 함께 깊어져야 한다고 믿었던 사람, 평생을 한 여인을 가슴에 묻었건만 그의 길고 긴 연보에는 어디에고 정운(이영도)의 이름은 없다. 사람의 생애에는 드러나는 삶과 드러나지 않는 삶이 있다.
>
> － 〈종시 이것뿐이로다〉에서

2-5. 자연의 질서 안에서 ― 순환

자연을 바라보는 작가 김양희의 시각은 '순환'에 맞춰져 있다. 순환은 자신의 흘러가는 궤적이 되기도 하지만, 전체 속에 부분이 유기적으로 호응하는 수단이 되기도 한다. 자연의 질서에 저항하지 않고 순리대로 살려는 태도가 이러한 질서를 원만히 받아들인다. 그 시각은 한 걸음 더 나아가 모든 물상들은 이 순환의 궤도에 올라타기 위해 기다리고 있음으로 판단한다.

순환에는 사물의 변화에 따른 순환도 있지만, 시공간의 순환도 빼놓을 수 없다. 작가도 이 순환의 질서에서 예외일 수 없음에 자신의 모든 흐름이 떠남의 시기나 변화에 순응하고 있는 것으로 파악한다.

자신 내부에서의 변환과 순환만이 아니고, 인간과 자연과의 순환에도 작가의 시선이 머문다. 세상살이에 찌든 농부가 구부정한 어깨로 오줌통을 채전에 부어도 순환이다. 오줌은 갈급한 토양에 양분을 제공한다. 사람의 몸에서 나온 오물이 다시 흙으로 들어가 토양에 양분을 제공하고, 그 흙에서 자란 채소가 우리 인간의 체내로 다시 흡수되니, 결국 이는 인간과 자연의 순환관계인 것이다.

여기서 작가는 더 많이 갖기 위해 안달하는 삶에 부끄러워한다. 인간에게 있어서 부와 가난도 역시 영원한 것이 아니고, 잠시 내게 머물다 가는 순환의 고리일 뿐이라고 깨닫는다.

> 떠나는 것이 어찌 세간의 정뿐이던가. 항구에 정박한 배는 떠나기 위해 섰는 것이요, 찬란한 아침햇살은 밤의 고요를 보냈기에 온 것이 아니던가. 모든 시간은 태어나자마자 옛날이 되고 윤기 나는 새것은 빛바랜 헌것으로 변함이 거부할 수 없는 삶의 이치이다. 이렇듯 시간이나

공간이나 물리적인 현상마저도 인생의 모든 흐름이 떠남의 시기나 변화에 순응하는데 있는 것이 아닐까.

― 〈떠나 보내기〉에서

구부정한 어깨에 찰랑찰랑 넘치는 노란 오줌통을 한 뼘 채전 밭에다 철철 뿌리고 있다. 푸석푸석한 흙의 기운이 갈급한 듯 양분을 받아 대지는 수분을 빨아들인다. 몸에서 나온 것이 다시 몸으로 들어가는 자연과 인간의 순환관계다. 가난은 죄가 아니라 단지 불편할 뿐이라고 했던가. 그러나 내 눈은 발갛게 부은 그 남자의 새끼발가락에서 떠날 줄을 모른다. 그리고는 더 가지지 못해 안달했던 마음속 가난을 부끄러워한다.

― 〈안창마을 이야기〉에서

작가 김양희는 휘몰아치는 비바람처럼, 다시 튕겨져 오르는 폭포의 물처럼 세상의 순환에 거역하는 경우는 없다. 조용한 날에 차분히 흐르는 시냇물처럼 순환할 뿐이다. 모든 삶은 자연의 질서에 따라 움직이는 것으로 판단한다. 그의 여행이 삶에 대한 거역이 아니고 쉼이기에 바로 회전할 수 있는 것과 무관하지 않다.

3. 나가면서

작가 김양희의 수필세계를 유형화해 정리해 보았다. 분명 김양희 작가는 문장의 행간에 심오한 뜻을 끼워 넣는 작가다. 그것이 지나쳐서 독자에게 부담으로 남을 경우도 있다. 초기의 단아했던 문장은 세월의 때가 묻어 욕심의 흔적도 보인다. 그러나 그것은 특수한 독자들에게는 입맛을 돋우는 조미료가 될 수도 있다.

　그는 철저한 가톨릭의 율법으로 무장되어 있다. 종교적 소재가 자주 등장하는 것도 그의 일상의 한 편린을 보여주는 것이라고 하겠다. 그리고 그것들이 취택되어 진실한 사랑과 헌신적인 봉사로 작가에게서 되살아난다.

　그에게 자주 선택되는 여행은 삶에서 비롯된 가쁜 숨을 고르는 시간이다. 출분했다가 이내 돌아와 일상에 칩거할 수 있는 것도 쉼의 몸짓이었기에 가능하다. 인생을 여행에 비유하여 일상으로 받아들이고 해석하는 입장보다는 현실에서 빠져나와 거리를 두고 객관화하여 스스로 자신을 바라보는 방법으로 동원하고 있다.

　작가는 변환의 자리에서는 심사숙고하는 태도를 견지한다. 변환의 지점인 다리, 쉼표, 문, 환승역에서 대립되는 두 세계에 깊이 들어가 자신을 성찰한다. 그것은 자신의 성찰에만 머무는 것이 아니고, 한층 더 깊은 세계로 발돋움하기 위한 숨고르기이다.

　작가 김양희에게 있어서 가장 소중한 사랑은 절실한 아픔을 동반한 사랑이다. 늘 좋기만 한 사랑보다는 마른 갈잎이 타는 절절한 통증의 사랑이 아름답다고 보고 있다. 그 사랑은 결코 닿을 수 없는 포구였기에 멀리서 바라보며 목이 타는 갈증으로 가슴에 남는다.

　자연의 질서 속에서의 순환도 작가 김양희에게서는 당연한 귀결이다. 매사를 서두르지 않고 순리대로 풀려는 자세이다. 그리고 그 모든 것은 자연의 순환에 일익을 하고 있다는 판단에서 비롯된다.

　이상에서 살펴보았듯이 수필은 작가의 삶에서 빚어지는 문학이다. 작가 김양희의 수필에는 삶의 철학이 농밀하게 함유되어 있다. 어느 작가나 다 그렇겠지만, 특히 김양희 작가는 신변사에서 취택한 소재에 깊은 생의 의미를 부여하는 데에 남다른 면모를 보여준다. 그가 쓴 수필의 행간에는 심오한 뜻이 내재해 있다. 이 모두 관조와 달관에서 얻어진 것이다.

   그는 십년의 세월에 두 권의 수필집을 상재하였다. 앞으로 불같은 작가혼으로 더 심오한 세계를 풀어낼 김양희 작가에게 기대를 해 보며 다음 작품을 기다린다.

대립과 화해의 그림자 찾기
– 이옥순의 ≪단감과 떫은 감≫의 경우

1. 들어가면서

　수필은 작가의 삶이 겉으로 노정되는 문학이다. 작가가 어떠한 삶을 꾸려 왔는지가 그 어느 문학 장르보다도 여실히 드러난다. 그것은 수필의 태생적 특성에서 비롯된다. 수필은 비전환적 표현을 표방하기 때문에 더욱 그렇다. 물론 비전환적 표현을 추구해도 상상의 수단에까지 족쇄를 채운 것은 아니다. 이런 수필의 특성 때문에 한 작가의 작품세계를 살펴보면 작가가 저절로 드러난다.
　작가 이옥순의 경우에 있어서도 예외일 수 없다. 작가가 삶을 꾸려 오면서 어떠한 분야에 관심을 가지고 있었으며, 또 삶에서 가장 가치를 부여하는 것이 무엇인지 명료하게 드러난다. 그래서 글은 작가 자신의 얼굴이다. 같은 소재를 가지고 수필을 써도 작가에 따라 확연히 다른 작품세계가 형성되는 것은 이런 까닭에 당연한 것이다.
　결국 문학이 인간의 삶을 표현한다는 궁극적인 면과도 연결된다. 아무리 자연 속의 미물을 선택해서 글을 쓴다 해도 결국은 사람의 이야기다. 소재가 가지고 있는 특성을 가지고 그 본질을 찾아 그것을 작가의 삶을 토대로 해석해낸다. 이렇게 해석해낸 바를 작가는 구체적으로 형상화하는 데에 정열을 쏟는다. 이러한 과정이 동원되지 않은 글은 생명력을 획득하기 어렵다.
　소재에 대한 해석은 상상적 체험이 없이는 불가능하다. 일반인들이 바라보는 수준의 것이라면 몰라도 작가만의 독특한 해석을 갖기 위해서는 반드시 상상적 체험이 필요하다. 그 세계는 작가만의 것이기에 다른 사람이 감히 흉내 내지 못하는 것이 될 수도 있다. 또 그래야만 한다. 참신성을 유지하려면 작가는 기존의 해석이 아닌 독특한 자기만의 것을 찾아야 한다. 그래야 작품은 성공할 수 있다.
　지적 구성력도 한몫 한다. 어떠한 소재를 현재 있는 위치에 그대로 놓고만 볼 일은 아니다. 이것을 작가의 능력으로 뒤집어도 보고, 뉘어도 보고, 엎어 놓고 보기도 해야 한다. 그래야 새로운 모습이 보일 수 있다. 어찌 보면 작가는 괴팍스러운 사람이 되어야 하는지도 모를 일이다. 남들이 전혀 생각지도 못한 것을 끄집어내고, 소재가 귀찮을 정도로 들볶아야 한다. 그런 방법이 보다 신선하고 진실한 결과를 얻을 수 있다면 당연히 그래야 한다.
　작가 이옥순의 경우는 소재 선택에서부터 특이하다. 세상의 많은 물상 중에서 대립적 구조로 맞서 있는 것을 찾아 나선다. 그것은 한 인간의 삶에서 최선을 하고자 하는 몸부림이기도 하다. 어느 한쪽을 선택해야 할 운명이라면 최선이 되기를 갈망하는 것은 인지상정이다. 이렇게 최선의 길을 가는 데에는 어떤 가치 기준에 의해 그 선택이 이루어진다. 작가 이옥순의 경우에 있어서는 반드시 '마음먹기'에 따라 엄청난 차이를 획득함을 기저에 깔고 있다. 이 기준에 철저하게 의존하면서 자신의 세계를 구축해가고 있는 작가가 이옥순이다.

흔히 자신의 의중을 감추고 내색함이 없이 이야기하여 뒤늦게 알아차린 독자가 무릎을 치는 경우도 있는데, 작가 이옥순은 전혀 그런 면도 없다. 솔직하고 조급하다. 처음부터 감춤 없이 평이한 톤으로 이야기를 끌고 간다. 전혀 계산적인 구성을 하는 바도 없고, 자신이 생각한 바를 비비 꼬아서 독자를 애먹이는 것도 없다.

그 단적인 모습이 제목이다. 수필에서 글의 제목이 갖는 비중은 상당히 크다. 이옥순은 자신의 글제를 정함에 있어서 숨겨놓고 너스레를 떠는 법이 없다. 늘 가슴에 담고 있었던 바를 그냥 기술해낸다. 그러다 보니, 제목에 상반된 개념을 담은 경우가 많다. 작가가 늘 관심 있게 선택하던 두 상반된 개념 안에서의 길을 그대로 독자 앞에 내보이고 있는 것이다. 〈사각과 원〉, 〈편리와 불편의 경계선〉, 〈안과 밖〉, 〈발효와 부패〉, 〈겉과 속〉, 〈단감과 떫은 감〉, 〈빛과 어둠〉 등등. 작가는 제목에서부터 상반된 세계를 독자에게 자신 있게 제시한다. 독자는 제목만 보아도 무엇과 무엇의 제시인가를 쉽게 알아차릴 수 있다. 그러나 그 귀결은 하나의 가치 기준에 의해 결정된다. 언제나 작가의 마음먹기에 따라 현격한 차이를 가지고 나타난다.

그러면 작가 이옥순에 있어서 이 같은 대립과 화해가 어떻게 이루어지고 있는지 남겨진 그림자를 찾아 나서 보자.

2. 대립과 화해의 그림자 찾기

　대립된 두 세계를 제시하고 그것의 의미를 서로 견주면서 형상화해 낸다는 것은 아주 안이한 방법일 수 있다. 하지만 그 해석이 남 다르게 독자성을 함유하고 있다면 나름 가치 있는 일이다. 또 그러한 두 대립 개념이 일상의 현장에서 발굴해낸 것이라면 작가의 삶을 표출하는 데에 지대한 공헌을 하게 된다. 더구나 수필이 작가의 삶을 표현한다는 점에서 볼 때 이러한 방법의 선택은 지극히 당연한 것이다. 대부분 이옥순의 작품세계는 이러한 대립 개념 속에서의 최선의 선택을 모색하는 것으로 되어 있다.

　　방송을 보면서 미래의 일이라 묻어 두었던 전원생활에 대한 생각을 구체화시켜 나갔다. 힘들게 확보한 도시 속의 공간을 포기하기란 쉽지 않았다. 아이들 교육문제가 해결되는 때에 맞추어 실천에 옮기기로 했다. 아파트 평수를 줄이고 땅을 찾아다녔다. 전원주택을 짓고 살려면 맑은 공기를 마시고 오염이 덜 된 지하수를 마시고 도시의 소음에서 벗어날 수 있는 조건이라야 된다.
　　사각공간에 쌓은 삶이 균형을 잃고 무너지기 전에 전원에 옮겨 담고 싶다. 빛, 바람, 자연의 소리를 만끽하며 둥글고 느리게 살고 싶다. 네모난 개인공간을 확보하기 위해, 직선의 길로 내달리던 것을 멈추고, 곡식이 자라 먹을거리가 되고 배설을 하고 그 배설은 다시 땅으로 돌아가는 생태 순환계 속으로 가고 싶다.
　　　　　　　　　　　　　　　　　　　　　　　　　　- 〈사각과 원〉에서

　시골에서 태어난 작가는 들판에서 소먹이를 하다가도 도회지를 그리워한다. 하늘에 비행기가 흰 줄을 긋고 지나도 그 끄트머리에는 도회지가 있고, 뭉게구름 떠가는 사이로 언뜻언뜻 도회지에 대한 그리움은 살아난다. 이처럼 도회지에 대한 그리움은 언제나 작가에게서 떠나지 않는다.

결혼하여 도시에 나와서도 자신이 시골에서 태어난 것을 숨기려하고, 남들이 시골뜨기로 보지 않음이 싫지 않다. 이렇게 도시에서 사는 자신이 현대인으로 성공한 삶이라 인식한다. 흙 하나 보이지 않는 고층 아파트의 네모난 부엌에서 깨끗하게 씻긴 파를 썰고 치즈를 자르면서 자신은 선과 사각형의 공간에 아귀가 딱딱 맞는 사람이라고 자부한다.

그러나 인간은 자신이 현재 처한 상황에 만족하지 못하고 늘 다른 세계에 대한 갈망을 안고 사는 존재인 것이다. 물에 있을 때에는 뭍의 생동감이 그립고, 뭍에 있을 때는 물 속의 안온함이 그리운 것이다. 이것은 인간들에게 더 나은 세계로의 발전의 원동력이 되기도 했다. 작가 역시 최단을 추구하는 도시의 직선도로를 질주해 가는 사람들 속에서 안주하는 듯하나, 이내 갈등에 쌓인다. 질주해 가던 사람들이 장애를 만나 두부처럼 무참히 잘라지는 모습이 눈에 들어오기 시작한다. 앞만 바라보고 달리던 사람들이 좌절하는 모습도 목격했음이라.

여기서 '사각'은 오로지 최단만을 추구하는 도회지의 삶을 상징하고, '원'은 느리더라도 자연의 순환에 따라 사는 전원의 삶을 상징한다. 결국 인간은 자신이 처한 현재의 상황에서 벗어나 다른 세계를 갈망하지만, 종국에는 제 배설물이 자연의 순환을 돕는 흙속의 삶을 선택하게 됨을 강조하고 있다. 질주로 야기된 소음과 혼미함에서 빠져나와 심성대로 살고자 하는 삶을 갈망하게 되는 것이다.

무엇인가 없어지면 새로운 것이 생긴다. 걷기에 좋았던 흙길이 차 다니기 좋게 포장되었다. 익숙했던 물소리 새소리 솔바람소리를 들을 수 없게 되고, 비켜서라는 차 소리 자전거 소리만 요란하다. 고갯마루에 올라서서 땀을 닦으며 집을 내려다보는 편안한 기분을 어디에서도 느낄 수 없게 되었다. 차나 자전거를 타고 지나가는 사람들은 이런 나의 심정은 아랑곳하지 않는 눈치다. ……〈중략〉…… 먼 길을 돌아다니던 사람들에겐 편리를 주지만 살던 집이 도로 밑에 들어가 버린 나는 불편하기만 하다. ……〈중략〉…… 핸드폰이 없고, 차가 없고, 집 앞으로 난 고속도로가 없었다면 불가능한 일이었다. 저것들이 왜 생겨서 나를 이토록 불편하게 하나 했던 게 엊그제 같은데, 핸드폰도 차도 도로도 이제는 편리함을 위해 일상생활에서 없어서는 안 되는 존재가 되었다. 편리와 불편의 경계도 사람의 마음에 따라 수시로 변하는가 보다.

- 〈편리와 불편의 경계선〉에서

세상의 모든 이치는 한쪽이 좋으면 반드시 그 반대쪽에서는 그렇지 않음이 나타난다. 양지가 있으면 음지가 있는 이치와 너무도 흡사하다. 고속도로가 뚫렸다고 좋아하는 쪽이 있는가 하면 그로 인해 안타까운 사람이 있다. 포장된 도로로 차가 질주하지만 걷기에 좋았던 길의 상실에서 아픔을 느끼는 사람도 있다. 질주로 인해 쾌재를 부르며 속도를 즐기는 사람이 있는가 하면 귀에 담아 두었던 물소리 새소리 솔바람소리를 들을 수 없음을 한하는 사람도 있다. 고갯마루에 앉아 땀을 닦으며 내려다보던 자기 집이 고속도로에 가려진 것을 아쉬워할 사이도 없이 차량은 내 옆을 질주해 간다.

도로에 가려진 집을 아쉬워하던 작가도 서서히 고속도로를 활용하기에 이르면서 편리에 물들어간다. 점차 새로운 문화시설에 익숙해지면서 의식에 변화는 찾아온다. 편리를 추구하는 자아를 발견한다. 한동 안 아쉬워하고 안타까워하던 마음은 다 어디 가고 편리에 만족해하는 자신이 그곳에 안주해 있다. 새로운 변화에 불만스러워하던 것이 엊그 제 같은데, 이제 작가에게는 핸드폰도 차도 도로도 편리함을 위해 일상 생활에서 없어서는 안 되는 존재가 되어 있는 것이다. 여기서 작가는 편리와 불편의 경계도 사람의 마음에 따라 수시로 변할 수 있음에 도 달한다.

아이들을 놀이터에 데려다 놓고 벤치에 앉았으니 설움이 밀려왔다. 어둑해져 놀던 아이들이 집으로 돌아가고 우리만 남게 되었다. 남의 눈 도 의식되고 놀이터에서 밤을 보내기는 무리였다. 김밥을 사들고 작은 아이는 업고 큰아이를 의지 삼아 언덕으로 올라갔다. 잔디밭에 앉아 아 이들에게 김밥을 먹이다 보니 그곳이 골프연습장 울타리 밑이었다. 울 타리 안에는 낮같이 불을 밝혀놓고 골프 연습하는 사람들이 있었다.
그 모습이 부잣집 거실에서 거위요리를 먹는 것처럼 보였다. 나는 울 타리 밖에 맨발로 서 있는 성냥팔이소녀같이 느껴졌다. 맛있는 요리를 먹고 있는 저 사람들이 나와는 아무 상관이 없다고 생각하자 갑자기 무 서움이 밀려왔다. 바로 뒤가 산이라 호랑이가 나와서 우리를 물고 가도 저 사람들은 모를 것이고, 남편은 우리를 찾지도 않으니, 주섬주섬 물 건을 챙겨 아이들을 데리고 일어섰다.
― 〈안과 밖〉에서

역시 두 개의 대립적 상황을 전제하고 있다. 이 대립의 세계는 작가 이옥순의 최대 관심사이기도 하다. 하나의 선에 의해 안과 밖으로 갈 라지는 세상. 그 속에서 우리는 심리적 갈등을 늘 하게 된다. 안은 따뜻하고, 밖은 춥다. 자신이 다행히 안에만 상주한다면 얼마나 다행일까. 하지만 상황에 따라서는 밖에 거처하게 되는 때도 있다.

사람이 살다보면 서로 의견이 다르고, 소망과 응대가 차질을 빚어 서운해 하는 경우도 있다. 작가는 남편과의 사소한 의견 차이로 아이들을 업고 가출을 시도한다. 이 순간 작가는 안에서 밖으로 이주하는 것이다. 밖에 나와 보니 어려움이 다가선다. 밀려드는 것이 설움이다. 놀던 아이들마저 다 떠나버린 놀이터에서 선 밖에 있는 아픔을 절감한다. 결국은 대단한 각오로 김밥을 사 들고 언덕으로 올라가니 골프연습장 밑이다.

안에서는 낮처럼 밝게 불을 밝히고 골프 연습을 하고 있다. 자신들은 울타리 밖에서 공포에 떨고 있다. 이같이 안과 밖은 확연히 다르다. 안의 모습은 마치 부잣집 거실에서 거위요리를 먹는 것 같고, 자신은 밖에서 맨발로 성냥팔이 소녀처럼 처량하다. 결국 작가는 공포에 떨며 귀가를 서두른다.

집에 들어오니 남편은 아내가 가출을 시도했다는 사실조차도 모른다. 바로 이것이 작가 가 터득한 현실이다. 나에게 있어서는 대단한 문제라서 날밤을 새우며 괴로워하지만, 다른 이에게는 전혀 무관한 일이 될 수 있다. 가장 가까워야 할 부부 사이에도 가출 사실마저 알지 못하는 것이 세상의 현실이다. 다시 귀가를 생각하며 돌아갈 수 없음을 되뇌지만, 정작 집안에서는 가출사실조차 모르는 것이 세상사다.

여기서 작가는 언제나 거치게 되는 통과역에서 세상의 이치를 터득한다. 세상 모든 일은 자신이 마음먹기에 따라 엄청난 차이가 있다는 것이다. 안은 따뜻하고 밖은 추울 수도 있지만 마음에 따라 눈 쌓인 산을 오르면서도 안에 있는 것처럼 따뜻함을 느낄 수도 있고, 따뜻한 방에 앉아 있어도 춥다고 느낄 수도 있다는 사실이다. 그래서 상대의 배려나 이해하는 마음이 느껴진다면 비록 가진 것이 없더라도 결코 춥지 않음을 차분히 말하고 있다.

  장마철이라 장독대 옆이 우중충하다. 달랑 한 개 남은 장항아리에서 냄새가 난다. 장이 익을 때 나는 단내가 아니라 좋지 않은 냄새다. 발효가 되고 있으면 단내가 나지만, 부패가 되면 좋지 않은 냄새가 난다. 발효가 되어 나온 음식물은 사람이 먹을 수 있지만 부패의 결과로 나온 부산물은 사람이 먹을 수가 없다. 햇볕도 잘 들지 않고 바람도 통하지 않으니 장이 제 맛이 날 리가 없다. ……〈중략〉……
  좋은 식품을 얻으려면 외적인 조건도 중요하지만 정성스럽게 관리하면서 기다려야 된다. 그냥 얻는 것은 없다. 욕심도 걷어내고 항상 관리해야 썩지 않는다. 소홀하면 어느새 곰팡이가 끼고 탈이 난다. 장독 뚜껑이 닫혀 있는 동안 잘 발효되어 맛있는 장이 되었을 때 뚜껑이 열리듯이 우리도 자신을 안으로 완성해 가야 한다. 내적인 힘에 의하여 외적인 현상을 극복할 수 있다.
                     - 〈발효와 부패〉에서

  유기물이 호모 세균 곰팡이 등과 같은 미생물들의 작용으로 분해하거나 산화, 환원하는 것을 우리는 발효, 또는 부패라 한다. 이때에 알코올이나 탄산가스 등으로 변하는 현상을 발효라 하고, 악취를 내면서 분해하는 현상을 부패라고 한다. 같은 현상을 놓고 인간들의 소용에 따라 달리 인식한다.
  우리가 사는 세상에도 이 같은 경우는 흔하다. 똑같은 것이라 해도 상황에 따라 엄청난 의미의 차이를 나타낸다. 잔디를 심어 놓은 정원에 난 콩은 잡풀에 해당되어 뽑히고 만다. 아무리 좋은 것이라 해도 제자리에 가 있지 않으면 선 밖의 존재인 것이다. 즉 사람의 소용에 따라 같은 사물이라도 엄청난 의미의 차이를 초래함을 지적하고 있다.

　인간의 소용에 맞추기 위해서는 가지고 있는 조건도 중요하지만, 정성과 인내가 필요하다. 자신의 욕심도 걷어내고, 항상 관심을 주어야 부패하지 않는다. 부패하지 않고 알맞게 발효되기 위해서는 세심한 관리가 필요하다. 마치 장맛을 내기 위해 독의 뚜껑 관리를 치밀하게 하듯이 인간도 자신을 안으로 완성해 가야 하는 노력이 요구된다. 즉 내적인 힘에 의해 외적인 현상을 극복해야 한다는 것은 강조한다.

　작가는 이 글에서 단순한 유기물의 분해에 멈추지 않고 있다. 바로 인간이 내적으로 완성되어야 함을 지적한다는 것은 궁극적으로 사람 이야기를 꺼내고 싶은 것이다. 인간도 자기 자신을 관리하지 않으면 썩고, 정신적으로 타락하게 됨을 지적하고 있다. 즉, 작가는 세상 모든 일에 사람의 마음이 얼마나 중요한지를 말하고 있다.

　　　옆집 아주머니 화장품을 발랐다는 것이 들키고 싶지 않았는데 얼굴에 하얗게 분 바른 표가 났기 때문에 어른들이 금방 알아차렸다. 속을 보일 수밖에 없었던 그때 내가 했던 화장처럼 얼굴은 거울이다. 어떤 것으로도 감추지 못하는 것이 마음이다. ……〈중략〉……
　　　세수한 얼굴에 거뭇거뭇 기미가 보이고 잡티가 보인다. 티를 감추고자 화장을 한다. 여전히 기미에 잡티에 주름까지 보인다. 화장으로 숨기기는 어렵다. 벌레 먹은 자국이 있고 때로는 진딧물이 끼어 있는 꽃도 멀리서 보면 아름답기만 하다. 꽃이기 때문이다. 겉에 티는 있어도 속이 맑으면 맑은 것이다.
　　　포장만 그럴싸하다는 말이 있다. 겉과 속이 다른 사람을 두고 하는 말이기도 하다. 겉과 속이 같은 사람이 되기도 어렵다. 포장보다는 내용이 좋은 선물 같은 사람, 화장이 필요 없는 사람이고 싶다. 맨 얼굴로도 아름다움을 간직하기 위해 어떻게 더 수련해야 할까.

— 〈겉과 속〉에서

어릴 적 옆집에 갔다가 그 집 아주머니가 사용하는 화장품을 찍어 바르고 집에 와서 아버지에게 매를 맞은 이야기가 화두이다. 화장품 바른 것을 숨기고 싶었는데, 여지없이 들키고 만 이야기를 시작으로 하여 속에 든 생각이 얼굴에 여지없이 나타나고 만다는 것을 이야기한다. 아무리 속에 든 생각이나 비밀을 겉으로 드러나지 않게 하려 해도 그럴 수 없음을 말하고 있다.

사람들은 자신의 부끄러움을 감추기 위해 화장을 하기도 한다. 아무리 짙은 화장을 해도 얼굴의 본색은 숨길 수가 없다. 이 어찌 얼굴에 한한 이야기이랴. 우리의 삶 또한 마찬가지다. 자신이 살아가면서 갖게 되는 허물을 다른 사람이 알아차리지 못하게 감추려 한다. 그러나 그것은 오히려 더 큰 아픔으로 나타나기 마련이다.

여기서 작가는 엄연한 진리를 발견한다. 아무리 벌레가 먹었어도 꽃은 꽃인 것이다. 본색이 아름다운 꽃이다 보니 멀리에서 바라보아도 아름답게 보이는 것이다. 이 같이 사람도 본색이 맑고 아름다우면 더러 흠집이 있어도 아름답게 보일 것이다. 사실 흠집 없는 사람이 과연 몇이나 될까. 모두 흠집은 있어도 본 마음만 깨끗하고 아름답다면 되는 것이다. 그러기에 작가는 겉과 속이 같은 사람이 되기 위해 무던히 수련을 쌓아야 함을 갈망하고 있다. 겉보다 오히려 속이 더 좋은 사람. 화장이 필요 없는 사람이고 싶어 한다.

문득 아버지의 얼굴이 떠오른다. 어머니의 권을 웃음으로 흘리시며 두 가지 중 한 가지에만 단감나무 접을 붙이신 아버지. 세상의 모든 것들이 함께 어우러져 살고 있음을, 그리고 그렇게 함께 어우러져야 함을 자식들에게 가르치려던 그 깊은 뜻을 미혹한 딸은 오늘에야 터득한다.
"새 집 지었으니 감나무 한 주는 심어라."
지난 번 찾아뵈었을 때에 하신 말씀이 생각난다. 분명 아버지는 두 종류의 감이 열리는 감나무 묘목을 해 놓으셨을 것이다. 내년 봄에는 모르는 체하고 아버지에게 감나무 한 주를 골라달라고 해야겠다.
사람들에게 나는 처음부터 단감이었을까. 단감이 아니었다면 지금은 잘 우려진 감 맛이라도 나는지 나 자신을 되돌아본다. 무슨 맛이 되었든 다른 이에게 부담 주는 맛만 아니었으면 하는 바람을 가져본다. 조금 더 욕심을 내 본다면 별나지 않고 누구에게나 호감을 주는 수수한 맛이었으면 좋겠다. 그리하여 단감과 떫은 감도 함께 안아 들이는 지혜가 있기를 소망하면서.

— 〈단감과 떫은 감〉에서

작가 이옥순이 문단에 나올 때의 데뷔작이기도 하고, 이 책의 제목이 된 글이기도 하다. 어려서 작가는 자신의 집에 있는 감나무에는 단감과 떫은 감이 함께 열려서 친구들에게 자랑했다. 그러면서도 단감을 따려면 애먼 감을 여러 개 따야 했다. 실은 이 감나무는 아버지가 두 가지의 감나무 중 한 가지에만 단감 접을 붙여서 두 종류의 감이 열리도록 한 나무였다. 자식들이 세상에 나가 살면서 서로 다른 것이 함께 어우러져 사는 것임을 깨닫게 하고자 하는 아버지의 깊은 철학이 담겨 있었던 것이다. 그것을 뒤늦게 깨닫게 된다.
미처 세상살이에 능숙하지 못했던 작가는 맞선을 보면서 단감을 찾아내지 못한다. 따서 맛을 보니 떫은 감이라서 버리듯 맞선을 보면서 애먼 상대를 보낸 추억을 고백하며 아쉬워한다. 상대가 좋은 조건이고 예의 바르고 인물도 괜찮았는데, 옷차림과는 맞지 않게 흰 양말을 신고 있어서 떫은 감으로 인식되었던 것이다. 떫어서 버려 버린 그가 지금은 어느 풀숲에서 달콤하게 홍시가 되어 있을지도 모른다며 아쉬워한다.

이제야 어른이 되어 아버지의 깊은 뜻을 헤아리는 작가는 집 정원에 아버지가 기른 감나무 묘목을 한 주 부탁하려 한다. 틀림없이 한쪽에만 단감 접을 붙인 두 종류의 감이 열리는 묘목일 것이라는 확신까지 가지면서 봄을 기다린다.

결국 여기서도 작가는 두 개의 상반된 개념이 함께 어우러지는 모습을 그려주고 있다. 이것은 작가 이옥순의 수필세계에서 가장 큰 화두이다. 두 개의 상반된 개념이 하나로 뭉쳐지는 세계, 혹은 상반된 두 개념 중 바람직한 쪽으로의 이동에는 언제나 마음의 흔들림이 있고, 그 흔들림을 바로 잡는 계기가 뒤따른다. 그러면서 그 구조 속에 자신을 집어넣어 수양의 길을 가는 것이 작가 이옥순이다.

끝부분에서 '사람들에게 나는 처음부터 단감이었을까. 단감이 아니었다면 지금은 잘 우려진 감 맛이라도 나는지 나 자신을 되돌아본다. 무슨 맛이 되었든 다른 이에게 부담 주는 맛만 아니었으면 하는 바람을 가져본다. 조금 더 욕심을 내 본다면 별나지 않고 누구에게나 호감을 주는 수수한 맛이었으면 좋겠다. 그리하여 단감과 떫은 감도 함께 안아 들이는 지혜가 있기를 소망하면서.'로 이 글을 마무리한 것은 작가가 수필 하는 마음이 언제나 성찰의 길이요, 수양의 길이었음을 여실히 드러내 주고 있다고 볼 수 있다.

어두운 곳에서 긍정적 생각을 이끌어내는 역할을 하라고 둔 것이다. 사람의 생각과 말이 긍정적이어야 되는 것처럼 모든 생명체가 빛을 향한다는 사실을 잊고 있었다. 삶에서 최악을 설정해 놓고 살지 않듯이 이 조그만 식물은 죽어도 좋다는 설정을 해 놓고 있었으니 어찌 잘 살 수 있었겠는가.

볕뉘가 필요한 여린 화초를 어찌하면 좋을까. 수돗가 맷돌 위에 얹어 둔 화초를 다시 어둔 구석으로 가져다 놓을까 제 본성대로 빛을 받으며 살게 둘까 눈에 보일 때마다 갈등하게 되었다. 그러는 사이 참새 꼬랑지만 해진 잎은 색이 생겨 본래의 꽃 같은 모습을 찾아가고 있다. 이 또한 살기 위한 몸부림 같다. 보는 이의 가슴에 따스함을 전하고도 남을 만한 자태다. 파릇한 생명력을 지녀서 빛과 어둠 사이에서 수난을 겪어야 된다면 슬픈 일이다.

외롭고 쓸쓸한 영혼에 불을 지피는 것은 작은 것들이다. 여유로우면 외롭다 하고, 평화로우면 쓸쓸하다 한다. 밝은 곳이 있으면 어두운 곳이 있기 마련인 것을.

인간은 누구나 가슴 한 구석 허전함을 안고 살아간다. 다 채우기를 갈망하는 것은 욕심이다. 빛이 들지 않는 구석은 오늘도 허전한 채로 있다.

― 〈빛과 어둠〉에서

이 글에서도 예외 없이 상반되는 두 개념을 화두로 내놓고 있다. 여러 가지 색을 띠는 오색 마삭을 구입하여 화장실에 비치해 두고 즐기려 한다. 화분에서 흙에 심겨졌던 것을 깨끗이 털어내고 물에 넣어 수경재배를 시도한다. 그러나 꼭 오래 살기를 원하는 것도 아니고, 그냥 화장실에 두었다가 생을 마치면 버릴 심산이다. 빛이 없는 화장실에 가두고 죽으면 버리겠다는 계획이었으니 그것이 살아낼 수가 있었을까.

말라가는 마삭을 정성 들여 빛을 조절하니 겨우 살아 있음을 통보한다. 참새 꼬랑지만 한 잎이 색을 띠며 의연한 자태로 되돌아온다. 작가는 여기서 살기 위한 몸부림을 바라본다. 따스함으로 되돌아온 마삭은 파릇한 생명력을 작가에게 선사한다.

여기서도 흔들리는 여심이 잘 그려져 있다. 빛이 없는 곳에 두어서 시들어 가다가 관심을 주며 돌보자 되살아나는 마삭. 그 작은 식물이 작가의 영혼에 불을 지핀다. 밝은 곳이 있으면 어두운 곳이 있기 마련임을 깊이 터득한다.

이렇게 세상의 이치는 상반되어 굴러가는 것이다. 그 굴레 속에서 작가는 스스로 성찰의 기회를 획득한다. 작가는 자신이 현재 처해 있는 곳에서 또 다른 세계에 대한 동경을 끝없이 이어가고 있다.

박자의 센박 여린박을 조절하여 노래를 부르면 맛을 살릴 수 있다는 것도 알았다. 우선은 강약이 반복된 리듬을 탈 수 있다는 것이 중요하다. 그동안 리듬이 없는 노래를 부르고 있었던 것이다. 트로트가 부르기 쉽다. 소리가 나오지 않을 때에 비하면 단순한 리듬이라도 탈 수 있게 된 것은 비약적인 일이다. 자신감만 가지면 꺾기와 바이브레이션까지도 문제없다. 나중에는 여러 가지 기교까지 감당할 수 있을 것이다.

삶의 순간순간을 조화롭게 이어서 완성하는 것이 인생 리듬이다. 그렇다면 노래의 리듬을 쉽게 찾지 못 했다는 것은 어쩌면 사는 것이 서툴렀다는 뜻이다. 리듬을 타야 노래가 되듯이 삶에도 리듬이 있어야 조화롭다는 것을 비로소 알게 되었다. 삶에도 평탄대로일 때도 있고 가시밭길일 때도 있다. 저음 뒤에는 고음을 준비하듯이 평탄한 길을 갈 때는 곧이어 가시밭길이 나올 것이란 걸 예상하고 걸어야 한다. 리듬을 타지 못하는 노래가 재미없듯이 리듬이 없는 삶은 재미없다.

나를 찾는 길은 험하고 멀었다. 사람이 바이오리듬에 따라 정신적 신체적으로 상승기와 저조기가 있듯이 내 인생의 리듬은 다시 노래를 부르게 된 지금이 상승기다. 노래 부르는 연습을 하고 다시 노래방엘 갔다. 아직은 박자를 놓치고 음정이 불안하지만 리듬을 타기 위해 적당히 몸동작을 섞어가며 노래를 부른다. 목만 아프고 터져 나오지 않던 소리를 다시 낼 수 있게 된 것은 삶에 대한 자신감이다.
― 〈리듬을 타다〉에서

세상은 밝음이 있으면 어둠이 있기 마련이다. 모든 것들이 이와 같이 상반되더라도 서로 어울려 존재한다. 모두가 하나의 개념에 대립된 위치에 서는 것은 아니고, 어딘가에 그런 것이 존재한다. 이런 현상이 작가 이옥순에게는 늘 부각한다. 그런 구조 속에서 자신을 찾아가는 것이 작가 이옥순의 수필세계이다.

노래방에 가서도 자신의 기호에 따라 선곡한다. 자신은 노래를 부를 때마다 잔잔히 흐르는 곡으로 내용을 음미하길 좋아한다. 그러나 자신이 노래를 부르고 나면 분위기가 돌변하여 가라앉고 만다. 여기서 작가는 지금까지의 삶이 주위와 호응하지 못하고 자신의 카테고리에 갇혀서 살아온 것임을 자각한다. 밝음과 어둠, 어울림과 못 어울림, 이런 것들에 능숙하지 못하였던 자신을 발견한 것이다.

센박과 여린박을 조절해야 함을 터득하게 된 것이다. 즉 노래에도 리듬을 타야 한다는 것이다. 비로소 트로트를 선곡한다. 바로 이 트로트가 인생살이의 트로트인 것이다. 이젠 자신감이 생겨서 꺾기와 바이브레이션까지도 소화한다.

인생 리듬. 사는 데에도 슬기로운 리듬 타기를 해야 한다. 삶은 평탄대로와 가시밭길의 연속이다. 어느 위치에 와 있던 다음에 펼쳐질 길을 예측하고 대비하는 지혜가 필요하다. 그래야 재미없는 삶에서 빠져나와 조화로운 삶을 영위할 수 있게 되는 것이다. 노래방에 가서 슬슬 몸동작도 섞어가며 터지지 않던 목소리를 자신 있게 낼 수 있음은 세상의 이치를 파악한 후에 가능했던 것이다.

언제나 화두가 되었던 대립된 두 개념 속에서 작가가 선택하는 것은 경험을 통해 얻어내고 있다. 바로 이것이 작가 이옥순이 추구하는 삶이다. 모난 돌이 세상 속에 부딪치며 굴러가다 보면 둥글한 몽돌이 되듯이 원만한 사람으로 숙성되어지고 있는 것이다.

> 내가 어릴 때에는 조금이라도 튀는 행동은 흉 거리가 되었다. 머리를 한쪽 가르마로 빗어 핀으로 고정시키는 대신 가운데 가르마로 빗으면 양아치라고 불렀다. 조그마한 일탈도 용납되지 않았다. 나는 그때의 영향인지 지금도 어느 자리에서나 눈에 띄고 싶지 않은 마음이 남아 있다. 옷을 너무 잘 차려 입어서 시선을 받고 싶지 않을뿐더러 못 차려 입어서 시선을 받고 싶지도 않다. 그냥 전체와 잘 어울리는 사람이면 좋다.
> 역시 모든 꽃이 장미일 필요는 없다. 제 빛깔에 맞는 개성을 살려 은근한 매력을 풍기면 되리라. 나에게 어울리는 품성을 가다듬어 장점으로 삼으면 된다. 어느 시대나 그 시대만의 이야기가 있게 마련이다. 이제는 어떻게 하면 더 튈 수 있는가를 경쟁하는 시대다. 말하자면 이제는 튀어야 살기가 쉬운 세상이 되었다.
>
> — 〈튀어야 산다〉에서

돋보임과 그렇지 않음. 튀기와 튀지 않음. 역시 이 글에서도 대립의 구조를 들고 나선다. 자신은 어려서 언니의 교복을 늘 대물림하여 입었다. 튄다는 것은 자신이 좋아서 남 앞에 나서기 위해 하는 행동이다. 그러나 작가에게 있어서는 그게 아니다. 남들은 다 새 교복으로 새 학기를 맞이하는데, 자신은 언제나 누렇게 바랜 칙칙한 언니의 교복으로 시작한다. 여기서 기가 죽어버린다. 남들처럼 뽐내기 위한 튐은 전혀 불가능하고 오로지 못함과 모자람으로 남 앞에 튀게 보였던 것이 가슴에 응어리가 되어 있다. 이 기억은 뒷날 삶에도 지대한 영향으로 나타난다.

튀는 행동이 용납되지 않던 시대를 산 작가는 지금도 어느 자리에 가든 남의 시선을 받고 싶지 않다. 그냥 있는 듯이 없는 듯이 주위와 원만하게 어울려 존재하길 갈망한다.

하지만 자신의 딸아이는 튀기를 요구받는 시대를 살고 있다. 겉모습으로 튀기를 시도하는 딸아이에게 모든 것이 다 장미일 필요는 없다고 넌지시 조언을 할 수 있음은 지난 삶에서 얻은 결과이리라. 제 빛깔에 맞는 개성을 살려 은근한 매력을 풍기면 되고, 자신에게 어울리는 품성을 가다듬어 장점으로 삼으면 된다는 귀결은 순전히 삶에서 얻은 지혜이다.

오채라고 하는 다섯 가지 아름다운 채색을 대신할 수 있는 색이 먹의 색이다. 먹색은 한 가지 색이 아니다. 그 속엔 모든 색이 다 들어 있다. 그래서 먹의 농담만으로 표현한 수묵화가 아름다운 이유다.

아이가 일찍이 머리에 물들여 본 것은 색에 물든다는 것의 의미를 터득한 것은 아닐까. 그러기에 지금은 여러 색의 유혹 앞에 흔들리지 않고, 제 모습을 유지하는 것이리라. 아이의 원만한 생활 속에는 세상의 것들을 아우르는 지혜가 이미 있음이다.

먹색치마는 여러 색과 두루 잘 어울리고 다른 색을 드러나게 도와준다. 때가 묻어도 눈에 잘 띄지 않는다. 모난 마음도 때 묻은 마음도 감싸 안는 색, 먹색에 물든다면 좀 더 조화로운 세상을 만들 수 있겠다. 건조대에서 펄럭이는 알맞게 물든 먹색치마를 바라본다.

― 〈물들다〉에서

　세상에는 많은 종류의 색들이 제 나름의 개성을 가지고 존재한다. 그 색들은 다른 색과의 융합보다는 제 자랑에 더 도취되어 있다. 이것이 세상의 이치인 것이다. 사람들도 제 멋에 산다는 말처럼 제 나름의 개성을 유지하려 한다. 그러나 이러한 제 잘남의 부각은 충돌을 야기하기 마련이다. 자신만의 개성을 내려놓고 함께 하는 삶이 지혜로운 것임을 알게 되는 것이다. 마치 단풍이 아름다운 이치와 통한다. 빨강, 파랑, 노랑 등 수 많은 색들이 제 개성을 가지고 존재하지만 먼 데서 바라보면 제 주장을 내려놓고 함께 어우러져 멋진 단풍을 연출하고 있다.
　색채에 있어서도 매일반이다. 색들은 제 나름의 본성과 개성을 옹립하려 하지만, 그것이 가능하지 않을 때에는 함께 어울림을 선택한다. 그래서 결국 만들어지는 색이 검정이다. 모든 색이 다 혼합되면 검정이 된다.
　이 검정이 어느 색이든 충돌하지 않고 잘 어울리는 것은 이 때문이다. 그 색 속에 모든 색의 속성이 다 들어 있기에 가능하다. 먹색치마가 어떤 옷을 맞춰 입든 잘 어울리는 것도 다른 색이 드러나도록 도와주는 속성이 있기 때문이다. 모난 마음도 때 묻은 마음도 감싸 안는 색, 그 먹색처럼 슬기로워서 좀 더 조화로운 세상을 살기를 소망한다.

3. 나가면서

　이상에서 살펴보았듯이 작가 이옥순의 수필세계는 대립된 두 개념을 제시하고 그중 최선의 선택을 갈망하고 있다. 어찌 보면 변증적 기법을 원용하는 듯이도 보인다. 이러한 작가의 시도는 삶의 한 도구로 문학적 상상이 공헌하고 있다. 이옥순의 소재들은 수필에만 한정되는 것들을 선택하고 있다. 너무도 순수하고 깨끗하여 그곳에 소설적 허구를 가미한다면 글은 완전히 무너지고 소기의 목적을 상실하게 될 것이 뻔하다. 그는 있는 그대로를 보여주고 있다. 구차한 꾸밈도 허락하지 않고 풀어낸다.

　이러한 대립의 두 개념에서 하나의 선택을 시도하는 것은 철저한 생활인의 삶의 길이기도 하다. 그만큼 작가 이옥순은 생활의 현장에서 채집한 소재에 충실히 자신을 밀어 넣어 수필적 세계를 완성한다. 트릭을 쓰거나 허울을 뒤집어쓰지 않고, 있는 모습 그대로 독자 앞에 나선다.

　이러한 작가적 태도는 일찍이 얼굴에 화장을 했다가 아버지에게 꾸지람을 들은 사건과 무관하지 않다. 작가는 어린 날 감추고 싶었던 사연도 얼굴에 그대로 나타나서 낭패한 경험이 있다. 굳이 감추어도 드러날 것 같으면 차라리 있는 모습 그대로 보여주는 것이 현명한 일이다.

　작가 이옥순의 수필세계는 대립된 두 개념을 한자리에 모아 놓고 서로 견주며 비교하게 함으로써 그 소재의 특성이 극명하게 드러나게 하는 기법을 사용하고 있다. 그 드러난 현상을 바라보면서 어느 쪽을 선택하느냐 하는 것은 선택자의 마음먹기에 따라 상당한 차이가 있음을 말하고 있다. 똑 같은 것이라 해도 어떻게 그 사물을 바라보느냐에 따라 가지고 있는 의미가 달라지는 것은 자명한 일이다. 그 마음이 작가 이옥순에 있어서는 건설적이고 긍정적이다. 이러한 모습은 바로 작가의 자화상이기도 하다.

이옥순은 수필집 ≪단감과 떫은 감≫에서 충실히 살아가는 현대인의 한 단면을 그려주고 있다. 그러면서도 그 삶이 어떤 의미를 함유하고 있는가도 보여준다. 결코 요란하지 않고 조용히 풀어가는 이옥순의 수필세계는 속도와 동작으로 과민해진 현대인들에게 진정제와 같은 기능을 발휘하리라 믿는다. 우리는 이 여름 한 작가의 세계에 촉촉이 젖어들면서 다음 글을 기다리는 그리움을 안게 되어 다행이다.

세상 만나기와 세상과 거리두기
 - 심선경의 수필집 ≪파로호에 잠긴 초록별을 낚다≫를 중심으로

1. 들어가면서

인간이 목표지점에 도달하기 위해서는 제 몸에 힘을 가하여 사지를 움직여야 한다. 정확한 목표지점에 가기 위해서는 몸 전체가 일사분란하게 호응하고 움직여 줘야 한다. 만에 하나 어느 한 부분이 딴청을 부리게 되면 우주 공간에서 미아가 되는 행성과 같이 궤도에서 이탈하여 엉뚱한 곳으로 날아가게 된다.

소재를 선택하여 그것을 해석하고 의미를 부여할 때에는 작가의 감각기관을 비롯한 모든 인식체계가 한결같이 목표지점을 향해 질서를 유지하고 있어야 한다. 그렇지 않으면 작가가 인식한 세계가 정확하질 못해서 독자에게 혼란을 초래할 수 있고, 독자가 감지하는 부분이 너무 협소하여 감동의 폭이 그리 넓지 못하게 된다.

글쓰기의 작업은 흔히 작가가 자신이 살아가는 세상을 만나는 일이기도 하고, 그 세상에서 떨어져 나와 자기 안으로 칩거하는 일이라고 말하기도 한다. 이러한 글쓰기의 정의는 자아성찰을 바탕으로 하는 수필문학에서 보면 너무도 적확한 표현이다. 작가가 세상 속으로 들어가 그것들과 부딪치며 순응할 것과 거역할 것을 찾아 적절한 반응을 내보이는 것이나, 세상의 현상에서 멀찌감치 떨어져 나와 자기 안으로 칩거하면서 자신의 정체성을 찾아 의미를 부여하는 일은 창작활동의 출발점이기도 하다. 세상 속으로 파고들어 부딪칠 때에는 주위의 현상에 민감해야 하고, 세상을 읽을 줄 아는 능력이 그 어느 때보다도 필요하다.

이 때에 세상을 만나면서 얻는 것은 사회적 현상에 대한 인식일 수 있고, 작가가 바라보는 세상에 대한 시각일 수도 있다. 또 자기 안으로의 칩거에 의한 경우에는 시각의 방향이 내향적이기에 철저하게 작가 자신의 삶이 대상이 되기 마련이다.

작가 심선경은 2002년에 문단에 나와서 작품 활동을 해 오다가 2008년 여름에 수필집 ≪파로호에 잠긴 초록별을 낚다≫를 출간하였다. 이제 겨우 한 권의 수필집을 내어놓은 작가에게 세상의 이목이 모이는 이유는 무엇일까. 그것은 작가 심선경의 작품세계가 결코 평이하지 않다는 데에서 찾을 수 있을 것이다. 남들과 다른 작가만의 세상 만나기의 방법이 있고, 세상과 떨어져 나와 자기 안으로 칩거하면서 얻어내는 결과물이 특이하기 때문일 것이다.

물론 십 년에 가까운 활동기간이 그리 짧다고는 할 수 없고, 그렇다고 길다고 말하기에는 뭔지 모르게 조급한 것 같다. 하지만 우리의 의식 속에 작가 심선경은 그 이상의 세월을 두고 활동을 전개해 온 작가로 인식되고 있는 것은 그의 작품세계가 남다른 것이었고, 더욱이 첫 수필집 이후에 왕성해진 활동이 그의 작품세계를 넉넉하게 해주고 있기 때문이기도 하다. 이런 기대감 속에서 평자를 비롯한 독자들이 그의 두 번째 수필집을 기다리는 것은 작품으로 말하는 그의 뜨거운 작가정신에 매료된 점도 있을 것이다.

그러면 작가 심선경의 세상 바라보기는 어떻게 이루어지고 있는지 살펴본다. 편의상 그가 이 사회를 바라보기 위해 세상 밖으로 나오는 모습과 자기 안으로 칩거하는 태도를 살펴보고, 그곳에서 얻어낸 사물의 인식 태도에서 낯설게 하기는 어떠한지, 또 작가가 찾아낸 자신의 정체성은 무엇인지 알아본다.

2. 세상 만나기

2-1. 본질에 대한 탐색

작가 심선경은 세상 밖으로 나오면서 정면으로 보이는 현상보다는 그 이면에 숨겨진 본질 찾기에 더 관심을 보이고 있다. 남들이 모두 눈앞에 보이는 현상에 매여 있을 때에 그는 그 이면에 숨겨져 있는 본질을 찾아 나서고 있는 것이다. 수필 정신이 작고 보잘것없는 미천한 대상이 지니고 있는 고귀한 품격을 찾아내어 드러내줌으로써 인류애를 실천하는 것이라고 볼 때에 이러한 노력은 당연한 것이기도 하다.

작가는 시야에 들어온 현상을 모두 기술하는 사진사가 아니다. 눈에 들어온 현상을 작가가 의도한 바에 따라 가감할 줄 알아야 하고, 그것을 재구성할 수 있는 능력을 가지고 있어야 한다. 이러한 작업의 기초는 어디까지나 작가가 독자에게 말하려하는 주제의식에 의해 질서 있게 진행되어야 한다.

이때에 동원되는 방법과 처리기술은 작가의 능력이 되는 것이고, 그의 특성으로 표출되기 마련이다. 제 아무리 있는 그대로 기술하기를 요구하는 수필이라 해도 있는 그대로 적는 것만이 상책은 아니다. 가령 여기에 있는 네 가지 중에 어떤 하나는 없었다고 기술하는 것이 아니고, 기술에서 열외시키는 것은 잘못된 것이 아니다. 또 작가의 의도에 따라 위치의 조절은 얼마든지 가능한 것이다. 이러한 자유마저 작가에게서 박탈할 수는 없다. 여기서 작가의 세상 만나기는 시작한다.

자장면을 비우고 바깥으로 내몰린 그릇이나, 날짜가 지나 일부러 다시 펼쳐볼 일이 없어진 신문지나 피차일반 새로운 것에 밀려난 처량한 신세가 되다보니 서로가 그 아픔을 쓰다듬고 덮어주기엔 이보다 더 좋은 친구가 없지 싶다. 빈 그릇과 그 위에 엎드려 착 달라붙은 신문지 사이는 누가 봐도 찰떡궁합이라 아니할 수 없다.

— 〈빈 자장면 그릇과 신문지 한 장〉에서

작가의 눈은 사물의 본질을 찾아 나선다. 문장 기술 역시 논리성을 잃지 않는다. 사고의 진행이 논리적이고 그 진행의 속도가 그리 빠르지 않다. 차분히 자신이 던질 메시지를 가지고 독자를 향해 접근해 간다. 그러기에 성미가 급한 독자는 이탈할 우려도 있다. 하지만 그의 차분한 전개는 뒤처지는 독자를 방치하지 않는다.

빈 자장면 그릇과 신문지는 서로 소통할 수 없는 사물임에도 작가는 내몰리고 밀려난 존재라는 공통점을 찾아낸다. 둘 다 이제는 인간의 소용에서 밀려난 존재인 것이다. 먹을거리가 비워진 그릇과 날짜가 지난 신문지는 이미 그 존재 의미를 잃은 상태이다. 그러기에 함께 가는 대열에서 밀려난 거리의 노숙자의 얼굴이 이들 위에 겹쳐진다. 노숙자가 추위를 비키기 위해 오직 덮은 것이 하필이면 또 신문지일까. 이것은 어쩜 작가의 지적 재구성에 의해 마련된 현상일 것이다. 이런 현상도 작가의 본질을 찾는 시각이 없었더라면 찾아낼 수 없는 소재들의 집합이다. 여기에 작가 심선경의 존재 의미가 있다.

세상의 모든 사물들은 어차피 제 홀로 삶을 지탱해야 한다. 이렇게 밀려난 것들이라도 빈 그릇은 식당으로 다시 돌아가야 하고, 신문지는 그 나름대로 유랑을 떠나야 한다. 식당으로 돌아간 빈 그릇, 웅덩이에 빠져 안주한 신문지. 그것들을 바라보며 마음 둘 곳 몰라 하는 작가 자신은 영원히 앉지 못하고 마당을 빙빙 도는 잠자리인 것이다.

그랬다. 시침핀으로 허리 쪽을 바짝 당겨 꽂았기에 그렇게 완벽한 몸매로 보일 수 있었던 게다. 잠시나마 나를 홀렸던 마네킹의 마법에서 그때서야 풀려난다. 몰랐던 사실도 아닌데 번번이 속는 바보가 되어 허탈하게 문을 밀고 나선다. 가려진 뒷모습보다는 화려한 앞모습만을 전부라고 생각했던 내 어리석은 눈을 잠시 탓해 보기도 한다.

— 〈시침핀〉에서

작가 심선경의 본질 찾기 태도가 선명히 드러난 글이다. 세상 바라보기가 겉으로 드러난 현상에 머물러서는 안 되는 이유를 정확히 직시하고 있다. 이와 같이 심선경에 있어서 '세상 만나기'는 겉으로 보인 현상이 아니라 그 이면에 숨겨져 있는 본질 찾기에 정확히 맞춰져 있다. 이러한 작가만의 노력이 있었기에 많은 독자들은 그의 작업에서 시선을 거두지 못하고 있는 것이다.

2-2. 낯설게 하기로써의 세상 읽기

참신한 소재, 참신한 해석, 참신한 표현으로 독자성을 획득하게 되는 수필문학은 그 생산 과정에서 보면 작가의 시각이 어떠하냐에 따라 상당한 차이를 보이게 된다. 누구나 접하게 되는 일상사에서 자신만의 소재를 발굴하는 것도 바라보는 시각에 의해 크게 좌우된다. 다른 사람들은 그냥 스쳐 지나간 돌을 수석으로 좌대에 올리는 수석가의 안목처럼 작가도 자신만의 날카로운 안목이 있어야 소재를 발굴할 수 있다.

소재가 발견되면 그것에 의미를 부여하는 해석이 뒤따라야 한다. 그러나 참신하게 해석할 수 있는 눈이 있어야 소재도 발굴할 수 있기에 소재와 해석의 참신성은 따로 구분되어 이루어지기도 하고 동시에 이루어지기도 한다.

해석은 참신하고 개성적이어야 한다. 자신만의 눈으로 해석해낸 참신한 것이어야 독자들의 눈을 사로잡을 수 있다. 소재가 가지고 있는 본질을 찾아 새롭게 해석해낸 것을 형상화시켜야 한 편의 수필은 완성된다. 이 형상화는 해석의 결과물이 구체적 형체를 갖추게 되는 단계이다. 아무리 참신한 해석을 하였다고 해도 형상화가 어설프면 수필은 성공할 수 없다. 이 형상화가 따라주지 못하면 글은 관념적인 것이 되고 만다. 그러나 신선한 해석에 딱 맞는 형상화가 이루어지면 독자가 느끼는 감동은 훨씬 배가된다.

악연이다. 너와 나 사이엔 오로지 끊임없는 전쟁만이 계속될 뿐이다. 그 뻔뻔한 낯짝이 이제 막 물오른 듯한 싱싱한 야채를 만나 어떻게 요리해 볼까 깐죽대는 꼴이란 차마 두 눈 뜨고는 못 볼 만큼 아니꼽다. 너는 유달리 고깃덩이를 선호했다. 정육점에서 뭉텅이로 잘라온 아직

붉은 피가 뚝뚝 떨어지는 홍두깨살을 보는 네 얼굴에 화색이 돈다. 아무도 알지 못하지만 네 몸 위에 던져진 제물을 향해 너는 사악한 뱀처럼 혀를 내밀어 그 뜨거운 피를 빨아들인다.

— 〈칼과 도마〉에서

　심선경의 수필이 많은 독자들에게 감동을 주는 이유 중에 하나는 바로 이 낯설게 하기의 성공이라 할 수 있다. 소재의 선택에서 해석이 낯설게 이루어지기도 하지만, 표현의 계단을 오르면서도 낯설게 하기의 프리즘을 동원한다. 서정과 서사의 교묘한 결합으로 이루어진 심선경의 수필문법은 독자들에게 미적 언어의 감흥을 일으키고 나아가서는 오래 남아 있게 하는 기능을 발휘한다.
　심선경에 있어서 주위의 모든 물상은 작가와 관계하는 매체로 접근해 온다. 그러기에 작가는 낯설게 하기의 기본 출발점은 언제나 자신이다. 그것이 확대되어 모든 물상은 물론 자신의 체험까지도 낯설게 하기의 과정을 통해 본질에 깊이 파고 들 수가 있다.
　위에 예시한 〈칼과 도마〉 역시 낯설게 하기에 성공한다. 칼과 도마라는 두 소재는 모순 된 상황에 놓여 있지만 종내에는 인간세계의 관계를 설파하는 데에 동원되었음을 알 수 있다. 칼과 도마는 서로 상처를 내는 악연의 관계로 만나지만, 그렇다고 등 돌리고 돌아설 수도 없는 관계인 것이다. 이와 같은 인연과 악연의 인간관계는 얼마든지 있다. 소재의 본질을 찾아서 형상화시키기 위한 노력이 성공한 수필이다.

　아무리 한곳에 먹이가 많아도 새가 먼저 앉아 있는 가지에는 다른 새가 날아와 앉지 않는다. 일지일조一支一鳥다. 갑자기 날아든 새 무리로 인해 나뭇가지가 부러질지도 모른다는 나의 조바심은 이내 사라진다. 그들은 철저하리만치 말없는 숲속의 법칙을 지켜가고 있었다. 가진 것이 아무리 많아도 더 커 보이는 남의 떡을 차지하려고 탐욕스런 손을 내미는 인간들보다 저 작은 새들이 한수 위라는 생각이 든다.
― 〈봄날 만들기〉에서

대단한 발견이다. 세상의 모든 물상들은 우리에게 자신의 메시지를 전달하기 위해 늘 분주히 노력하고 있다. 아침에 기상하여 바라본 천장의 도배 문양에서부터 저녁에 잠자리에 들기까지 우리의 눈에 들어온 모든 물상들은 자신의 본질을 우리에게 알리기 위해 끝없는 의미의 빛을 쏟아내고 있다. 그러나 그것을 받아들이려는 노력이 없으니, 그 메시지를 우리는 감지하지 못한다. 자연이 우리에게 던지는 진실의 세계는 우주를 채우고도 남지만 가시적으로 의식하지 못하는 것은 인간의 게으름 탓이다.

하잘 것 없는 새도 다른 것이 점한 곳에 끼어들어 욕심을 내지 않거늘 만물의 영장이라는 인간만이 남의 떡에 탐욕스러운 손을 내미는 것을 개탄하고 있다. 이와 같이 수필정신은 작은 사물이 지닌 고귀한 의미를 찾아내어 인류애를 실현하는 일이다.

3. 세상과 거리두기

3-1. 세상과 떨어져 자기 안에 칩거하기

작가가 세상 밖으로 나와 현상과 부딪치는 경우가 있는가 하면, 철저하게 자기 안으로 칩거하며 자신의 정체성을 찾아 떠나는 여행도 있다. 이 끝없는 여행은 고독하고 외로운 여행이기도 하다.

  작가의 일상적인 체험 속에서 선택한 소재는 수필적 변용을 통하여 재구성의 단계를 거치면서 의미를 선명하게 드러내게 된다. 문학이 어차피 사람의 이야기가 되듯이 이러한 소재들은 작가의 인생관 문학관 등에 의해 인간으로 둔갑을 시도한다. 작가가 자신이 체험한 삶을 어떠한 태도로 받아들이느냐 하는 수용자세에 따라 그 의미는 상당한 차이를 가지고 나타난다. 바로 이것이 작가가 세상에서 떨어져 나와 자기 안으로 칩거하며 찾게 되는 자신의 정체성이 되는 것이다.

    이렇게 살 수도 없고 저렇게 죽을 수도 없을 때 서른이 가고, 마흔이 오더니 이제 머지않아 쉰을 바라보는 나이가 되었다. 뿔이 나온 못생긴 감자를 골라 멀리 던져버린 내가 만약 감자로 태어났다면 지금 어떤 모양을 하고 있을까. 제대로 뜻 한번 펴지도 못 한 채 오늘이 가면 매번 어김없이 내일이 당도해 있을 것을 철저히 믿는 나는, 결국 푸른 독도 품지 못하고 성난 뿔 하나도 내어놓지 못해 썩어버리고 마는 불량감자가 되지 않을까 설핏 두려워지는 저녁을 품는다.

                                                                - 〈뿔난 감자〉에서

  이 글은 ≪수필과비평≫ 106호(2010. 3/4)에 게재된 글의 끝부분이다. 창고 안에 넣어둔 감자가 그 차갑고 답답함에 항거하여 뿔이 난 것을 바라보면서 어둠에 갇혀 날 수 없는 날개를 겨드랑이에 품고 있기만 한 자신에게 수없이 많은 질문을 던지고 있다. 하잘것없는 감자도 어둠의 발등을 힘겹게 넘으며 절망의 늪에서 빠져나가려는 희망의 어깨살처럼 속으로 품어온 독과 상한 마음을 단호하게 바깥으로 드러내며 다음 세대를 잇기 위해 아픈 부활을 꿈꾸는데, 작가 자신은 아직도 몸을 사리고 있음을 자각한다.

제 앞가림도 못하는 주제에 썩은 감자와 뿔난 감자에 살생부를 만드는 자신을 정확히 직시하게 된다. 결국 작가는 뿔난 감자만도 못한 용기 없는 불량감자임을 터득하며 자신의 정체성에 접근한다.

> 볕 좋은 날 빨래를 넌다. 가끔은 내 모습이 물기로 축축한 빨랫감 같다는 생각이 들 때가 있다. 감정에 젖어 산만해지기 일쑤고 지나친 감수성이 누군가에게 상처를 주고 돌아서면 후회한다. 아무리 풍부한 감정이라도 적절히 자제하지 못할 바엔 빨래처럼 물기를 비틀어 짜서 햇볕에 내어다 말리고 싶다. 자기 짐이 많은 사람이 어찌 남의 일손을 들어줄까. 도우려면 빈손이 되어야 하지만 작은 것 하나도 쉽게 버리지 못하는 나는 도리어 적게 가진 사람의 도움을 받고야 만다.
>
> — 〈풍장〉에서

〈풍장〉은 착상부터가 특이하다. 몸속의 수분이 다 달아나 말라버린 새의 주검을 바라보면서 작가는 자식을 위해 자신의 모두를 내어주고 빈껍데기만 남아 바람에 빙빙 도는 것 같은 한 여인을 떠올린다. 작가는 여기서 '빈껍데기', '억새꽃', '풍장된 감', '마른 시래기'로 정서의 통합을 이루면서 독자의 시선을 움켜잡는다.

하지만 작가는 그렇지 못한 자신을 만난다. 남에게 이로움을 제공하는 존재가 아니라 언제나 축축하게 젖어 있는 빨랫감 같은 존재가 자신이라는 것이다. 그 무거운 감정 속에서 남에게 상처를 주고, 돌아서면 후회하는 존재가 바로 자신이라며, 차라리 그럴 바에는 감정의 물기를 비틀어 짜서 햇볕에 말리고 싶다고 말한다. 하지만 그나마도 내어놓지 못하고 욕심에 찬 손으로 적게 가진 사람의 도움을 받고 있는 자신을 바라보게 된다.

3-2. 자아성찰을 통한 정체성 찾기

문학의 장르에서 수필만큼 자아성찰을 꾀하는 장르도 없을 것이다. 늘 작가 자신의 정체성을 찾아 나서는 것을 지향하고 있기에 자아성찰과는 떨어질 수 없는 관계에 놓여 있다. '나는 누구인가?' 작가 심선경이 수시로 던지는 질문이다. 수필가는 자신의 정체성을 찾기 위해 무한한 상상의 세계를 유영하면서 자신의 의미를 찾아 나선다. 여기에 요구되는 상상력은 외계의 자극을 객관적으로 받아들이는 능력을 일컫는다. 상상력이란 새로운 지각과 낡은 체험의 결합을 통해 이를 종합하여 하나의 통일체를 만들어내는 힘이다.

외계의 자극은 크면 클수록 작가에게 미치는 영향은 크다. 그 자극 위에서 출발한 작가의 상상력은 무한의 세계를 넘나들며 의미를 찾아 나선다. 결국 독자는 작가의 작품세계 안에서 작가의 정체성을 찾게 된다.

자아성찰을 위해 심선경은 소재를 한없이 낯설게 보려 한다. 상상의 세계를 유영하면서 자아성찰을 하되 나르시스한 것이 아니고, 한없이 자신을 낮추어 겸양의 품격을 유지하려 한다. 사물에서 자신의 정체성을 찾되 모자람, 잘못됨, 미흡함 등을 찾아내어 낮은 자세로 성찰의 기회를 삼고 있는 것이다.

이제껏 내가 위로 힘껏 잡아당긴 것은 무엇이었을까. 가만히 생각해 보니 그것은 지퍼의 고리가 아니라 바로 나였다. 성마르고 남과 타협하기 싫어하며, 누구보다 빨리 정상에 올라 깃발을 높이 쳐들기를 원했던 나의 또 다른 모습이었다. 그러고 보니 애초에 그런 불규칙적인 계단을 만들어 놓은 사람 또한 나였다는 생각이 든다. 어느 한쪽에도 치우치지 않는 균등한 힘의 안배가 끝까지 이뤄져야 지퍼의 문을 제대로 닫을 수 있듯, 삶의 방식 또한 크게 다르지 않을 것이다. 그 단순한 이치도 깨닫지 못하고 걸쇠들을 무조건 억센 힘으로 다스리려했던 나는 얼마나 거만하고 어리석은 존재였던가. 이쪽과 저쪽이 잘 맞물려 곧은 자세로 서 있기를 바라지만, 아직 나는 틀어진 지퍼 걸쇠의 발을 가지런히 놓는 방법에 대해 잘 알지 못한다. 마음을 다잡고 살살 달래보기라도 했다면 고분고분하게 길을 내어주었을지도 모른다. 고장이 난 지퍼를 보며 매사에 계획성 없고 정돈되지 못한 내 모습을 그 위에 겹쳐 본다. 둘 다 서로의 못된 속성만 쏙 빼닮았다.

— 〈지퍼에 대한 단상〉에서

아주 자그마한 일에서 세상살이를 다 읽어내는 글이다. 우리가 서둘러 옷을 입다가 지퍼에 솔기가 끼어서 낭패하는 일은 종종 있는 일이다. 그때에 이치를 차근차근 따져서 부드럽게 만지면 쉽게 해결할 수 있는 문제다. 하지만 자신의 바쁜 처지만을 앞세워 서두르다가는 이러지도 저러지도 못하는 형국이 되고 만다.

그때서야 당황하여 일의 갈무리를 생각한다. 산을 오를 때에 가파른 길을 선택하면 시간은 적게 걸려도 힘이 더 들고, 완만한 길을 선택하면 시간은 더 걸려도 힘은 덜 소모되는 이치를 터득한다. 그리고 이러한 이치는 거기에 머물지 않고, 자신의 삶으로 적용된다. 많이 미숙한 자아를 만나게 된다.

내 전생은 분수대의 물방울이었다. 참을 수 없는 기쁨을 하늘 높이 뿜어 올렸고 때로는 가슴 깊은 곳에서 차오르는 울분을 억누르지 못해 더 높이 솟아올라야만 했던 성급한 물 분자들의 집합체였다. 물방울의 꿈은 높고 원대했다. 나무 밑동에서 뿜어 올린 수액처럼 맑고 순수했던 물방울들은 제각기 가슴속에 큰 별 하나씩을 품고 있었다. 언젠가는 그 별에 가 닿을 수 있으리라 굳게 믿었다.

― 〈폭포, 유리처럼 부서지다〉에서

작가는 무한의 욕망에 쌓여 교만에 빠졌던 자신을 책하는 글이다. 여기서 작가의 전생은 분수대의 물방울이었다고 고백한다. 하늘 높이 뿜어 올리는 분수대의 물방울처럼, 나무 밑동에서 가지로 올라가는 수액처럼 꿈과 순수성만으로 무장하면 다 되는 것으로 욕심과 교만에 차 있었다. 그러나 높이 치솟았다가 별에도 하늘 끝에도 닿지 못한다는 사실 앞에서 성찰은 시작한다. '나는 도대체 무엇인가?' 자꾸만 솟구침만 반복하다가 공중에서 분열되고 마는 무기력한 존재. 그 존재가 바로 자신인 것이다. 폭포의 벼랑 끝에 서서 세상을 향한 집착과 아집을 비로소 내려놓고 만다. 섬뜩한 속도를 타고 맹목적으로 낙하한다. 산산이 깨어지고 부서져야 모든 것으로부터 자유로울 수가 있음을 터득한다.

4. 나가면서

작가 심선경에 있어서 수필정신은 작은 사물이 지닌 고귀한 자질을 찾아 그것을 낯설게 바라보는 데에 있다. 그는 세상의 모든 물상들에서 본질을 찾아 의미를 부여하는 데에 남다른 열정을 가지고 있다. 그의 끝없는 자아성찰의 몸부림은 그래서 독자들에게 깊은 감명으로 돌아온다. 남들이 보지 않는 자기만의 시선을 갖기 위해 부단히 노력하는 작가는 고정관념을 허무는 데서부터 창작은 출발한다. 이러한 작가의 시도는 낯설게 하기를 더욱 확실하게 구현하기 위해 실험정신까지도 동원한다.

작가 심선경이 세상을 접하는 방법은 두 가지다. 세상 속으로 빠져들어가 세상 사람들과 만나는 일이고, 다른 하나는 세상에서 멀리 떨어져 나와 자기 안으로 칩거하는 방법을 취하고 있다. 이 모든 것들은 다른 이들과 함께 가는 것이 아니고, 언제나 혼자 이루어내는 작업이다. 세상과 만난다 해도 그들과 말을 섞기보다는 혼자서 관조하는 입장을 취한다. 그러기에 그의 수필 속에는 깊은 사려 속에서 얻은 감정들이 농밀하게 흐르고 있고, 언제나 차분한 분위기를 유지한다.

심선경의 수필에는 언제나 서정과 서사가 공존한다. 더러는 넘치는 서정에 부담이 올 때도 있다. 그러나 사물을 낯설게 보고, 수필문법도 낯설게 하기를 지향하기에 독자들의 시선을 묶어 놓는 기능도 가지게 된다.

작가 심선경은 언제나 자신의 정체성을 찾아 나선다. 언제나 '나는 누구인가?'라는 질문을 입에 달고 산다. 수필가는 자신의 정체성을 찾기 위해 무한한 상상의 세계를 유영하면서 자신의 의미를 찾는다. 외계의 자극을 객관적으로 받아들이기 위해 상상력을 동원하고, 새로운 지각과 낡은 체험의 결합을 통해 이를 종합하여 하나의 통일체를 만들어내고자 한다.

무한의 가능성을 지닌 작가가 펼쳐갈 미래는 독자들에게는 기다림을 넘어 즐거움을 안겨주게 된다. 수필집 ≪파로호에 잠긴 초록별을 낚다≫ 이후의 작품집이 나오길 기다리는 것은 나만의 설렘은 아닐 것이다. 앞으로 작가 심선경이 펼쳐갈 한국수필문단의 영역은 그래서 희망적이다.

삶에 대한 끝없는 성찰과 겸허의 자세
- 서용태의 수필세계

1. 들어가면서

작가가 문학에 심취하는 것은 다른 사람보다 자신의 삶을 사랑하기 때문이다. 일상성의 매너리즘에 빠져 정신없이 흐르는 시간의 노예가 되기 쉬운 현실 속에서 그래도 자신의 정체성을 찾아 깊은 고민에 들어가는 것이 작가이다. 뿐만 아니라 작가는 달려드는 현실을 기피하기 보다 그것을 타개하고 더 나아가 자신을 절차탁마하는 기회로 활용하기도 한다. 이러한 노력의 흔적은 작품으로 형상화하는 과정에서 여지없이 드러나기 마련이다.

작가는 자신이 영위해 온 삶 속에서 글감을 선택하여 그것이 함유하고 있는 의미를 찾아나서는 데 결코 나태하지 않다. 넓은 백사장에서 번뜩이는 광체를 한두 개 주워내어 그것에 생명을 불어넣기 위해 끝없는 연금작업을 하는 것이 작가다. 그가 골라낸 번뜩이는 모래알은 순전히 작가의 주관적 시각에서 비롯된다. 그러다보니 자연적으로 작가의 인생관, 세계관, 문학관, 사회관 등이 겉으로 표출되게 마련이다.

같은 사물이나 사건이라 해도 작가에 따라 다른 의미로 형상화되는 이유가 여기에 있다. 그가 어떠한 삶을 살아왔고, 어떠한 것에 관심을 두고 살고 있는가에 따라 대상은 천차만별의 처지에 놓이게 된다. 하잘것없는 글감도 한 작가에 있어서는 엄청난 의미로 다가설 수 있기에 작가는 나름대로의 존재 의미를 갖는다. 그래서 작가의 문학적 작업은 영원한 것이다.

작가는 현상에 깊은 의미를 부여하여 그만이 찾아낸 본질로 작품을 만든다. 그 작품이 가치가 있느냐 없느냐 하는 것은 별개의 문제이다. 왜냐하면 그 작품이 독자에게 영향을 미치는 것은 실로 다양하기 때문이다. 독자마다 가슴에 가지고 있는 자尺의 눈금은 다르고, 기호 역시 다양하다. 한 독자에게는 가슴을 울려 평생 잊지 못할 작품으로 기억되는가 하면, 더러는 그와 반대의 입장에 서는 독자도 있기에 그렇다.

오직 중요한 것은 한 작가가 경험한 바를 그대로 독자에게 전달하는 데에 급급했느냐, 현상에 머무르지 않고 작가 나름의 시각으로 그것이 가지고 있는 본질을 찾아 나섰느냐의 문제이다. 적어도 작가라면 현상에 머무르는 글을 써서는 안 된다. 사물이든 사건이든 그것이 함유하고 있는 본질을 찾아 독자에게 제시해야 한다. 그래야 작가로서의 의무를 다하게 되는 것이다. 자신이 체험한 바를 줄글로 적어 놓고 하나의 문학작품을 썼네 하는 사이비 작가가 만연한 현실에서는 이 부분 깊이 인식해 둘 필요가 있다.

현명한 작가는 결코 현상을 적지 않는다. 반드시 본질을 적어낸다.

그리고 슬기롭게 자신의 삶에 자양분으로 활용한다. 애기심愛己心이 강한 작가에게 있어서는 자신이 체험한 바를 의미 부여하는 과정에서 수양의 길을 걷기도 한다. 이 길은 수용자세에 따라 엄청난 의미의 차이를 가져올 수 있다.

작가 서용태는 있는 현상을 순수하게 받아들이고, 그 다음 자신의 심안으로 사물의 본질을 찾아 나서는 슬기가 있다. 어찌 보면 너무 순수하여 소아적 시각으로 착각하리만큼 때가 묻어 있지 않다. 이런 시각은 우선 현상을 올바로 보는 데에 많은 기여를 하게 된다. 글감의 모습을 정확히 받아들이고 있기에 본질 탐색에 깊이를 얻을 수 있다. 서용태 수필의 기능이 여기에 있다.

서용태는 2010년 11월 ≪수필과비평≫의 신인상을 수상하며 문단에 나온 신예작가다. 작품 활동을 시작한 지 채 두 해도 되지 않은 상태에서 작품집을 묶어낸다는 것은 그의 엄청난 창작열을 말해 주는 것이라고 말할 수 있다. 그러면서도 작가의 시각은 분망하고 다양하다. 그러나 자신의 삶에서 결코 벗어나는 법이 없는 자세를 견지하고 있다. 늘 자신에게 달려드는 현실 체험 속에서 자신의 관심의 그물에 걸린 것들을 선택하여 의미 부여에 나서고 있는 것이다. 서용태 수필은 그의 일대기를 보는 것 같은 착각을 갖게 하는 그 무엇이 있다. 진솔한 고백에서부터 출발하기에 그의 흔적을 쉽게 발견하게 되는 것이다.

작가 서용태의 수필은 자신의 삶에서 출발하기에 그것이 프리즘을 통과할 때 네 가지의 빛을 가지고 빛나고 있음을 발견하게 된다. 그가 바라보고 있는 자연관, 인간관, 가족관, 직업관이 그것이다. 삶의 현장에서 접했던 일상들에 의미를 부여하고, 그것을 씨줄과 날줄로 얼개를 짜서 하나의 수필을 완성하여 독자 앞에 내놓는다. 그러기에 그의 수필을 보면 삶의 현장에서 부딪쳤던 일상들이 작가에게 어떻게 작용했는지를 쉽게 알아낼 수 있다.

작가는 심오한 사상과 오묘한 감정을 실어 작품을 완성한다. 전생을 두고 얻어진 철학과 삶의 인식이 작가에게 어떻게 부딪쳤고, 어떻게 작용했는지, 네 분야로 구분하여 살펴본다.

2. 근원이자 스승으로서의 자연

작가 서용태 만큼 주위의 모든 것들을 스승으로 삼은 이도 드물다. 그는 늘 접근해 오는 현실을 거부하지 않고, 그 속에서 최선의 것을 찾아내는 겸손한 지혜를 가지고 있다. 그리하여 모나기 쉬운 성품을 갈고 닦고 문지르는 데에 게으르지 않다.

남들이 가볍게 스쳐버릴 일상 속에서 자기만의 시각으로 끄집어낸 글감에 생명을 불어넣기 위해 부단히 노력하고, 그 결과를 가지고 자신의 수양에 밑거름으로 삼고 있는 것이다.

> 매미소리가 한결 시원하게 계곡을 채운다. 발등을 간질이며 부드럽게 흐르는 계곡물이 좋다. 돌 틈에서 발원한 물줄기가 예사롭지 않다. 화엄사 독경소리를 가득 담아 구불구불 휘돌아 모여든 물줄기다. 물은 언제나 겸손하여 높은 곳에서 낮은 곳으로 흐른다. 유독 사람만이 낮은 도시에서 높은 산으로, 계곡으로 가기를 좋아한다. 이것이 중생들의 참모습인지, 무지의 소치인지 알지를 못한다.
>
> 이어지는 계곡물은 유유히 흐르면서 속삭인다. 흐르는 물처럼 순리대로 마음 편하게 살라 한다. 때 되면 품은 뜻을 이룰 것인데, 사람들은 그 이치를 따르려 하지 않는다. 가만히 계곡물에 발을 담근 채 삶의 의

미를 되짚어 본다. 나 또한 남들과 다를 게 하나도 없는 사람이다. 불가에서 말하는 중생 중의 한 사람일 뿐이다.

― 〈화엄사에서〉

　서용태에게 잡힌 계곡물은 단순한 물이 아니다. 화엄사의 독경소리를 가득 담아 구불구불 휘돌아 내리는 물인 것이다. 저 물이 이 지점에 이르기까지 얼마나 많은 모서리를 감돌아 왔을까. 그 과정에서 겸손을 익힌 물인 것이다. 그래서 순리대로 높은 곳에서 낮은 곳으로 흐른다.
　작가 서용태는 글감에서 본질을 찾아내서는 반드시 자기 수양의 계기로 삼는다. 욕심에 찬 중생의 무지를 지적하며 느긋하게 기다리는 수양의 길로 들어선다. 작가가 계곡물에 발을 담그는 자세는 바로 여기서 비롯된다. 현실에 자신을 맡기고 수양의 길로 접어드는 것이다. 이와 같이 자연 현상까지도 자신을 수양하는 데에 적극 활용한다.

　　장마 통에는 세월이 빠르다는 느낌이 없다. 모든 일상이 무디어지니 말이다. 아마도 우리 민족이 '빨리 빨리'를 입에 달고 살게 된 것도 사계가 뚜렷한 기후 탓인 듯하다. 내 어릴 적 아버지는 자식들에게 잠자리에서 일어나는 일도 빨리, 걸음 걷는 일도 빨리, 농사일도 빨리라는 말을 습관처럼 하셨다. 지금에 와서 생각해 보면, 아버지가 성정이 급하셔서 그런 게 아님을 알게 된다.
　　적기에 보리 수확을 하지 않으면 곧이어 닥칠 장마에 모두 썩히게 될 것이 뻔하다. 그런 이유만이 아니다. 보리를 심었던 논밭을 제때 갈아엎어야 고구마를 심고, 잡곡 씨앗도 뿌릴 수 있다. 그보다 가장 중요한 쌀농사는 어떠한가. 하지夏至 안에 모내기를 마치지 못하면 하루에 일 할씩 감수減收가 된다고 하니 얼마나 조급한 상황이었겠는가. 그러니 자연스레 '빨리 빨리'가 체질화되었지 싶다.

— 〈장마〉에서

    서용태에게 있어서 계절의 변환이 가벼울 리 없다. 역시 커다란 의미를 찾아주는 매체가 된다. 사계의 변환은 그에게 우리 국민의 성정을 읽어내는 기회를 제공한다. 늘 '빨리 빨리'를 입에 달고 산 이유를 규명한다. 급변하는 계절에 적응하려면 당연히 서두르지 않으면 아니되었고, 그로 인하여 성정이 급한 사람으로 오해받기 쉬웠다.
    자연 현상을 바라보는 작가의 눈은 인간에 미치는 영향이다. 인간의 성정에 큰 작용을 하게 된다는 것이다. 이 작가에 있어서 자연은 절대적으로 거역해서는 안 되고 순응하며 적응해 가야 하는 절대적 존재인 것이다.

    인간이 얼마나 자기 위주로 살아가는지 알게 되었다. 새들의 삶 자체를 알지 못하고, 종속물로 인식한 무지는 끝이 없다. 내가 기쁠 때는 같이 노래하는 느낌으로, 내가 슬플 때는 구슬피 우는 느낌으로, 다가왔으니 말이다. 짝을 찾는 소리, 먹이를 찾는 소리에도 그런 줄만 알았다. 그 숲속에서 생사를 가늠하기 어려운 살벌한 삶이 있다는 사실을 모른 채 말이다. 내가 좋아하는 휘파람새의 아름다운 지저귐도 한 생명체의 생존전략임을 비로소 깨달은 것이다.
    지금껏 만물이 나를 위해 존재한다는 사고思考로 살았다. 나 또한 지구상의 한 생명체일 뿐이라는 생각을 하지 못한 것이다. 풀 한 포기, 나무 한 그루가 여럿 모여 숲을 이루 듯, 크고 작은 생명체가 모여 큰 세상을 이루고 있지 않는가. '인간은 만물의 영장'이라는 말이 무슨 진리처럼 통용되고 있다. 그것은 우리들의 오만이자 착각일 뿐이다. 하루에도 수 없이 천상천하유아독존天上天下唯我獨尊을 말하며 뭇 생명체를 종속물로 여기지나 않았을까.

― 〈휘파람새 소리〉에서

거역해서는 안 되는 절대적 존재인 자연에 임하는 태도는 작은 새에 대한 사고에서도 변함이 없다. 인간이 자기 위주의 사고로 가볍게 자연을 소유하려는 욕심을 질타한다. 작은 새의 삶조차도 이해하지 못하면서 무지하게 자연을 종속물로 인식하는 인간의 이기를 지적한다. 자연 속에서 치열하게 삶을 살아내는 휘파람새의 절절한 울음소리조차도 사람들은 제 감정에 따라 '운다', '노래한다'로 받아들이고 있다는 것이다. 그 소리는 생사를 가늠하기 어려운 살벌한 삶의 소리인 것이다.

여기서 머물지 않는 것이 작가 서용태다. 자연 속에서 삶의 지혜를 찾아나서는 것이다. 풀 한 포기, 나무 한 그루와 똑같은 미미한 존재가 자신이라는 것이다. 이러한 시각은 작가 서용태가 이 세상을 살아가면서 익힌 겸손인 것이다.

작가 서용태에게 있어서 자연 현상은 절대적 의미를 갖고 있고, 그것은 무수히 작가에게 자신을 갈고 닦는 계기를 제공하는 존재로 되어 있다. 절대적으로 이러한 자연현상에 거역된 사고나 행동을 보이는 적이 없다. 오히려 그에 쉽게 순응함으로써 새로운 진실을 터득하려 한다. 자연 속에서 듣는 물소리, 새소리에서도 자신의 수양을 생각하는 작가이기에 계절의 변환에서도 인간의 심성을 읽어내려는 태도를 견지하고 있는 것이다. 늘 자연은 자신을 갈고 닦는 데에 스승의 역할을 해 오고 있다.

3. 생활인이자 동반자로서의 인간

작가는 똑같은 현상이라 해도 자신만의 시각으로 현상을 읽어내는 능력이 있어야 한다. 이 능력이 없으면 하나의 작가로 존재할 의미를 상실하게 된다. 다른 사람의 흉내를 내는 것이 아니라 자기만의 시각으로 세상을 읽어내는 예리한 감각이 있어야 한다. 가볍게 스쳐버릴 일상 속에서도 작가의 눈은 언제나 깨어 있어 남다른 것을 찾아내는 지혜가 있어야 한다.

그 지혜는 작가의 삶의 태도가 어떠하냐에 따라 하나의 세계를 구축하기 마련이다. 글감의 선택에서도 차별화될 수 있고, 본질을 찾아 의미 부여하는 과정에서도 작가만의 모습이 나타날 수 있다.

> 재래시장에서 덤으로 주는 것은 고맙고 즐겁다. 왜 그럴까. 상행위에 있어 정한 값에 무언가를 더 얹어주는 것은 정情으로 생각하기 때문이다. 반면 정한 가격에 얼마를 깎아준다는 것은 불신만 초래하게 된다. 사는 사람에게 이익을 안겨 준다는 의미는 같다. 똑 같은 상술일진대 한 가지는 덧셈으로, 다른 한 가지는 뺄셈으로 처리했을 뿐이다. 그렇지만 정서상 의미는 확연히 다른 느낌인 것이다.
>
> 인간관계에 있어서 덧셈과 뺄셈의 원리는 무엇일까를 생각하게 되었다. 멀리 생각할 것 없이 가정생활에서 그 답을 찾기로 했다. 남편이 좋아하던 술을 줄이거나, 담배를 줄인다고 크게 감동을 받거나 고마워할 아내는 없다. 가정생활에 있어, 이런 일들은 뺄셈에 해당될 것이라고 가정해 보았다.
>
> — 〈덧셈과 뺄셈〉에서

재래시장에서 덤을 얹어 주는 행위도 어떻게 인식하느냐에 따라 현저한 차이를 드러낼 수 있다. 물건을 사고파는 상행위에서 덤으로 얹어 주는 것은 '덧셈'이기에 정이 오고가기 마련이고, 가격을 깎아주는 것은 '뺄셈'이기에 불신만 초래한다는 것이다. 사는 사람에게 이익을 준다는 데에서는 같은 행위가 분명하다. 하지만 그 의미는 현저한 차이가 있다. 이러한 인식은 작가에게 세상살이의 인간관계로 의미 확대를 가져온다. 과연 사람들과 문대면서 살아야 하는 현실에서 '덧셈'과 '뺄셈'은 무엇일까.

하나의 사건이라 해도 그것을 받아들이는 수용자세에 따라 의미의 차이가 초래됨을 보여준다. 이 글에서 물건을 사고파는 상행위로 비유되었으나 그것은 그 사건에 한한 이야기가 결코 아니다. 우리의 삶 모두가 이러한 카테고리에서 벗어날 수 없음을 암시하고 있다. 똑같거나 비슷한 일이라 해도 그것을 해결하는 방법과 받아들이는 수용자세에 따라 현저한 결과의 차이를 드러낼 수 있다.

생존을 위해 필요한 것만 취하면 좋으련만 넘치도록 가지려했다. 더 나은 행복을 찾아 부질없는 욕심을 달고 살았다. 그렇게 사는 게 당연한 일로 알았으니 성취욕은 있을지언정 심신은 지쳐 있다. 지금부터라도 마음을 다스려 욕심일랑 조금씩 내려놓아야겠다. 법정처럼 살 수는 없지만 몇 가지는 쉽게 내려놓을 수 있을 것 같다. 그러면 고단했던 몸이 한결 가벼워지리라. 부질없는 욕심은 불필요한 짐이 된다. 욕심 하나를 버리면 짐 하나를 덜게 되는 쉬운 원리를 모른 채 전생의 업보로만 여겼다.

지금도 늦지 않다. 오늘 당장 한 가지씩이라도 내려놓으며 사는 거다. 아쉬움도 크게 보면 욕심일 수 있다. 봄꽃마저 잡아두고 싶은 부질없는 욕심 하나 버리는 일부터.

― 〈부질없는 욕심〉에서

　인간은 무엇이든 더 나은 경지를 흠모하면서 사는 동물이다. 여기에서 벗어나지 못하고 욕심에 찬 삶을 꾸린다면 인간은 영원히 비극적 삶에서 헤어나지 못한다. 최소의 욕심을 가지고 살면 편안하고 즐거울 텐데, 부질없는 욕심을 달고 살기에 불행하다는 인식이다.
　성취욕을 가지고 살면 목적지에 도달할지는 몰라도 늘 심신이 괴롭다. 작가 서용태의 인간에 대한 인식은 '욕심에 차서 심신이 괴로운 존재'이다. 여기에서 벗어나려면 욕심을 하나씩 내려놓아야 한다는 것이다.
　지난 세월의 부질없는 욕심을 후회해도 다시 그 욕심에서 벗어나지 못하는 것이 인간임을 너무 잘 알기에 작가는 지금 이 순간부터 작은 것부터 하나씩 내리려는 시도를 하게 된다.

　　정말 철부지적 사고思考였다. 아담과 이브가 금단의 열매를 따 먹었던 사건으로 말미암아 홀로서기가 가능하지 않았을까. 그것은 진정 인간을 만물의 영장으로 우뚝 세우기 위한 신의 뜻인지도 모를 일이다. 아담과 이브가 에덴에서의 편안한 삶에 안주하였다면 지금의 우리들은 더 불행한 삶을 살고 있을지 누가 알랴. ……〈중략〉…… 아담과 이브는 결코 에덴에서 쫓겨난 것이 아니다. 그것은 그들의 선택일 뿐이다. 조물주가 그들을 에덴에서 내쫓은 것이 아니라 그들이 인간답게 살도록 배려한 것이다. 그러기에 우리는 아담과 이브가 에덴을 떠나 살아온 것처럼 그렇게 살면 된다. 에덴을 다시 찾으려고 헤매는 환상을 버릴 때 진정 행복한 삶을 누릴 수 있는 것이다.

― 〈에덴을 잃어 더 행복하여라〉에서

성경에 보면 아담과 이브가 금단의 열매를 따 먹었기에 에덴의 동산에서 쫓겨난다. 이와 같이 인간은 사욕으로 많은 어려움을 겪게 된다. 에덴동산에서 쫓겨난 인간은 이 세상에 와서도 그 욕심의 끈을 내려놓지 못하고 괴로움에 떨고 있는 존재이다.

그러나 작가 서용태는 이러한 성경의 지적을 달리 인식하려 한다. 바로 여기에 작가로서의 존재 의미가 있는 것이다. 조물주가 인간을 에덴동산에서 내친 것은 오히려 인간이 인간답게 살도록 배려한 것이라는 해석을 내놓고 있다. 인간을 만물의 영장으로 우뚝 세우기 위한 깊은 뜻이 숨겨져 있었다는 것이다. 그냥 에덴동산에 두었으면 편안한 삶에 안주하여 오히려 불행했을 것이라는 작가의 해석은 철저한 인간에 대한 애정에서 비롯된 것이다.

작가 서용태도 역시 인간이다. 인간의 욕심에 뉘우침의 칼을 대면서 가벼운 것부터 하나씩 내려놓자 하면서도 끝내 인간적인 욕심에서 벗어나지 못한다. 그것은 어디까지나 신의 뜻이라고 작가는 합리화한다. 인간을 만물의 영장으로 만들기 위한 신의 뜻. 그 뜻에 충실한 것이 인간이란 해석이다.

4. 뿌리이자 사고의 출발점으로서의 가족

서용태의 수필에는 가족에 대한 애정이 자간에 많이 내재해 있다. 모든 삶의 출발은 가족에서 비롯한다. 어머니의 자궁에서 나와 지금껏 살아오면서 혈연의 끈은 놓지 못하고 산 것이다. 이것 역시 가장 인간다운 순수이리라. 어린 날 부모의 품에서 자라면서 익혔던 삶의 지혜와 슬기는 평생 그의 삶의 자세로 각인되기에 충분하다.

　혈연관계는 너무나 인간적인 작가에게는 커다란 명제가 아닐 수 없다. 작품의 여기저기에서 그러한 흔적이 잡히고 있다. 그것은 한국인의 삶의 태도이기도 하다. 자주 보이는 가족을 향한 사랑의 흔적을 몇 가지만 찾아보기로 한다.

　　　사계절을 가리지 않고 일군 아홉 논배미를 합치면 모두 다섯 두락이 되었다. 아버지가 삼 년 세월을 일군 농토였다. 변변한 농로조차 없었던 때에 거름 가득한 바소쿠리를 지고 하루에도 수 없이 다랑논을 오르내린 아버지였다. 다랑논에서 얻은 햅쌀로 조상께 메를 올리던 추석날 아침, 아버지는 감회에 젖어 잠시 눈물을 보였다. 온 가족이 숙연해졌다.
　　　그처럼 애지중지하던 다랑논 두렁 위에서 아버지를 추억한다. 아버지의 탄식소리만 귓전에 들려오는 듯하다. 아버지의 혼이 배인 다랑논을 생각하면 누군가 농사를 지어야 한다. 그러나 누가 저 다랑논을 다시금 갈아엎고 농사를 지을까. 아무도 나서는 사람이 없다. 농사를 대신 지을 사람도 없다. 트랙터 영농이 불가한 곳은 엄두를 낼 수 없기 때문이다. 한 시절, 아버지가 일군 다랑논으로 어린 자식들이 깃을 다듬고 힘을 길러 날갯짓을 했는데, 지금은 아무도 가꾸지 않아 황량하기만 하다. 빈 둥지 같은 다랑논이다. 논둑을 받친 돌덩이에 붙은 검은 이끼가 아버지의 팔다리에 말라붙은 피딱지로 보여 가슴이 아프다.
　　　　　　　　　　　　　　　　　　　　　　－〈아버지의 다랑논〉에서

　이 글에 묘사된 아버지는 한국 아버지들의 자화상이다. 가난과 고통 속에서도 가족의 생계를 책임져야 했던 아버지. 그 아버지들의 땀이 밴 삶을 그려주고 있다. 그토록 극진히 자식들을 사랑하는 것은 조상에 대한 도리이기도 했다.

 갖은 고통을 감내하며 일구어낸 농토에서 경작된 결실은 맨 먼저 조상에게 바치면서 회한의 눈물을 흘리는 것이 한국의 아버지들이다. 서용태에 있어서 '아버지'는 바로 이러한 아버지인 것이다.

 그러기에 아버지가 떠나버린 그 다랑이논의 두렁 위에서 작가 또한 조상을 추억하게 되는 것이다. 지금은 농사를 짓지 않아 황량한 그곳에서 아버지의 탄식소리를 듣는 것은 그래서 가능하다. 아버지의 땀이 밴 다랑이논. 이곳에서 여러 형제가 날갯짓을 할 수 있는 힘을 얻었건만 이제는 아무도 거들떠보지 않아 황량하기 그지없다. 이 아픈 사연으로 서 있는 작가에게 논둑 돌멩이에 붙은 이끼가 아버지의 팔다리에 말라붙은 피딱지로 인식되고 가슴을 아프게 누르는 것은 당연하다.

 바로 이런 아버지가 한국의 아버지였던 것이다.

　　주택을 고치는 일은 순조롭게 진행되어 가는 듯했다. 대문 설치 일만을 남겨두고 있을 무렵이었다. 갑자기 어머니의 표정이 굳어지기 시작했다. 어머니가 이웃집을 다녀오신 이후로, 쇠대문은 절대 안 된다고 한다. 무슨 대문이 열고 들어갈 수도 없고 안에 사람이 있는지, 없는지 알 수가 없다는 것이다. 그 집 개 짖는 소리에 주인이 가까스로 어머니를 맞기는 했다. 그래도 현대식 대문이 영 마음에 안 들었던 모양이었다. 이미 대문이 제작 중에 있어 낭패를 보게 생겼다. 이제는 아무리 설득해도 물러설 태세가 아니다. 사립문도 텃밭도 사라졌는데 대문마저 그렇게 하면 안 된다는 것이다. 어쩔 수 없이 형은 대문 제작을 보류했다.

　　지금도 고향집은 대문이 없다. 쇠대문을 단다는 것은 어머니의 모든 삶을 빼앗고, 당신을 철창 속에 가두는 것이라는 말씀에는 더 이상 어찌하는 도리가 없었다. 어머니에겐 사립문이 세상을 접하는 통로였는데, 그것마저 막아버리면 고려장시키는 것과 같다는 말씀을 듣는 순간 우리가 미처 헤아리지 못한 미혹함을 느꼈다.

― 〈어머니의 사립문〉에서

아버지가 외부의 바람을 막아내고 가족의 안위를 짊어졌다면, 어머니는 언제나 지아비의 뜻을 따르고 가정의 편안을 위해 늘 따뜻함을 유지해온 존재였다. 그래서 언제나 평온함과 따뜻한 안간애가 있었고 이웃과 정으로 관계하는 자애의 얼굴이 한국의 어머니상이다. 서용태 수필에서는 끝없는 어머니의 사랑과 자애가 표현되어 있다. 그래서 어머니의 삶의 현장은 호화롭지도 않고, 조용한 텃밭이거나 집안의 정원이다.

이웃과 소통의 통로인 사립문을 없애고, 쇠대문을 단다는 것은 어머니에게 있어서는 철창과도 같다. 거리낌 없이 서로 오고가고 이웃간의 정을 나누던 사립문을 없애고, 쇠대문을 다는 행위는 어머니에게 있어서는 고려장인 것이다. 함께 이웃과 공존하고 정을 나누는 후덕함을 가진 자가 바로 한국의 부인네인 것이다.

편리와 실용에만 익숙한 자식들의 사고에 차단기를 내리고 끝까지 버티는 어머니의 행위는 이웃간의 정을 중요시한 것이기에 자식들은 다시 사립문을 제작하기에 이르게 된다. 늘 자애로우면서도 마지막에는 거부의 손을 들 수 있는 강한 의지인이 바로 한국의 어머니상이다.

한민족만큼 혈연의 의미를 중요시한 민족이 또 있을까. 자식 점지해 주는 신에는 절대적 신앙이었고, 그 자식이 태어남에 불경스런 일은 당연히 없어야 했다. 〈사라진 할미꽃〉에서 보면 손자의 태어남에 준비하는 온 가족의 마음 자세가 잘 그려져 있다.

　새 생명의 탄생은 신성한 것이고, 여기에는 어떠한 불경스러운 일도 끼어들어서는 안 된다. 무덤가에 있는 할미꽃을 집안으로 들인 것도 바로 이런 행위이니 당연히 내다버려야 한다.

　죽순을 따러 갔다가 무덤가에서 캐어온 할미꽃. 이 꽃을 버리는 아내의 행위는 그러기에 남편의 뜻을 물어볼 여지도 없는 것이다. 남편의 어떠한 불호령이 떨어진다 해도 태어나는 손자를 위한 길이니 아내의 행동에는 과단성이 있고, 신속함이 있다. 이 같이 새로운 가족의 탄생에는 모든 구성원이 몸가짐을 잘 해야 하고 불경스러운 행동을 해서는 안 되는 것이다.

　　아내가 밖에서 친구를 만났단다. 다들 출산과 산후조리 하는 과정에서 있었던 에피소드를 쏟아낸 모양이다. 그중에 한 가지가 지금 우리 집에서 이루어진 일과 흡사하다는 것이다. 할미꽃은 주로 무덤가에 있는 꽃이니 이것을 채취하여 집으로 옮겨 심은 일이야말로 불안하고 마음이 편치 않은 일이라는 것. 더구나 손주의 출생 예정 달에 이 무슨 불경스런 짓거리를 한 거냐는 것이었다. 그래서 남편한테 호되게 당하는 한이 있어도 즉각 조치를 해야겠다는 아내의 과감한 결단임을 알게 되었다. 이쯤 되면 할 말이 없다.

　할미꽃은 나를 원망하고 있을 것이다. 언제 그 꽃이 우리 집에 간다고 한 적이 있던가. 그저 아름다움에 이끌려 집으로 가지고 가야겠다는 일방적 내 욕심일 뿐이다. 아내는 내가 가져온 이 꽃을 불경스럽다며 아무런 상의도 없이 내다버렸으니 인간의 야릇한 심사 앞에 할미꽃은 오죽이나 서럽겠는가. 우리 집에 온 이후로 며칠 동안 정을 쏟았건만 지금은 한갓 쓰레기 무덤 속에서 죽어갈 그 할미꽃이 가여워 가슴이 아프다. 과욕이 애꿎은 할미꽃만 죽이는 결과를 초래하였으니 내가 지은 죄가 크다. 속죄의 길도 없어 보인다. 자연에서 잘 자라고 있는 꽃나무를 탐내지 말아야겠다. 이렇게 다짐하는 것으로 속죄를 대신했다.

- 〈사라진 할미꽃〉에서

서용태의 수필에 나타난 가족애는 모든 일에 우선하며, 서로 사랑하고 신뢰하는 믿음 속에서 이루어지고 있다. 구성원 모두가 하나의 구심점으로 모아지는 의식이 밑에 깔려 있다. 아버지는 가족의 생계와 안위를 책임져야 하는 존재로 끝없는 노동을 감내하는 존재이다. 어머니는 가정의 평화를 위해서는 언제나 정이 있어야 하고, 늘 이웃과 다정히 지내야 하는 자애로운 존재인 것이다. 또 모든 가족은 집안의 일에 한마음이어야 하며, 새로운 생명의 탄생에는 경건한 몸가짐이어야 한다.

5. 퇴직자로서 반추해 보는 직업

작가 서용태의 직업은 행정공무원이다. 일찍이 거제시청에 몸담아 왔고, 이제는 지원국장으로 그 생활을 마감하려 한다. 한평생을 행정공무원으로 살면서 그 나름 간직했던 직업관이 작품의 여기저기에 그려지고 있음을 본다. 그가 한평생 공무원으로 살면서 가지고 있던 다짐의 소리는 〈매미〉에 잘 드러나 있다.

그래서 우리 조상들은 깨끗한 선비를 매미에 비유했다. 매미는 청렴의 상징인 것이다. 무엇보다 매미는 다른 곤충들처럼 농작물을 건드리지 않는다. 옛 사람들은 매미가 이슬만을 먹고 살다가 죽는 미물로 알았다. 사실은 나무의 수액을 먹고 산다. 그러니 다른 곤충에 비하면 정말 깨끗한 삶을 사는 것이다. 매미는 결코 먹이를 저장하거나 남의 것을 빼앗아 오거나 하는 일이 없다. 남에게서 먹이를 얻어 오거나 받는 일도 하지 않는다. 생존을 위한 최소의 영양분만 스스로 섭취하며 산다. 사람들 가까이 서식하면서도 결코 사람들에게 유익한 농작물을 건드리지 않는 매미. 이처럼 매미는 다른 것에 해를 주지 않고, 스스로 최소의 수액만을 취하여 먹고 살기에, 우리의 조상들은 청렴의 상징으로 매미를 꼽았던 것이다. 익선관翼蟬冠에는 이러한 매미의 생태를 눈여겨 본 우리 조상들의 혜안이 엿보인다. 관모에 매미 날개를 상징하는 것을 달아 선비정신을 기리려 했던 것이다. 매미처럼 밝은 낮에는 깨어 있고, 어두움 속에 숨어서 엉뚱한 짓을 하지 말라는 뜻으로 매미의 날개를 관모에 달았던 것이다. 다만 그것이 임금은 위로 향하고, 관리들은 양 옆으로 달린 것이 다를 뿐이다. 무릇 관리는 매미처럼 청렴해야 한다는 뜻이 담겨 있다.

— 〈매미〉에서

우리 조상들이 매미에 대해 가지고 있던 생각이 작가 서용태에게는 무거운 메시지로 남아 있다. 매미는 청렴의 선비를 상징한다. 다른 곤충들처럼 인간의 곡식에 탐욕의 혀를 내밀지 않는다. 오로지 이슬만 먹고 산다. 그리고 욕심으로 먹이를 저장하거나 남의 것을 빼앗는 경우가 전혀 없다. 최소의 먹이만을 취하며 살다가 간다. 낮에는 깨어 있고, 어둠 속에서 엉뚱한 짓을 하지 않는다. 그것도 긴 삶이 아니라 삼 주간의 삶만을 허용 받고 불평 한마디 늘어놓지 않고 주어진 삶에 만족하고 말없이 떠난다. 그래서 우리 조상들은 매미와 같은 청렴한 관리가 되라는 뜻으로 관모에는 매미의 날개를 달았다.
  비록 조상들의 지혜였지만 공무원의 길을 걷고 있는 사람에게 이러한 기록은 커다란 의미로 대두되었던 것이다. 자신의 공직생활에 늘 따라다니며 정신적 지주가 되었을 것이 뻔하다. 흔히 사욕의 유혹에 떨어지기 쉬운 공무원생활을 하면서 자신을 굳게 지키려했던 공무원 서용태의 다짐이기도 한 것이다.

    사람은 누구나 종점에 이르게 된다. 정년이 되면 직장을 떠나는 일도 그 중 한 가지일 것이다. 그냥 무의미하게 직장을 떠나기도 하고 최후를 맞이할 수도 있다. 그에 비하면 문학하는 사람들은 행복한 삶이다. 자기의 영혼을 용해시킨 작품을 세상에 남기고 갈 수 있으니 말이다. 후배들이 내가 쓴 수필을 읽으며 직장생활을 더욱 풍요롭게 하는데 조금이나마 도움이 된다면 이만한 보람도 없을 것 같다. 잔설이 자기 몸을 녹여 마른 잔디에 수분을 주고 떠나는 것처럼 그렇게 정년을 맞이하고 싶다.
                                    - 〈잔설〉에서

  정년을 맞는 작가의 마음이 잘 그려져 있다. 누구나 세월의 흐름 속에서 자유로울 수 없는 것. 정년을 맞아 자신이 있던 자리에 대해 배려하는 모습이 그려져 있다. 남은 자들에게 지금까지 얻은 지혜를 모두 남기려는 태도는 세심한 배려이다.
  인생에서 한 부분 매듭을 형성하면서도 행복해 하는 것은 본인이 글을 쓰는 작가가 되었다는 사실이다. 앞으로 자신의 영혼을 용해시킨 글을 얼마든지 쓸 수 있다는 데에 행복을 느끼고 있는 것이다. 말뿐이고, 간판격인 작가라는 직함이 아니라 진정한 작가가 되겠다는 각오이기도 하다.

자신의 저서를 내면서도 햇볕에 녹아 잔디에게 풍요로운 수분을 공급하는 잔설과 같은 존재이길 갈망하는 작가의 마지막 소망은 정년을 맞는 자로서는 마지막 사회에 대한 봉사이고, 최대의 배려인 것이다.

6. 나가면서

이상에서와 같이 서용태의 수필세계를 네 가지 관점에서 살펴보았다. 수필이 작가의 삶이 겉으로 드러나는 문학 장르이라서 그의 작품세계를 살펴본다는 것이 그의 삶을 훔쳐본 것 같은 생각에서 자유롭지 못하다.

그러나 살펴본 결과 평자의 눈에는 건실하게 열심히 산 한 사람의 모습을 훔쳐본 것 같아 한편으로는 흐뭇하기도 하다. 그의 수필은 너무도 열심히 살아온 그의 삶, 그 자체이다.

자연을 접해도 자신을 갈고 다듬는 스승으로 모셔 받들고, 사람과의 관계에서도 원만함을 유지하려 하고, 자신이 최선을 추구한 삶이었다. 가정에서의 가장 역할을 무겁게 받아들이며 혈연의 중요성을 인식하려는 입장을 견지하고 있다. 또 퇴직을 눈앞에 두고 반추해 보는 그의 직업관은 부정에 휩쓸리지 않고 정당하면서도 청빈한 생활 태도를 유지하려 했던 몸부림이 여기저기에서 발견된다.

서용태는 창작열에 불타는 신예작가다. 앞으로 현직에서 나와 문학에 전념할 때에 이 세상을 따뜻하게 읽어내는 많은 작품을 생산해 내리라고 본다. 현실을 읽어내는 능력과 그것을 받아들이는 수용자세가 건강하기에 앞으로 더 많은 글을 남기리라고 믿는다. 그의 끝없는 창작열에 박수를 보내며 다음 작품집을 기대해 본다.

미지의 세계로 떠나는 이명진의 문화여행
- ≪물색없는 사랑≫의 경우

1. 들어가면서

인간은 어쩌면 미지의 세계를 끝없이 항해하도록 되어 있는 존재인지도 모른다. 알지 못하는 세계, 미처 가 보지 못한 세계에 대한 궁금증은 인간을 움직이어 끝없이 추구하는 삶을 요구하게 된다. 그 호기심은 엄청난 에너지를 가지고 새로운 세계를 향해 달려가게 하기에 삶에 활력소를 불어넣는 역할도 하게 된다.

미지의 세계는 크게 두 영역으로 가름된다. 공간적인 제약을 극복하지 못하여 생긴 미지의 세계와 시간적인 제약을 뛰어넘지 못하여 생긴 미지의 세계가 그것이다. 이 두 세계에 대한 인간의 궁금증을 최대한 활용하여 만들어진 것이 '옛날이야기'이다. 옛날이야기는 어느 것이나

'호랑이 담배 피던 시절, 어느 두메산골에'로 시작하고 있다. 여기에서 '호랑이 담배 피던 시절'은 우리가 접해보지 못한 시간적 미지의 세계이며, '어느 두메산골에'는 교통이 불편했던 시절에 갈 수 없었던 공간적 미지의 세계이다. 이와 같이 옛날이야기는 인간의 끝없는 호기심을 자극하여 만들어진 재미난 이야기이다.

미지의 세계에 대한 여행은 어쩔 수 없이 이 두 영역을 찾아 나서게 된다. 이명진의 여행도 이 범주에서 예외는 아니다. 다만 일반인들과 다른 점은 그가 작가라는 점이다. 대개의 경우 일반인들은 여행하면서 자연 풍광에 시선을 빼앗긴다. 그리하여 수습하지 못하는 시선으로 철저한 관광객이 된다는 데 반해 작가는 그렇지 않다. 작가는 자신의 시각으로 대상을 바라보려 하고, 자신의 잣대로 그것들을 재려 한다.

국내이든 국외이든 살아가면서 갖게 되는 여행의 기회는 인간의 끝없는 호기심을 덜어내 주는 기회가 된다. 작가들은 시간과 공간의 제약으로 극복하지 못하였던 궁금증을 해소시키는 데에 이 기회를 최대한 활용한다. 그러기에 외국여행의 경우에는 공간적 호기심이 더 크게 작용하고, 국내여행에서는 시간적 호기심이 더 관심사가 되는 것은 자연스러운 현상이라고 할 수 있다. 여기서 작가에게 중요한 것은 그가 궁금해 하는 분야가 어느 분야이며, 또 그것을 받아들이는 수용자세가 어떠하냐이다. 물론 자신의 궁금증을 독자들의 경우와 동일선상에 놓고 그것을 꼼꼼히 살펴서 속 시원히 독자들에게 제시하여야 한다는 것은 작가의 할 일이기도 하다.

작가는 끝없이 자신의 정체성을 찾아 나선다. 늘 살아가면서 접하게 되는 일상 속에서도 자신을 성찰하려 한다. 현상을 받아들이는 수용자세가 자기 성찰의 기회로 삼게 되면 자연히 겸허하게 된다. 여행을 하면서도 이러한 자세는 유지된다. 그래서 언제나 새롭고 신선하게 다가서는 물상들을 자신의 프리즘으로 통과시켜 읽으려 한다. 이런 경우에는 철저하게 자신의 삶에서 이탈하지 않는다. 그래서 자기성찰의 유형에서는 작품 속에 작가가 적나라하게 드러난다.

또 하나의 경우는 작가의 시선이 사회 현상을 읽어내는 데에 있다. 자신의 시각으로 사회 현상을 바라보고 그에 대한 자신의 견해를 기술하는 입장을 취하기도 한다. 이 때에는 작가의 시선이 다양한 분야로 여행한다. 작가들의 관심사는 각양각색이기에 당연한 현상이다. 오직 문제는 얼마나 깊이 있게 정확히 사회 현상을 꿰뚫어 바라보고, 그 현상을 어떤 자세로 수용하느냐에 있다.

인간은 자기 하고 싶은 일만 하고 살진 못한다. 때로는 하기 싫은 일도 군소리 없이 감내해야 하는 것이 인간의 삶이다. 그런 와중에 자신의 성장에 필요한 것을 최대한 찾아내어 자기 소유로 만드는 것이 사람이다. 무소유는 물적 재화에 치중하게 되고, 정신적 재화까지 그렇게 한다면 나태한 삶으로 떨어지기 쉽다. 새로운 것에 대해 두려워하면서도 피하지 않고 접하게 되는 것은 인간이기에 가능하다.

작가 이명진의 새로운 것을 수용하는 자세는 그의 수필 '길에서 길을 본다.'의 앞부분에 잘 나타나 있다. 어쩌면 이번 수필집을 엮게 되는 작가의 마음 자세를 한 마디로 말해주는 구절이 아닐까 한다. 늘 새로운 것 앞에서는 두렵고 긴장이 되어 피하고도 싶지만, 더러는 반복되는 일상에 권태도 느끼게 된다. 그가 작가로서 남을 수 있었던 것은 늘 두려움 속에서도 미지의 세계에 대한 호기심으로 여행을 떠나기에 가능했던 것이다.

호기심에 새로운 길을 달려 보지만 내심 콩당콩당 가슴은 방망이질 친다. 혹, 이 길에서 무슨 일이 벌어지지는 않을까. 호기심은 어느 사이 두려움으로 변해 있다. 왜, 새로운 길에 대한 자신감이 사라지는 걸까. 그래서인지 나는 운전을 싫어한다. 하지만 필요에 의한 운전을 하며 살아야 하는 일이 거듭되고, 반복적인 일상은 나로 하여금 하기 싫은 일도 하면서 살게 한다.

- 〈길에서 길을 본다〉에서

그러면 수필집 ≪물색없는 사랑≫의 경우를 살펴보자. 기술의 편리를 위해 몇몇 항목으로 나눈다.

2. 이명진의 시간여행

대부분 국내여행에서 보이는 현상이지만, 작가 이명진에게 있어서 미지의 세계 한 축은 시간적 제약에서 비롯되고 있다. 현재를 살고 있으면서 과거의 현상을 떠올리는 것은 시간을 초월한 사물 인식의 시도로 볼 수 있다. 그 과거는 현재와 많은 차이를 가지고 있기에 생경한 것이 될 수도 있지만, 현재를 올바로 인식하게 하는 근본이 되기도 한다. 과거는 현재가 존재하게 되는 뿌리이기도 하고, 상호 비교함으로써 두 시대의 차이를 올바로 읽어낼 수도 있다. 또 현재의 현상에 대해 풀리지 않는 것들을 해결하는 단초를 제공하기도 한다.

당시 문민정치를 부르짖던 정조대왕이 화성을 쌓을 때 노임을 지급했더니 수원으로 벌 떼같이 사람들이 몰려들었다고 한다. 그때 두어 달 노임을 모으면 조그만 밭이 딸린 집도 살 수 있을 정도였다. 하지만 지금의 수도 이전 지역은 그때와 상황이 다르다 할 수 있지 않은가. 투기꾼이라는 상술이 판을 치고 있어 성실하게 노력하며 생계를 위해 돈을 벌려고 했던 옛 시절과는 상이하다고 볼 일이다. 몇 백 년의 세월이 흐른 지금 우리의 사고방식이 생계유지가 아닌 재산 축적의 정서로 바뀌어 버렸으니 아쉽기만 하다. 물론 시대상에 따른 국민 소득의 차이도 있겠지만 왠지 궁궐 지붕 위에 버티고 있는 어처군이 남달라 보임을 숨길 수 없다. 성과 궁을 지으면서도 왕의 위용과 화와 안위를 위해 부조물 하나까지 세심한 신경을 썼던 왕권의 흔적이 복원바람을 타고 처마에 걸린다.

— 〈행궁, 영원한 흔적들〉에서

작가는 정조대왕 시절과 오늘의 현상을 대비시키고 있다. 화성에 성과 궁을 지으면서 노임을 지급하자 생계를 위해 성실히 노력하는 일꾼들이 몰려들었던 현상과 오늘날 행정수도 이전으로 몰려든 투기꾼들을 비교하고 있다. 과거에는 건전한 사고로 사람들이 모였다면 지금은 노임을 받기 위해 일하는 것이 아니고, 오로지 일확천금을 꿈꾸며 투기하려는 사람만이 모이고 있다는 것이다. 여기서 현재의 상황만을 기술했다면 독자에게 주는 감동은 적을 것이다. 과거의 현상과 현재의 현상을 대비시킴으로써 현재의 부끄러운 얼굴을 질타하기에 용이할 수 있다.

고려시대에는 현재 인구의 10배가 넘는 인구가 강화도에 살았다고 한다. 작은 섬의 위용이 지리적 여건에 걸맞게 대단했음을 느낄 수 있는 장소 아닌가. 물이 흔해 논농사도 지을 수 있었으며, 산을 끼고 있어 밭농사도 가능했고, 바다가 둘러쳐져 있어 어업이 발달했다. 오곡백과

풍부하고, 자급자족이 자유로웠으니 외세의 침입에 시달려야 했음은 당연지사다. 조선시대 인조는 왕이 행차 시 머물 수 있는 행궁을 건립하고 강화 유수부, 규장외각 등을 세웠다고 한다. 하지만 병자호란 때 함락되었으며, 병인양요 때 프랑스군에 의해 완전 소실되는 등 수난의 흔적이 아픈 상처로 남았다. 고려시대의 궁궐터라고 하기엔 왜소해 보여도 아기자기한 지세의 아름다움은 한 시대를 풍미했던 선조들 지혜와 어울려 역사를 곱씹게 만든다.

— 〈심도길을 가다〉에서

심도는 강화도의 옛 지명이다. 제목에서 '강화도 길을 가다'로 하지 않고 '심도길을 가다'로 한 이유를 우리는 쉽게 간취할 수 있다. 과거로의 시간여행을 위한 배려이다. 현재의 강화 모습을 정확히 읽어내기 위해서는 과거의 호화로웠던 시절의 역사를 올바로 알아둘 필요가 있다. 그래서 작가는 고려시대로 거슬러 올라가기를 주저하지 않는다. 인구는 물론 당시의 지리적 여건과 산업에 이르기까지 여러 방면의 강화도의 위치를 말하고 있다. 이러한 작가의 배려는 현재를 정확히 인식하기 위한 장치인 것이다. 일반적으로 잘 알려지지 않은 과거의 현상을 상기시켜 줌으로써 독자들로 하여금 궁금증이 일어나게 하고 그를 토대로 현재의 모습을 인식하게 하려는 것이다.

이러한 작가의 시간여행은 미지의 세계로 독자를 끌고 가는 마력을 갖게 한다. 알지 못하는 세계에 대해 호기심을 갖는 독자들을 과거로 인도하여 궁금증을 자극하여 현실을 올바로 바라보게 하려는 것이다.

3. 이명진의 공간여행

대개의 경우 여행은 공간의 이동으로 이루어진다. 국내여행이든 국외여행이든 그것은 당연하다. 기행수필은 여행을 할 때는 내가 살지 않는 곳의 문물을 접하면서 견문을 적기 마련이다. 단순한 여정이나 체험만을 적는다면 그것은 수필이 될 수 없다. 반드시 하나의 주제를 정해 놓고 그것과 관련된 것만을 가지고 글을 구성해야 한다. 여행 중에 있었던 이야기를 줄글로 적어 놓고 그것을 수필이라 한다면 그것은 어리석은 생각이다.

새로운 세계에 대한 기록은 어떠한 수용자세를 취하느냐에 따라 현저한 내용의 차이를 가져오게 된다.

헉헉대며 오른 1,860m의 연화봉에서부터 볼 수 있는 진풍경은 기암괴석의 절경과 함께 바윗돌에 못 박혀 있는 연심쇄連心鎖(쇠줄에 자물쇠를 잠궈 매달아 놓은 모양)였다. 또한 천길 낭떠러지 곳곳에 위험을 방지하기 위해 만들어진 난간 철책마다 수없이 채워져 있는 자물쇠들. 각자 이름이 새겨진 자물쇠들을 보는 순간, 계단을 오를 때보다 더 강한 숨 가쁨이 턱 목을 메게 했다. 사랑하는 연인들끼리 서로의 마음이 변심하지 말자는 의미에서 자물쇠를 잠그고 열쇠는 수만 수천 낭떠러지로 던져 버린다니. 그들의 아찔한 행위에 나는 정신을 차릴 수가 없었다. 동서고금을 막론하고 사랑이란 단어는 얼마나 가슴 설레게 하는 말인가. 둘만의 사랑을 지키기 위해 정상에서부터 구불구불 까마득한 협곡의 난간마다 자물쇠를 굳게 걸어 놓고 서로의 마음을 확인하려 했던 중국 연인들. 그들의 애절함이 비행기를 타고 버스를 타고 몇 시간을 달려온 외국인의 마음을 휘젓고 있지 않은가. 연심쇄들을 바라보며 부러워하기에 앞서 어이없는 상상에 빠져 들었다.

— 〈물색없는 사랑·2〉에서

중국 황산을 여행한 이야기다. 연화봉을 오르면서 작가는 당혹한다. 돌층계를 오르면서 중국인들이 계단을 만든 공정에 놀라고, 기암괴석에 못 박혀 있는 연심쇄에 놀란다. 연심쇄는 사랑하는 연인들끼리 서로의 마음이 변심하지 말자고 약속한 증표이다. 자물쇠에 각자의 이름을 새겨놓고 철책에 걸어 잠근 다음 열쇠를 수만 수천 낭떠러지로 던져버리는 것이다.

한없이 아름답고 부드러워야 할 사랑의 약속을 하는 그들의 의식이 먼 나라에서 온 사람에게는 생소한 것일 수밖에 없다. 전혀 상상도 해 본 적이 없는 그들의 발칙한 사랑 행위에 여행객은 아찔한 현기증을 느낀다. 자신이 살고 있는 곳에서는 전혀 볼 수 없는 어떤 삶의 형태가 찾아온 여행객의 시선을 움켜잡는 것이다.

이런 문화의 접촉은 공간적 이동에서 얻어지는 것들이다.

학교에 입학시키던 첫날. 학교 복도에 설치되어 있는 콘돔 자판기를 보며 우리 모녀는 아연실색 마주 섰다. 순간, 열린 마음을 딸아이에게 보여 주어야 되겠다는 치기가 머릿속을 스쳤다.

"얘, 너 이게 뭔지 아니?"

"콘돔 자판기!"

"세상에 Good! 이다. 얘, 이 자판기가 우리나라 고등학교 복도에 설치되어 있으면 어땠을까?"

"학부형들이 뒤집어졌겠지요."

아이의 대답은 간단했다. 내심 엄마의 정곡이 찔린 듯했지만, 태연한 척 사설을 늘어놓았다.
"혹시 남자 친구가 생겨서 잠자리를 하게 된다면 꼭 콘돔을 써라. 중절 수술이 허용되지 않는 이곳에서 엄마도 없는데 임신이라도 하게 되면 너 혼자 너무 당혹스럽지 않겠니?"
"당연하지요."
알고 하는 대답인지 모르고 하는 대답인지, 아이는 의외로 담담했다. 그렇지. 젊은 청춘들에게 무조건 '안 된다', '하지 마라'보다 콘돔 사용법을 강조하는 편이 현실적인 성교육 아닐까.
— 〈고슴도치 사랑〉에서

캐나다 고등학교에 딸아이를 입학시키던 날, 복도에서 처음 목격한 콘돔 자판기에 대한 이야기다. 우리의 경우에는 상상도 할 수 없는 상황에 모녀가 대처하는 모습이 잘 그려져 있다. 유교적 분위기에서 윤리와 도덕을 익힌 사람이 개방적 사회에 임하는 모습이 매우 흥미롭다. 태연한 척하며, 딸에게 남자 친구가 생겨 잠자리를 하게 되면 반드시 콘돔을 사용하라고 당부하는 어머니나 당연하다고 받아 넘기는 딸이나 어설프기는 매일반이다. 새로운 환경에 임하는 두근거림 속에서 딴에는 현명하다고 내린 결론을 주고받는 모습이 다분히 희극적이다.

이러한 현상은 공간적 이동을 해 왔을 때, 전혀 다른 문화를 접하면서 느껴야 하는 감정들이다. 여행은 공간여행을 하게 마련이고, 그로 인하여 많은 이질적인 체험을 하게 된다. 그때에 느껴야 하는 것은 사람에 따라 현격한 차이가 있다, 여행객의 기호가 다 다르기에 관심 분야에 차가 날 수밖에 없다.

작가 이명진은 어느 때, 어느 곳을 가든 그의 시선은 문화에 맞춰져 있다. 지금까지 자신이 접해 온 문화와의 차이를 찾아 나서고 있는 것이다. 수필집 ≪물색없는 사랑≫에는 작가가 여행을 하면서 접했던 다양한 문화에 대해 기술하고 있다. 여기에는 작가가 한국인이기에 한국의 문화와 차별화되는 것에 관심의 초점이 맞춰져 있다. 미지의 세계에서 접하게 되는 새로운 문화의 형태는 작가의 시선을 움켜잡았을 것이 뻔하다.

4. 이명진의 문화여행

이명진의 수필집 ≪물색없는 사랑≫은 한마디로 문화 여행 수필집이라고 말할 수 있다. 국내여행이든 국외여행이든 시간여행이든 공간여행이든 모두 문화에 그 핀이 맞춰져 있다. 세계 곳곳을 두루 돌아다니면서 작가의 시선은 문화에다가 맞추고 그 차이점과 또 가치성에 대하여 기술하고 있다.

그러면서도 대상에 대한 부정적인 시각보다는 긍정적인 수용자세를 견지하고 있는 것이다. 제 나라 것과 남의 나라 것을 비교해 보면서 우리가 본받아야 하고 우리가 고쳐야 할 것에 대하여 지면을 할애하고 있다. 이러한 현상은 ≪물색없는 사랑≫ 전편에 걸쳐 드러나고 있다.

이명진의 여행은 모두 여정을 가지고 움직인 경우는 아니다. 중국이나 베트남의 경우야 여정에 따라 움직였다고 하나, 캐나다의 경우는 딸아이의 유학을 돕기 위해 현지에서 수개월 함께 체류하며 기록한 것이다. 그러니까 캐나다 편은 여행기보다는 체류기에 해당한다. 이때에는 근본부터 다르다. 당연히 문화 답사기가 될 공산이 크다. 글감을 여정을 따라 적으면 공간 이동에 맞춰 기술하는 기행 위주의 수필이 될 수도 있겠으나, 여행 중의 견문 중에서 글감을 선택하여 그것에 의미를 부여하는 경우도 있을 수 있다. 뒤의 경우에는 여정이 비집고 들어설 자리도 허용하지 않게 된다. 일상 속에서 글감을 선택하듯 자신의 견문 중에서 선택하여 의미를 부여하다보면, 작가 자신의 성찰에 충실하게 된다. 철저한 개인 성찰의 수필이 된다.

하지만 장기간 체류하면서 글을 쓰게 되면 사회 현상에 시선이 머물기 쉽고, 또 문화라든지, 생활상이라든지, 의식구조라든지 하는 면으로 방향이 잡히기 마련이다. 이명진의 수필집 ≪물색없는 사랑≫이 문화기행수필이 된 점도 이러한 까닭이다.

그랬겠지, 홈스테이 부부가 맞벌이였으니 오죽했으랴! 아침도 자기 스스로 차려 먹어야 했으니 부실했을 일이다. 더구나 점심 도시락을 혼자 준비해 가야 하는 일은 익숙하지도 않았을 테고, 귀찮기도 했겠지. 캐나다 가정에서는 초등학교 상급학년만 되면, 스스로 아침과 도시락을 준비하는 습관이 되어 있다고 하지만 우리 아이들은 전혀 생소한 일상이었을 터다. 과보호라 하더라도, 아이의 말을 듣고 도시락에 더욱 정성을 기울이고 싶은 엄마다. 내게 주어진 시간이 길지는 않지만, 캐나다에 머무르는 동안이라도 한국식 도시락을 싸주고 싶다. 유독 한국 김치 냄새를 싫어했던 캐나디언 홈스테이 식구들이다. 그들은 한국에서 보내 준 반찬 냄새가 싫다며 아이에게 김치를 먹으려면 밖에서 먹고 들어오라고 했다. 어린 마음에 차별을 당하는 듯해 아이는 아예 김치를 먹지 않고 버렸다고 한다. 어느 사이 한국의 대표 식품이면서 한국의 냄새인 김치를 아이는 잃어버리지 않았을까 걱정스러웠다. 책에서나 읽었던 눈물을 자아내던 도시락 사연들이 새록새록 떠오른다.

− 〈물색없는 사랑 · 3〉에서

캐나다와 우리나라의 식문화의 차이점을 적나라하게 기술하고 있다. 그들은 초등학교 상급학년이 되면 도시락을 싸 가지고 등교하지만 한국에서는 급식이기에 도시락을 싼 경험이 없다. 그런 딸아이가 도시락 준비로 어려웠을 것을 추측하며 안타까워한다. 그래서 최대한 한국식으로 도시락을 정성껏 싸 주려 한다. 또 한국의 김치 냄새를 싫어해서 캐나다에서는 집안에서 먹지 못하게 한다. 한국에서 보내준 김치를 먹지 못하고 버렸다는 소리에 부모 된 작가는 안쓰러움을 느낀다. 그러면서 한국의 맛 김치를 잃어버릴까 걱정이다.

의식주 문화 중 생명 연장과 건강에 관여하게 되는 식문화의 차이점을 기술하고 있다. 여기에서도 작가의 시각이 두 문화의 차이에 머물고 있다. 하고 많은 다른 점 중에서도 먹을거리 문화에 대해 기술하고 있는 것이다. 물론 여기에는 딸에 대한 애정이 밑에 깔려 있음이 드러난다.

> 좌회전에서는 언제나 직진 차가 우선이다. 비보호 좌회전이 많다보니 교차로에서는 순발력이 필요하다. 직진 차들이 가고 난 후 눈치껏 좌회전을 해야 하니 어렵고 답답하다. 신호등에 의존하고, 신호등이 최고인 줄 알고 운전 하던 내겐 여러 경우의 현장 경험으로 깨달아야 하는 위기일발의 상황이다. 한국에서는 언제나 신호등을 잘 지키는 모범시민이라 자처했다. 캐나다에서는 신호등보다 비보호 좌회전을 잘 하는 운전자가 최고라 대접받을지도 모른다.
>
> — 〈태양을 향해 달린다〉에서

교통문화에 대한 지적이다. 나라마다 교통신호 체계는 차이가 있을 수 있다. 직진 우선인 나라가 있는가 하면 대만처럼 끼어들기가 우선인 나라도 있다. 캐나다에서 우리와 다른 신호 체계로 당황하는 모습이다. 더구나 운전은 사람의 생명을 잃을 수 있는 위험한 것이기에 더욱 민감하게 감지해야 한다. 한국에서는 교통 신호를 잘 지키는 모범 시민이었는데, 캐나다에 와서는 진땀을 흘리고 있는 것이다. 캐나다에서는 비보호 좌회전을 잘 해야 한다.

이와 같이 다른 문화 속에서 산 사람은 새로운 문화 체계에 적응하기 위해 부단히 노력해야 한다. 작가 자신이야 일정한 기간만 있으면 되지만, 딸아이는 계속 남아 공부를 해야 하니 안쓰럽기 그지없는 것이다.

〈연어가 강을 거슬러 오다〉에서는 캐나다인들의 친환경 삶을 그려주고 있다. 자연은 인간이 맘대로 활용하고 소유하는 것이 아니고 공존하는 것이다. 연어가 산란기를 맞아 강으로 회귀하여 올라올 때는 손만 뻗치면 잡을 수 있다. 그러나 그들은 전혀 잡지 않는다. 오히려 물길이 나지 않은 개천에 손으로 돌을 치워 길을 내 준다. 비록 연어가 죽어 썩는 냄새가 도시를 진동한다 해도 그들은 일정 기간 동안만 낚시로 연어를 잡을 수 있다. 이와 같이 정해진 규칙을 지키며 자연과 더불어 살아가는 그들의 문화를 독자에게 소개하고 있다.

〈음악회에 대한 구설〉에서도 예술을 사랑하는 캐나다인들의 문화를 보여준다. 한 도시에 있는 세 학교가 한 팀이 되어 악기를 연주하는 그들의 모습은 정겹다. 예술 앞에서는 누구나 함께할 수 있는 그들의 지혜를 엿볼 수 있다. 또 복장은 상의는 흰 블라우스에 검정 조끼, 하의는 검정 바지로 동일하게 입고 타이의 색으로 학교를 알 수 있게 했다. 그런데도 학생들의 복장은 각양각색이다. 추리닝 바지로 무대에 오른 아이도 있다.

여기서 작가는 한국의 경직된 사회를 끌어낸다. 형식을 중요시하는 한국에서는 아마도 무대에 올리지 않았을 것이라는 예측이다. 오로지 학생의 참여도와 음악을 사랑하는 마음만을 중시하는 그들의 문화를 우리에게 제시함으로써 우리 자신을 되돌아보게 하는 구절이다.

〈친절한 이웃〉에서도 문화여행은 계속된다. 딸아이의 핸드폰을 사주는 이야기다. 캐나다의 시장 경제에 물색이 어두운 한국인들에게 친절하게 도와주는 현지인의 모습을 그렸다. 스스로 나서서 폰을 교체해 주고, 요금도 싼 것으로 조치해 준 그들의 친절을 그려주고 있다. 더불어 그들의 요금 체계도 소개한다. 전화를 건 사람만 요금을 부담하는 것이 아니고 받는 사람에게도 요금을 부과함으로써 짧은 통화를 유도하고 있다. 이러한 우리와 다른 캐나다인들의 문화에 작가의 시선은 닿아 있다.

〈덤으로 만난 연인들〉에서는 하노이 거리에서 맞닥뜨린 연인들의 모습을 적고 있다. 오토바이 위에 앉아 있는 모양새에서 두 사람의 애정의 깊이를 읽어내는 작가의 시선이 날카로워 재미있다. 뒤에 앉은 여성의 가방이 여성의 배와 남성의 등 뒤에 가로 놓여 있으면 이들이 만난 지 얼마 안 되고, 여성의 가방이 오토바이 핸들에 걸려 있으면 이들의 애정이 무르익어가고 있는 중이며, 여성이 남성의 허리를 끌어안고 머리를 남성의 등에 묻었으면 절대 헤어질 수 없는 절절한 사이이고, 여성이 조심성 있게 남성의 허리 양 옷깃만 잡고 있으면 만난 지 얼마 안 되는 새내기 연인이라는 기술은 작가의 세상읽기가 예리함을 보여준다.

〈꽃 팬티에 취한 행복〉은 강원도 여행을 적었다. 감자전을 부쳐내며 도시인의 호기 어린 투정을 재치 있게 받아 넘기는 주인아주머니의 말

솜씨에 강원도인의 풍류를 느낀다. 화장실을 찾는 손님에게 소인천축국을 심어 놓은 길가 꽃밭을 가리키는 기지에 놀란다.

바로 강원도 시골의 화장실 문화인 것이다. 들판이든 어디든 생리적인 배설을 해결하는 그들의 문화를 드러내 준다. 길가 꽃밭에서 소변을 해결한다 해도 전혀 지저분하지 않다. 그것은 작가 이명진의 감칠맛 나는 문장으로 간이천막을 만들어 주기 때문이다.

용기가 없어 아무도 꽃밭에서 생리현상을 해결하지 않았다 해도 독자들은 간이 천막이 드리워진 시골 화장실을 구경한 셈이 된다.

이명진의 ≪물색없는 사랑≫에는 여행지의 문화에 대한 기술이 수필집 여기저기에 산재해 있다. 그것은 작가가 여행지를 문화적으로 이해하고 접근하고 있음을 보여준다. 세상을 읽어내는 수단으로 동원한 것이 '문화'인 것이다. 그래서 문화담론의 흔적은 수필집 전편에 걸쳐 노정되어 있다. 이것은 ≪물색없는 사랑≫에서는 '문화'가 키워드임을 단적으로 보여주는 것이라고 말할 수 있다.

5. 나가면서

≪물색없는 사랑≫에서 중요한 모티브가 된 것은 '문화'이다. 국내는 물론 국외를 여행하면서도 이 모티브는 늘 빛을 발하고 있다. 그때마다 작가 이명진은 남의 것과 내 것을 견주면서 어떻게 받아들여야 하나에, 또 기존의 것과 새로운 것의 접목은 어떻게 이루어져야 하는가에 관심의 선을 잇고 있다. 즉, 일상에서 접하게 되는 것들을 자신의 삶에 어떻게 수용해야 하는가를 늘 고민하고 있다.

일상에서 접하게 되는 사물이나 사건에다 작가는 자신의 삶의 궤적을 걸쳐 놓으며 의미를 찾아 나선다. 그리하여 일상의 현상을 작가만의 시각으로 읽어내고, 의미를 부여하여 형상화 작업에 들어가게 한다. 이때에 작가의 시선이 어디에 머물게 되느냐에 따라 그 결과는 현저한 차이가 있다.

자칫 자신의 삶을 밀어 넣다 보면 편협한 결과를 초래할 수도 있지만 그것은 그리 큰 문제가 아니다. 오히려 그렇게 해야 그 작가만이 만들어낸 세계가 된다. 이명진 작가가 만들어낸 세계는 그만의 독특한 세계여야 하기 때문이다.

일상에서 얻은 글감이 작가의 삶을 통하여 의미를 함유하게 되기에 대개의 경우 자기 성찰의 기회로 활용하는 것이 일반적인 경우이다. 그러나 이명진에 있어서는 그렇지 않다. 자신의 성찰의 기회보다는 사회의 현상에 그의 시선을 맞추고 있다. 그것도 문화라고 하는 키워드에 철저하게 맞춰서 세상을 바라보고 있다.

기행수필은 기행문과는 다르다. 기행문은 여행을 하면서 여정에 따라 보고 듣고 느낀 점을 기술해 가면 그만이지만, 기행수필은 하나의 주제를 설정하고 그것과 관계하지 않는 것들은 과감히 차단해야 한다. 아니 주제와 관계가 깊은 것을 한두 개 선택하여 주제를 살릴 수 있도록 구성하고 일목요연하게 독자에게 제시하여야 한다. 그러다 보면 여행 중에 접한 사물이나 사건이 일상에서 접하게 되는 글감과 같은 위치에 놓이는 결과를 얻을 수도 있다.

이런 점에 착안하여 이명진의 기행수필 경우는 주제는 다양하되, 그것의 모티브는 대개가 '문화'에서 끄집어내고 있음을 알 수 있다. 단순한 기행수필이 아니라 '문화기행수필'이라는 하나의 영역을 확보하고 있다고 말할 수 있다.

그래서 작가 이명진은 존재 의미가 있고, 그의 기행수필은 가능성이 있다. 이것은 깊은 상념 속에서 사색과 명상을 하며 얻어진 결과물이다. 글의 깊이를 더하기 위해서는 여행지의 인문지리를 더 익힐 필요가 있고, 그들의 토속적인 문화에도 관심을 갖는 노력이 가미되어야 할 것이다. 문화라고 하는 하나의 모티브를 잡고 영역을 확보하려면, 선행되어야 할 부분이 다른 어느 것보다 많이 요구된다.

특히 이명진은 글을 씀에 있어서 지나치게 자신에 차 있다. 그것의 대표적인 예가 맨 처음 시작 부분이다. 어느 것이든 한 문장으로 하나의 형태단락을 이루면서 시작한다. 마치 자신의 이야기의 현장으로 독자들을 끌고 들어가는 기분이다. 소설로 치면 사건을 독자에게 내던져 놓고 시작하는 형태이다. 또 사물을 바라보는 감각이 뛰어나다. 그 감각으로 문장을 꾸리니까 번득이는 문장이 감칠맛을 준다. 여기에 적확한 어휘 선택만 이루어진다면 많은 독자에게 부담을 주지 않고 접근할 수 있으리라 믿는다.

아직도 돌아보아야 할 여행지가 많이 있음과 언제나 노력하는 작가이기에 앞으로 그가 확장해 갈 기행수필의 영역은 무진장하다고 말할 수 있다. 그 넓은 영역을 확보하고 우리 앞에 다시 나타날 이명진 작가의 모습을 기대하면서 다음 작품집을 기대해 본다.

그림자 찾기와 벗어나기
- 최정윤의 수필세계

1. 들어가면서

흔히 '글은 작가다'라고 말할 때 떠오르는 장르는 수필이지 싶다. 그만큼 수필은 다른 장르의 글보다 작가의 삶이 글 속에 녹아 있다. 아무리 수필에서 '허구'를 허용한다 해도 작가의 삶이 겉으로 드러나게 된다는 엄연한 사실 앞에서는 어쩔 수 없다.

또 수필은 이미 독자들과 기왕에 있었던 사실을 고백한다고 하는 약속이 되어 있는 처지라서 허구를 맘대로 사용한다든가 하는 낯가리기는 불가능하다. 다만 수필도 문학이기에 상상력을 발휘하여 글을 구성하고 표현해 갈 수는 있다. 그렇다고 정신적 작용마저도 족쇄를 채워서는 안 된다.

그러면서도 문학이 현상을 적는 것이 아니고, 본질을 적는 것이기에 글감이 함유하고 있는 의미를 찾아나서는 작가의 수고는 반드시 이루어져야 한다. 자신이 경험한 바를 줄글로 적어 놓고 수필을 썼다고 한다면 그것은 철없이 순진한 생각이다. 수필은 선택된 글감에 대한 작가의 해석이 반드시 있어야 한다. 글감을 개인적인 경험으로 자기화하는 과정을 거쳐야 수필은 주제가 구체화한다. 이러한 구체화 과정이 끼어있지 않으면 주제는 통일성을 확보하지 못하여 작가가 독자들에게 전달하려는 메시지가 떠오르지 않고 잠수해 버리고 만다.

작가가 해야 하는 이 구체화 작업은 주제의 의미화에 크게 기여하게 된다. 느낀 감동이 고여 있는 웅덩이 속에 작가의 시선을 드리우고, 일상생활을 하면서 그곳에서 끄집어낸 정서를 나름대로 적어 놓고 마는 것이 아니라, 대상을 바라보고 느낀 정서를 작가의 삶에 역류시키거나 여과시킴으로써 자연히 얻어지는 자기 관조가 있어야 문학인 것이다.

작가 최정윤에 있어서 이러한 의미화 과정은 철저하게 작가 내부에 상존하는 어린 시절의 아픔에 발을 내리고 있다. 잊고 살만 하면 느껴지는 손톱 밑의 가시처럼 그에게 있어서 과거는 끊을 수 없는 업보인 양 따라다니고 있다. 좋든 싫든 그가 존재하여 숨쉬는 공간은 풍성하고 다채로운 삶의 열매가 익어가는 공간임은 분명하다. 비록 고통의 순간이었다 해도 지나고 나면 미소 지을 수 있는 것은 과거의 일이기에 가능하다. 그래서 그는 〈고가〉에서 '인생은 한정된 시간을 살지만 이일 저일 겪으며 많은 체험을 하는 것은 공간을 향유하며 살기 때문이라고 생각한다. 비록 그 공간이 아픔일 수도 힘겨운 짐일 수도 있지만, 그것은 풍성하고 다채로운 삶의 열매가 익는 곳이다. 그 열매는 후일 우리가 뒤돌아보며 미소 지을 수 있게 한다. 그래서 나도 이제는 깊이 묻어 둔 어린 날의 아픔이 서린 고가의 화폭을 살며시 열며 미소를 지을 수 있는 것이다.'라며, 어린 날의 아픔을 끄집어내고 있다.

바로 이런 자세를 견지하고 있는 작가이기에 어린 시절의 일상에서 얻은 삶의 태도가 지금껏 자신을 지탱해 주고 있다. 작품 전편에 걸쳐 녹아 있는 작가의 성장 루트는 보름달이 떠 있는 시골길을 걷는 것처럼 훤히 드러나 보인다. 우리는 작가 최정윤의 작품세계를 알기 위해서는 이 길을 조용히 따라가 볼 필요가 있다. 그가 살아온 그림자가 어떻게 현현顯現되고 또 벗어나기 위해 노력한 결과가 어떻게 나타나는지를 살펴보기로 한다. 그의 그림자를 따라 함께 여행함으로써 그의 삶의 태도와 칠십 년이 넘은 세월에서 얻어낸 삶의 의미를 만날 수 있는 것이다.

2. 작가가 걸어온 길

작가 최정윤의 어린 시절은 아주 행복했다. 다만 그 기간이 너무도 짧았고, 그 짧은 행복의 뒤에는 엄청난 고통과 무거운 짐이 그를 기다리고 있었다. 부유한 집안의 장녀로 태어나 어른들의 사랑을 독차지하다시피 했으나 아버지의 떠남은 그에게 엄청난 짐을 안겨주게 된다. 너무 어린 나이에 집안을 온전히 지켜야 하는 기둥이었던 그는 늘 할아버지를 추억하며 산다.

작가가 강한 자존심으로 이런 고난을 이겨낼 수 있었던 것도 일찍이 할아버지에게서 전수된 생활 태도와 신념이 있었기에 가능했지 싶다. 그의 세상살이에는 언제나 할아버지가 곁에 있다. 아버지와 어머니는 언제나 공백이다. 부모의 정을 느끼기 전에 밖으로 나간 아버지는 끝내 작가가 십대 중반이었을 때 영원히 떠나고 만다. 그녀의 수필에서 아버지는 이 정도 고개를 내밀 뿐이다. 그가 처음 세상을 짊어지게 되는 과정이 〈하루거리〉에 상세히 적혀 있다.

> 나는 근심 걱정이라는 학질을 자주 앓았다. 병의 근원은 강한 자존심 때문이라는 생각을 한다. 내가 심신의 학질을 앓기 시작하여 고질병처럼 갖고 있게 된 것은 아마도 십대 중반에 아버지가 돌아가신 후인 것 같다. 아무 준비도 없이 졸지에 닥친 불행이다. 겉으로는 당당하려 했지만 두려움은 늘 잠재의식 속에 있었다. 가정의 제반사에 책임을 안고 살아온 경력은 고질병처럼 달라붙어 무슨 일이 닥치면 해결책에 대한 고민이 늘 앞선다. 어리던 동생들도 이미 다 어른이 되었는데도 지나치게 간섭했다. 이런 나를 스스로도 못마땅해 했다. 학질을 완벽하게 떨쳐내지 못하는 내 가슴에 찬바람이 스치곤 했다. 참 어처구니없는 일이었다. 모든 일에 해결사인 양 지나친 관심으로 근심걱정에서 놓여나지 못했던 지난날을 돌아보면 호된 하루거리를 앓고 난…….
> — 〈하루거리〉에서

그는 살아오면서 자신이 견지했던 삶의 태도를 '하루거리'에 비유하고 있다. 매사에 책임지고 모든 일을 완벽하게 해결하려는 성격은 어려서부터 최선을 해야 했고, 자신을 늘 긴장되게 잡아두려 애썼던 데에서 얻은 고질병이라고 설파한다. 자신을 자주 학질을 앓은 환자에 비유하면서도 온전한 듯 완벽을 기하려던 마음을 내려놓으면 바로 치유할 수 있음도 안다. 그 역시 이런 자신의 성격에 불만을 갖고 있다. 처방까지 정확히 알고 있으면서도 치유하지 못하는 자신을 비웃기도 한다.

이와 같이 작가에게 있어서 어린 날의 상흔傷痕은 깊이 드리워져 있다. 그 치유는 자신의 마음에 따라 좌우된다는 사실도 알고 있지만 그것이 그리 쉬울까. 이미 자신의 속에는 과거와 짙게 선이 닿아 있기에 힘든 것이다.

어느 날은 어머님이 이런 말을 하셨다. 어제 밤에 대문 밖에서 누가 아버지 이름을 불러서 예하고 나가려고 했다. 그런데 밤에 한번 부르면 귀신이 부르는 소리란 말이 생각이 나서 나가지 않으셨다. 다음날 동네에 알아보았더니 어젯밤에 찾아 왔었다는 사람은 없었다. 그 후 6·25 전쟁이 일어났다고 뒤숭숭한 어느 날 밤에 우리 집 대문을 쾅쾅 두드리는 소리에 나는 잠이 깨었다. 잠이 깬 나는 아무 이유도 없이 가슴에 차가운 한 줄기 물살이 쏴하니 스쳐가는 섬뜩함을 느꼈다. 나는 놀랐고, 아버지는 찾는 이들과 함께 집을 나가셨다. 그 모습을 보며 아버지는 '못 돌아오셔, 마지막이야.'라는 예감이 스쳤다. 놀래서 고개를 저었지만 그 예감은 사실이 되어 그 뒤로 아버지는 우리 곁으로 오시지 못했다.

— 〈고가〉에서

아버지가 떠나시던 날의 상황 묘사다. 한국동란이 일어난 직후의 상황이다. 작가의 집안에 먹구름이 보이기 시작하는 징조를 보여줌으로써 암울했던 세월을 암시한다. 그러면서도 둘로 갈라져 갈등하던 당시의 사회상을 드러내 주는 대목이다. 이데올로기의 갈등 속에서 떠나던 아버지의 마지막 순간의 모습을 작가는 뚜렷이 기억한다. 하지만 작가는 어린 나이에 이것이 아버지의 마지막이라고까지 예감했던 것은 신기하다. 벌써 자신의 내부에서 이 가문을 지켜야 한다는 운명이라도 감지한 것처럼 느끼고 있는 것이다.

이런 과정을 거쳐 맡게 된 가문. 아버지는 일찍 떠나고, 할아버지의 슬하에서 삶의 태도를 익히며 살아간다. 어쩌면 중용에 박식했던 할아버지가 이미 가문의 앞날을 예견하고 장손녀인 자신에게 무거운 짐을 견뎌낼 수 있게 훈육한 것인지도 모른다는 생각까지 하고 있다.

　　　그렇다고 주저앉을 수도 없었다. 주저앉고 싶을 때 조용히 내 곁에 다가오시는 할아버지의 영상은 나를 서야 할 위치에 서 있게 힘을 주셨다. 그리고 해야 할 일을 무언으로 알려주셨다. 할아버지께서 가르치신 전화위복轉禍爲福, 고진감래苦盡甘來, 진인사대천명盡人事待天命 등의 어려운 문자적 교훈에 앞서, 그날 주머니 속에 아끼셨다가 깎아 주신 알밤 한 톨에 담긴 사랑과 그윽하신 눈빛은 바다보다도 깊은 사랑이 담겨 있었고, 진주보다 귀한 말씀이 서려 있었다. 지금도 그 빛과 힘을 세상을 사는 버팀목으로 삼고 있다. 아무리 고통이 밀려와도 함부로 살아 갈 수가 없다. ······〈중략〉······ 사랑은 힘의 원천이라는 것을 세월이 이만큼 흐른 후에야 알게 되었다. 지금 담담한 마음으로 그 지나간 시간들을 회상해 본다. 이제는 나도 흐뭇한 미소를 지을 수 있다.
　　　　　　　　　　　　　　　　　　　　 － 〈할아버지의 알밤 한 톨〉에서

　　작가 최정윤의 어린 시절에는 언제나 할아버지가 함께한다. 아버지의 빈 공간을 채우는 정도가 아니고, 그 이상이다. 자신의 삶의 모두인 것이다. 작가 자신이 힘들어서 주저앉으려 하다가도 어느새 찾아오는 할아버지의 영상에 다시 힘을 얻고 일어선다. 무언의 위로까지도 그에겐 엄청난 힘이 된다.
　　이 모든 것은 할아버지의 지극하신 사랑의 덕으로 생각한다. 주머니 속에 아끼셨다가 깎아 주신 알밤 한 톨에 담긴 사랑과 그윽하신 눈빛에는 바다보다도 깊은 사랑이 담겨 있었음을 감지한다. 그 어린 날의 할아버지의 사랑을 버팀목으로 지금도 세상을 살아내고 있는 것이다. 이만큼 흘러온 세월 앞에서 그래도 웃을 수 있는 것은 사랑이 모든 힘의 원천이 되었기 때문이다.

> 이렇게 나는 어린 나이에 할아버지의 수의 감을 길쌈했다. 정성들여 길쌈을 하면서도 씨줄과 날줄을 음양 관계로 인식하며 할아버지의 교훈을 가슴에 새겼다. 손과 발이 제몫을 다하는 조화를 이룰 때 베는 짜여졌다. 베틀에서 한 올 한 올 짜여 한 뼘 두 뼘 불어나 필목이 되는 것은 신선한 기쁨이었다. 할아버지의 수의 감을 짜며 나는 무척 기뻤다. 그분의 깊은 사랑에 보답한다는 흐뭇함도 있었고, 한편 아릿한 아픔이 가슴을 스치기도 했다.
> 그 수의 조각을 오랜 세월이 지난 후에 이장하면서 할아버지의 유해 아래에서 주워서 바라보고 있다. 그 긴 세월 동안 손녀의 사랑을 고이 간직하고 계셨던 할아버지의 사랑이 가슴 깊이 스며드는 순간이다. 내 생활이 이지러지면 가끔씩 음양의 조화에 맞게 살기를 이르셨던 할아버지의 교훈이 지금도 강렬하게 내게 전달되고 있다.
>
> — 〈수의 조각〉에서

언제 어디서나 나타나는 할아버지인 것이다. 자신의 삶에 없어서는 안 되는 할아버지의 존재, 그 분의 울력으로 살아온 세월이다. 그러기에 칠순을 넘긴 이즘에도 할아버지의 유택에는 수의 조각이 남아 자신의 사랑을 간직하고 있는 것이다.

초등학생이었던 작가는 어린 나이에 할아버지의 수의 감을 길쌈했다. 정성들여 길쌈하며 언제나 말씀하시던 할아버지의 훈계를 떠올린다. 씨줄과 날줄을 음양 관계로 인식하며 할아버지의 교훈을 가슴에 새긴다. 손과 발이 제몫을 다하여 조화를 이룰 때 베는 짜여짐도 터득한다.

어린 나이에 수의 감을 김쌈하며 기뻐하는 모습에서 작가가 얼마나 할아버지를 신뢰하고 의지하며 살았는지 알 수 있다. 할아버지의 깊은 사랑에 보답한다는 흐뭇함도 있었고, 한편 아릿한 아픔이 가슴을 스치기도 했다는 진술에서 작가의 절실했던 어린 시절의 처지를 읽을 수 있다.

이제 할아버지만큼 나이가 되어 그분의 유택을 이장하게 된다. 할아버지의 유해 아래에서 아직도 삭다 남은 자신이 짠 수의 조각을 주워 들고 감회에 젖는다. 그 긴 세월 동안 손녀의 사랑을 고이 간직하고 누워 계셨던 할아버지. 그분의 사랑이 가슴 깊이 스며드는 순간이다. 자신의 생활이 이지러지면 가끔씩 음양의 조화에 맞게 살기를 이르셨던 할아버지의 교훈이 강렬하게 전달되고 있음을 깨닫는다.

이쯤 되면 작가가 어떻게 어린 시절을 살아냈고, 그로 인하여 삶의 질이 어떻게 변화되어 왔는지를 간파할 수 있을 것이다. 이러한 과정의 파악은 작가 최정윤의 수필세계를 알아보는 데 먼저 가져야 할 기본이 된다. 이러한 작가의 성장과정을 파악하고 접하는 그의 수필세계와 그렇지 못한 상태에서 바라보고 내리는 진단은 커다란 차이를 초래할 수 있다.

3. 작가가 걷는 중용의 길

어린 시절 지대한 영향을 미쳤던 할아버지의 삶은 그대로 작가에게 이어져 있음을 알 수 있다. 할아버지에 대한 신뢰가 노인들에 대한 신뢰로 이어지고, 산을 오르면서도 중용의 이치를 터득하고, 그 길을 걸어가게 한다.

아주 어려서 세상의 이치를 깨닫기도 전에 부모의 부재로 초래된 공백을 채워 준 할아버지. 더구나 손녀의 앞날이 순탄치 않을 것을 예측한 할아버지가 내려준 처방을 무조건 받아들였던 작가로서는 그 할아버지의 존재가 가벼울 수 없으리라. 그러기에 백발의 의미는 사뭇 소중하다.

거울을 보며 '젊은 자의 영화는 그 힘이요. 늙은 자의 아름다움은 그 백발이라는 성구를 떠올리며 묵상하곤 한다. 세월 속에서 얻어진 삶의 맛을 음미하면 흰머리의 의미는 사뭇 소중하다. 인생을 나무에 비한다면 흰머리는 가을 단풍이라고 생각한다. 사람들이 즐겨 찾는 아름다운 가을 산의 단풍으로 붉게 타다 떨어져 땅에 거름이 되듯 나 역시 백발이 주는 아름다움을 즐기려 한다.

백발은 미소. 그 어린 날 할머니의 미소는 짧은 순간 스쳐 지나갔지만, 그 미소에 담긴 감동 어린 기억이 가슴에 살아 있다. 미소를 잃지 않는 노인으로 살고 싶은 소망을 마음에 꿈으로 엮으며 산다.

― 〈백발송〉에서

백발이 되어 있는 작가가 지금 늙음에 대한 아쉬움이 없이 만족하고 사는 것은 그래도 할아버지에 대한 신앙적 신뢰가 있기 때문이다. 늙은 자의 아름다움을 백발로 단정하고 있다. 그것은 세월 속에서 얻어진 삶의 지혜가 있기에 가능하며, 소중하고 아름다운 것이다. 그 백발을 가을 단풍의 아름다움에 견주는 것도 이런 이치이다. 그래서 작가는 가을 단풍처럼 아름답게 타다가 땅에 떨어져 거름이 되길 소망한다. 백발이 어린 날 짧게 스쳐 지나간 할머니의 미소에 연결되고, 자신도 그렇게 살다가 떠나길 꿈꾸는 것도 역시 할아버지에 대한 추억에서 비롯됨을 알 수 있다.

> 산은 마음의 쉼터이고 활력소였다. 장엄한 산에서 작은 나를 발견하고 힘들게 오른 높은 산의 정상에서 고난 뒤의 승리의 쾌감을 느끼기도 했다. 산에는 모든 것이 저마다 제자리에서 나름의 길을 자연스럽게 간다. 조화와 순응의 질서 속에 평화가 있다. 세상풍정에 피곤한 마음이 쉼을 얻고 나름의 분수와 한계를 가늠하며 자유로움을 얻기도 했다.
> – 〈산내음〉에서

산을 오르며 접하게 되는 모든 것들이 작가에게는 제자리를 지키며 제 나름 제 길을 가고 있는 것으로 인식하는 것은 글감을 철저하게 개인적 경험으로 자기화함으로써 얻어진 결과다. 대상을 바라보고 느낀 정서를 작가의 삶에 역류시키거나 여과시킴으로써 자연히 얻어지는 자기 관조의 세계인 것이다. 산에서 작은 자신을 발견하는 것도, 고난 뒤에 쾌감을 느끼는 것도, 조화와 순응의 질서 속에서 평화를 맛보는 것도 그래서 가능하다.

> 산에는 순리의 기쁨이 있었다. 자연의 변화와 섭리에 순응하는 겸손한 생명이 있었다. 산은 많은 생각을 하게 했다. 장벽처럼 다가온 산더미만한 절망도, 와르르 무너진 자존도 산 앞에서는 보잘 것 없는 것이었다. 모두 포용하며 산이 주는 평화와 관용을 받아들이라 한다.
> 심신이 고달픈 내게 산행은 청량제가 되었다. 있는 현재의 소중함과

다르다는 것의 조화를 터득하게 해 주었다. 이해의 폭을 넓히며 사회생활을 익혀갈 수 있었다.
— 〈산의 밀어〉에서

할아버지의 존재가 컸듯이 작가에게 있어서 산은 커다란 위안처였다. 늘 끓어오르는 마음을 바로 잡아 주고 순화시켜주는 존재가 산이었다. 산행을 하며 작가가 순리의 기쁨을, 변화와 섭리에 순응하는 겸손을 익히는 것은 산의 포용과 평화와 관용에서 배운 것이다. 세상사에서 받은 산더미 같은 절망도 와르르 무너진 자존도 하잘 것 없는 것임을 알아차린다. 산은 분명 어린 날 의탁했던 할아버지의 자리에 우뚝 서 있다.

얼마 뒤에 다시 갔을 때도 예은이는 반가워했고, 떠나는 나를 배웅해 주었다. 지난번 나의 몰인정을 탓하지 않고 반기는 예은이를 손으로만이 아니라 마음으로 안고 감사했다. 세상이 말하는 장애인, 비장애인을 가볍게 구분해 말할 수 없다는 생각을 한다. 진정 장애인은 누구인가? 자기중심적 이기심에 사로잡혀 이웃을 잃어버린 사람, 사랑을 잃어버린 사람들이 아닌가. 그 종류가 다를 뿐이라는 생각을 한다. 이곳 식구들은 순수하다. 서로 할 수 있는 일을 도우며 사랑한다. 세상에서 볼 수 없는 진실한 사랑이 숨쉬는 집이다.
— 〈소망의 집〉에서

예은이는 서기는커녕 말도 못하는 아홉 살 난 여아이다. 전에 갔을 때에 그녀를 따뜻하게 안아 주지 못하고 돌아온 자신을 책한 끝에 다시 찾아갔다. 설 수도 없어 현관 밖에까지 기어 나와 웃고 있던 아이에게 손만 흔들고 돌아온 야박한 자신의 인정에 부끄러워한다.

얼마 후 다시 왔는데, 그 예은이가 반갑게 자신을 맞아주고 있다. 지난번의 몰인정을 탓하지 않고 반기는 그녀를 보고 진정한 장애인이 누구인가 반문하게 된다. 자기중심적 이기심에 사로잡혀 이웃을 잃어버린 사람, 사랑을 잃어버린 사람들이 바로 장애인이라고 결론짓는다.

4. 작가가 살아가는 공간

작가가 자신이 숨쉬고 있는 공간을 어떻게 받아들이고 있느냐에 따라 대상의 의미화는 상당한 차이를 나타내게 된다. 쉽게 말해서 자신의 공간을 즐겁게 사는 삶터로 인식하는 경우와 짜증나는 공간으로 받아들이는 경우는 현저한 차이가 있다. 그러면 작가 최정윤에 있어서의 공간은 어떤 기능을 하는 곳일까. 몇 편에 드리워진 공간의 이미지를 찾아본다.

먼저 그의 데뷔작인 〈수의 조각〉부터 살펴보자. 도회지에서 살다가 산촌으로 이사 온 대목이다. 작가 최정윤에게 있어 산촌으로 이사 오기 전, 도회지에서의 생활 모습이 전혀 보이지 않는 것은 산촌의 삶이 너무 힘들어서 전의 기억을 덮어버렸기 때문일 수도 있다. 모두가 생소해서 적응하기에도 힘든 산촌마을. 그때 다가온 소리가 베 짜는 소리다. 첫닭이 울기 전에 들려온 청량한 그 소리는 귀를 어루만져 주었다. 새로운 곳에 대한 동경과 기대감이 이렇게 표현되어 있다. 그러나 그 신기함은 산촌 생활에 어수룩한 만큼 멀리 들렸다. 점차 시골생활에 익숙해지면서 그 소리는 가깝게 다가온 것은 당연하다. 처음 이사한 공간이 은근히 기대되는 곳이었고, 새로움에 대한 설렘 같은 면도 조금은 있는 듯하다. 그것은 베 짜는 소리가 가슴에 울림으로 다가왔다는 기록에서 추측된다.

〈할아버지의 알밤 한 톨〉에서는 이사 온 후 서서히 집안에 암운이 깃들기 시작함을 암시한다. 이 시대의 사상적 소용돌이 속에서 희생된 아버지. 아버지의 부재로 빈 공간에는 칠십을 바라보는 조부모님과 몸이 약하신 삼십대 초반의 어머니, 그리고 어린 사남매. 이들이 작가 최정윤의 무대에 나오는 등장인물들이다. 어느 하나 제 구실을 할 수 없는 인물들이다. 여기서 어린 최정윤의 극에서의 역할은 짐작된다. 최정윤이 살아내야 하는 공간은 앞이 막막하고 처절한 곳이다.

그래도 어린 최정윤은 맏이로서 책임의식을 가지고 힘든 삶의 길에서 오뚝 서고자 한다. 바뀐 환경에서 느껴야 했던 심적 아픔과 경제적 고통도 강한 의지로 이겨내려 한다. 그러나 그를 힘들게 한 것은 이런 문제가 아니었다. 한 가정이 몰락하는 데 편승한 무지하고 무서운 인심의 배반이었다. 그의 공간이 부정적으로 작용한 커다란 이유이다. 서서히 가문의 그림자가 어두워짐을 암시하는 대목이다.

또 〈고가〉에서는 어린 최정윤으로서는 감내하기 어려운 공포에 가까운 무서움이다. 마을 주민들이 익숙할 무렵 알게 된 사실. 자신의 공간이 귀신의 공간이었던 것이다. 도깨비가 밤마다 방아를 찧고, 이사 오는 사람마다 죽어나가야 하는 공간이다.

거침없이 밀려오는 가문의 퇴락을 암시한다. 자신들이 도회지에서 밀려와 살게 된 집이 귀신이 나오는 흉가이고, 사악한 뱀이 출현하는 곳이다. 처음에는 알려주지 않다가 좀 지나자 이웃들이 들려준 이야기는 어린 최정윤이 살아내기엔 너무도 벅찬 공간이었던 것이다. 이사 온 이가 죽어나간다는 흉가에서 피할 수 있는 능력도 없이 그대로 받아들여야 했던 삶의 공간. 그것은 어쩌면 작가가 처했던 엄연한 현실이었던 것이다.

설상가상으로 고가古家라서 비가 오려고 하면 구렁이가 처마 밑으로 지나며 음침한 울음을 내는 집이었으니, 얼마나 견디기 힘든 공간이었는지 짐작이 간다. 그곳이 바로 작가 최정윤이 살아내야 하는 공간이었고, 작중 무대였던 것이다.

그러나 어린 최정윤은 심기가 굳었다. 흔들림이 없이 그 공간에서 살아냈다.

> 어린 시절 듣고 배운 것이 평생을 좌우하고 한 인생의 삶에 빛깔과 방향을 결정한다. 조부모님과 온 가족이 사랑으로 연합하여 살며 익힌 습관은 귀한 유산이고 평생에 무형의 힘이 된다. 사람이 사는 동안 어떤 어려움에 처할 때도 있지만 혼자이면서 혼자가 아니게 무형의 힘이 되어 줌을 체험했다.
>
> 요즘은 핵가족으로 변해가고 있다. 부모는 직장에서 시간에 매이게 되어 집에 머무는 시간이 모자라는 가정이 많다. 아이들은 컴퓨터 텔레비전 등과 같은 기계 속에서 산다. 부모와 대화가 없는 아이들이 자칫 정서가 메마르게 되고 폭력에 노출되기도 하며 심지어는 자신의 고민을 이기지 못하고 자살하는 예가 종종 나타난다. 이런 아이들이 조부모님의 사랑과 이야기 속에서 성장한다면 얼마나 좋을까 하는 소망이 스친다.
>
> — 〈무형의 유산〉에서

어린 시절부터 할아버지의 가르침을 따라 삶의 빛깔과 방향을 결정하여 사랑으로 온 가정을 이끌어냈다. 그것이 작가 최정윤에게 귀한 유산이 되었고, 무형의 힘이 되었다. 가족이 함께 어울려 힘이 되어주는 삶의 공간으로 만들어낸 것이다. 작가가 처했던 공간은 아무리 암울해도 조부모님과 함께 한 버팀목이 있는 공간이다. 그러기에 작가 최정윤은 오늘에 와서 핵가족으로 대화를 상실하고 고운 심성을 잃어가는 현실에 메스를 가할 수 있다.

이와 같이 작가에게 있어서 삶의 공간은 사상 구축에 커다란 영향을 미친다. 하지만 같은 현상이라 해도 받아들이는 작가의 수용 자세에 따라 그 결과는 현저한 차이를 나타내게 된다. 똑같은 글감이라 해도 그것을 긍정적 시각으로 바라보느냐, 부정적 시각으로 바라보느냐에 따라 그 결과는 엄청나게 다를 수 있다.

5. 전승문화의 보고

문학 작품의 기능에는 여러 가지가 있다. 그중에 사라져가는 전승문화를 기록하는 기능도 놓쳐서는 안 된다. 지금은 정보화시대를 맞아 도래하는 새로운 문화로 인해 기존의 것이 심히 훼손되는 상황에 놓여 있다. 조금만 지나면 그 존재를 전혀 찾아볼 수 없을 정도로 훼손의 속도가 빠르다.

그것은 인간의 편리 추구에서 비롯되는 경우가 많다. 조금만 지나면 세계의 문화는 하나로 합일하고, 지역이나 민족의 고유문화는 전혀 찾아볼 수 없도록 되는 것은 아닌지 하는 기우마저 갖게 하는 요즈음이다. 하지만 최정윤의 수필 속에는 우리의 잊혀져가는 전승문화가 고스란히 살아 숨쉬고 있다. 어찌 보면 최정윤의 수필은 전승문화의 보고寶庫 같이 느껴지기도 한다.

내가 초등학교를 졸업할 즈음, 우리 집에서도 할머니가 젊은 시절 경험을 살려 명주, 삼베길쌈을 했다. 할아버지의 수의를 마련하기 위해서였다. 이때다 싶어 수의 감은 내가 짜겠노라고 베틀에 앉았다. 도투마리에 감겨 올려놓은 베실은 잉아올과 사올로 구분되어 참빗살 같은 바디구멍을 통과시킨다. 잉아는 날실을 한 칸씩 걸어서 끌어 올리도록 맨 굵은 실로 잉앗대에 매었다. 발로 베틀신을 앞으로 당기고 풀 때마다 잉아올과 사올이 서로 교차되면서 입을 벌리듯 공간이 생겼다. 그 사이로 북을 밀어 넣으면 씨실이 북 속에 담긴 꾸리에서 풀려나와서 지나간다. 그때 바디를 감싸 안은 바디집을 한 손으로 잡고 앞으로 당기면 짤깍 소리를 내면서 베가 짜진다. 그 베를 말코에 감고 양쪽 끝에 부티허리 끈을 매어 허리에 두르면 앉을개에 앉아 있는 몸이 균형이 잡히고 짱짱해져서 허리에 힘이 된다. 베를 짜는 것은 단순한 과정의 반복이다. 양손이 북과 바디집을 번갈아 잡아가며 민첩하게 움직이는 협동에서 날줄이 끊기는 일이 없이 베가 짜진다.

- 〈수의 조각〉에서

　　이제 어디에 가도 길쌈하는 집안은 없다. 베틀도 구경하려면 박물관에 가야 겨우 가능하다. 지금 살아 있는 분들 중에서 어린 날 베틀에 앉아 일해 본 경험이 있는 자도 그리 흔치 않다. 이런 상황에 베 짜던 우리의 전승문화를 기록하고 있는 것이다. 잊혀져가는 전승문화를 기록하여 남김으로써 좋은 자료가 되고 있다.

　　이와 같이 수필은 문학적 기능 외에도 부차적인 기능을 감내하게 된다. 최정윤의 수필에는 잊혀가는 옛 문화에 대한 애정이 전편에 걸쳐 산재되어 있다. 베가 짜질 때의 모습을 눈에 보는 듯이 상세하게 그려준다.

그 적엔 요즈음처럼 등산 장비가 편리하게 갖추어지지 못했다. 또 경제적으로 어려운 때라서 파카도 손수 지어 입고, 무거운 텐트의 각목을 배낭에 걸머지고 다녔다. 인원이 많을 때는 커다란 양은솥을 배낭 위에 얹어 둘러메고 다니기도 했다. 요즈음 젊은이들은 상상조차 가지 않는 풍경이다. 빈 커피 병에 김치를 담고, 감자와 양파를 넣은 된장찌개 준비를 해 가면 반찬은 끝이 난다. 어쩌다 콩자반과 멸치조림을 가지고 가면 그것은 특찬特饌이다. 그러나 일 년에 한번 있는 산악제를 지내는 밤은 먹을거리가 풍성했다.

— 〈산의 밀어〉에서

등산가는 모습이다. 요즈음처럼 고급화된 장비가 아니고 급한 대로 집안의 살림살이를 둘러메고 산행하던 시절의 이야기다. 기본적인 복장도 갖추지 못하고 손수 기워 입고 산행을 하던 시절의 모습이다. 무거운 텐트는 물론 각목까지 둘러메었던 시절이 있었다. 많은 인원이 움직일 때는 커다란 양은솥까지 배낭 위에 얹어 메고 갔으니, 정말 '그 시절을 아십니까?'다.

반찬도 빈 커피 병에 김치를 담고, 감자와 양파를 넣은 된장찌개면 그만이었던 시절의 이야기다. 콩자반과 멸치조림은 특찬特饌이었던 시절이니 잊힌 옛 모습이 아닐 수 없다.

들판 곳곳에는 새보는 이가 햇볕을 피하는 새막이 있었다. 나는 큰 우산을 가지고 가서 세워진 기둥에 묶어 그늘을 만들고 그 안에 앉아 있었다. ……〈중략〉……
이웃 논의 새 쫓는 아저씨는 긴 장대에 굵게 꼰 동아줄을 묶어 공중에 휘두르다 땅을 친다. 그 소리가 진동하며 울려 퍼져서 근처 새들이 놀라 멀리 달아나 한동안 나타나지 않았다. 그 기구를 '따리'라고 했고 이따금씩 와서 한번씩 치고 나면 해가 저물었다. 저물녘 둥지를 찾아가는 새떼는 헤아릴 수 없이 많아 하늘을 까맣게 수놓았다.

— 〈참새와의 추억〉에서

수확을 앞둔 들판에서 새를 쫓던 모습이 그려져 있다. 지금이야 공포탄을 쏘고, 난리를 하지만 옛날에는 목청껏 소리를 지르거나 양재기를 두드려야 했다. 가을 햇볕은 뜨거워도 다 된 곡식에 새들이 몰려오니 어쩔 수 없이 들로 나가지 않을 수 없었다. 햇볕을 피해 새막을 짓기도 했고, 세워진 기둥에 큰 우산을 매고 볕을 피하기도 했다.

또 '따리'를 이용하는 사람도 있었다. 긴 장대에 굵은 동아줄을 묶어 공중에 휘두르다 땅을 치던 방법이다. 그러나 이러한 노력에도 불구하고 새떼들은 저녁나절 하늘을 까맣게 물들였으니 그 당시 삶이 얼마나 팍팍했는지 짐작이 간다.

치료 방법을 저마다 얘기한다. 곡식을 널어 말리는 멍석에 뉘여 둘둘 말아 놓고 소가 멍석을 넘어 가게 했고, 이른 새벽에 마당 열 바퀴를 기어서 돌게도 했으며, 환자를 마당에 뉘어 놓고 낫으로 그 형상을 그려두고 그 형상의 목에 낫을 꽂기도 했다는 치료법을 내놓는다. 요즘 시대엔 말도 안 되는 미신 같은 소리지만, 궁색한 그 시절엔 이런 모든 방법들은 병이 놀라서 달아나라는 가난한 사람들의 염원이었지 않나 하는 생각이 든다.

— 〈하루거리〉에서

하루거리를 앓던 모습을 보는 듯이 그려놓았다. 하루거리란 말라리

아의 다른 이름이다. 이 병은 여름에서 가을로 접어들 때 어린아이들이 많이 앓던 병이다. 더러는 학질, 초학이라고도 했다. 열이 많이 나고 오한과 두통이 심하여 온몸이 쑤셔서 견디기 힘든 병으로 심하면 헛소리도 하는 병이다. 그러나 하루를 앓고 나면 언제 그랬냐며 멀쩡해진다. 그래서 '하루거리'라 한다. 하루 앓고 일어나면 '한 죽', 이틀 앓고 일어나면 '두 죽'이라 부르던 병이다.

최정윤의 수필에는 이 병을 치료하던 민간요법이 상세하게 그려져 있다. 대개가 병균을 옮기는 역신을 놀랜다는 구실로 상상을 할 수 없는 위험한 처방을 했던 것이다. 지금 생각하면 모두가 어이가 없고, 미신적인 성격이 다분하지만 그 자체가 우리의 질병 퇴치 방법이었던 것이다.

이와 같이 최정윤의 수필 속에는 많은 전승문화가 기록되어 있다. 이 모든 것은 조상들의 문화를 기록 보존한다는 차원에서는 상당한 가치가 있는 일이다. 다시 보기 어려울 우리의 전승문화를 채록함으로써 조상들의 삶의 모습을 세상에 남겨두는 역할을 하게 된다.

5. 나가면서

이상에서 최정윤의 수필세계에 대해 알아보았다. 한 작가에 있어서 그의 유년기가 얼마나 작품에 영향을 주는가를 보여주는 수필이었다.

최정윤의 수필세계는 가정의 내력이 심대하게 영향된 작품세계를 가지고 있다. 일찍이 아버지를 여의고, 할아버지의 슬하에서 성장한 그는 할아버지의 추억을 많이 끌어내고 있다. 중용에 밝으셨던 조부의 가르침으로 평생 흔들림 없이 가문을 지켜온 한 여성 작가의 모습이 그려져 있다. 어떠한 어려움에 처해도 그의 곁에는 언제나 할아버지가 계셨다. 그 할아버지의 교육으로 올곧게 삶을 지탱해 온 작가의 일대기에서 우리는 가장의 역할을 다시 한번 짚어보게 되고, 어른들의 말씀이 얼마나 자손들에게 크게 영향되고 있는지도 살펴볼 수 있었다.

지금까지 우리는 한 작가에 있어서 삶에 드리워진 그림자가 쉽게 지워지지 않음을 확인하였다. 어려서 익힌 할아버지의 교훈은 그의 수필 전편에 걸쳐 화두가 되고 있으며, 작가 자신도 적극적으로 의존하고 수용하는 태도를 견지하고 있다.

최정윤의 수필세계는 할아버지에게서 익힌 중용의 길이요. 가족애와 애타심으로 삶을 꾸리는 삶의 가치를 내보인 세계이다. 그러다 보니 매사에 참고 인내하는 한국 여성의 삶을 잘 대변하고 있다.

또 그의 작품 속에는 많은 전승문화가 채록되어 있어서 잊혀가는 조상들의 삶의 모습이 계승 발전하는 자리를 제공해 주고 있다.

강돈묵 평론집
본질 찾기와 수필 쓰기

인쇄 / 2012년 11월 28일
발행 / 2012년 12월 5일

저　　자 / 강 돈 묵
발행인 / 서 정 환
발행처 / 수필과비평사

출판등록 / 1984년 8월 17일 제28호
주　　소 / 서울시 종로구 익선동 30-6
　　　　　운현신화타워 빌딩 3층 301호
전　　화 / (02) 3675-5633, (063) 275-4000
팩　　스 / (063) 274-3131
E-mail / essay321@hanmail.net

값 15,000원

ISBN 978-89-97700-94-3　03810

※ 저자와 협의, 인지는 생략합니다.
※ 잘못된 책은 바꿔 드립니다.